KB219607

추천사

신앙은 우리에게 진리를 깨닫게 해주고 그 진리의 깨달음으로 인하여 자유와 기쁨을 줍니다. 그런데도 불구하고 자유와 기쁨과 감사를 모른 채 살아가는 신앙인이 의외로 많습니다. 왜 그럴까요? 이 문제에 대하여 해답을 주는 책이 나왔습니다. 강정호 목사가 저술한『여호와를 아는 삶』입니다. 강 목사의 이 책은 그의 박사학위논문을 보완하여 일반 신자들이 읽기 쉽게 새로 쓴 것입니다. 박사학위논문이라 하지만 강 목사의 책은 책상머리에서 나온 이론서가 아닙니다. 그 자신의 고뇌와 문제 해결을 위한 몸부림의 소산이라 할 수 있습니다. 자신의 체험을 통해 얻은 깨달음과 확신의 고백이며 간증이라고도 할 수 있는 것입니다. 그의 책은 독자로 하여금 자신에게서 벗어나 하나님에게로 눈을 돌리게 해주며, 하나님 앞에 선 자신을 발견하게 해주고, 자신 앞에 늘 계시는 은혜와 사랑의 하나님과의 만남을 통해 모든 문제의 궁극적 해결을 얻도록 안내해줍니다. 신앙인이면 누구나 겪을 수 있는 회의와 고뇌의 길에 저자는 따뜻한 위로자와 동반자가 되어줄 것입니다. 믿음 안에서 참된 자유와 기쁨과 감사의 삶을 갈구하는 모든 이들에게 이 책의 일독을 권합니다.

이수영 (새문안교회 은퇴목사)

추천의 글

우리나라 방방곡곡 양지바른 곳이라면 어김없이 만나게 되는 들꽃, 다섯 장의 노란 꽃잎으로 아름다움을 뽐내는가 하면 나물과 약초로 사용되기도 하는 우리나라 대표 들꽃인 양지꽃, 강정호 목사님의 글은 그 꽃을 무척 닮았습니다. 목사님의 글을 읽다 보면 몸에 좋은 차를 한 잔 마시거나, 병든 우리 영혼을 살리는 귀한 영약(靈藥)을 섭취한 느낌이 듭니다. 아스팔트와 콘크리트처럼 딱딱해진 우리 마음을 말랑말랑한 뻘처럼 만들어 낙지, 고동, 꼬막이 살 수 있도록, 누군가를 살리는 생명력을 복원시키는 것 같습니다.

작가 로버트 프로스트는 "작가에게 감동이 없다면, 그것을 독자에게 기대하지 말라"고 단언했습니다. 글을 쓰는 저자의 삶이 얼마나 중요한가를 말하는 것입니다. 목사님의 글은 진실한 마음이 중요함을 일깨웁니다. 그래서 영국의 시인인 존 던이 말한 대로 "가슴으로 살아가는 삶"이 무엇인지를 알게 합니다. 신앙을 머리가 아닌 가슴으로 이해하게하기 때문입니다. 내가 과연 성숙한 신앙인인지, 또 그 삶은 도대체 어떤 것인지를 분명하게 알게 합니다. 그리고 성숙한 신앙의 형성과정을 자기 사랑과 이웃사랑으로, 그리고 그것이 가능했던 하나님의 사랑을 쉽고 따뜻한 언어로 표현하셨습니다.

그래서 목사님의 글은 우리에게 희망을 줍니다. 희망은 낙관이 아닙니다. 낙관은 '이렇게 하면 그렇게 되겠지'라는 막연한 예측을 갖게 되는 기대를 일컫지만, 희망은 어떤 예상도 불가능한 상황에서 그럼에도 불구하고 살아내는 의지와 용기를 일컫기 때문입니다. 그래서 희망은 어떤 막연한 감정이기보단 차라리 믿음이라는 생각을 합니다. 그럼에도 불구하고 자신과 자신의 상황을 수용하며 용기 있게 살아내겠다는 믿음을 떠올리게 하니 말입니다. 까짓 사는 게 대수냐고 생각하실 수도 있지만 그렇지 않습니다. 아프지 않을 때야 일상이 평범함이지만 아플 때 일상을 유지하는 것은 비범(非凡)한 일이기 때문입니다. 아픈 우리의 모습을 들고 어떻게 하나님 앞에서 살아야하는지, 하나님 사랑의 의미를 목사님은 가슴으로 말해줍니다. 그래서 라이너 마리아 릴케가 프란츠 카푸스라는 젊은 시인에게 보낸 격려의 편지처럼, 흔들리는 현재를 버텨내려는 믿음이 필요한 우리 모두에게 필요한 책이라는 생각이 듭니다.

카피라이터 정철은 몇 년을 살았는지 나이를 묻는 것이 아니라, 몇 년이 남았는지 남겨진 햇수를 물어보라고 말합니다. 일견 무서운 생각이 들기도 하지만, 종말론적인 생각을 하게 되면 허투루 오늘을 살 수는 없습니다. 함부로 가족을 대하거나, 함부로 시간을 허비하는 일도 줄어들게 됩니다. 그만큼 현재가 중요함을 알기 때문입니다. 때문에 자신을 부정하거나 회피하지 않고 하나님 앞에 서 있는 단독자로 스스로를 직면하고 하나님의 사랑으로 스스로를 용납하며 당당하게 살아가려 합니다. 그것을 목사님의 책은 잘 말해줍니다. 책을 읽으며 한 번 경험해 보시기를 추천합니다.

이상억 (장로회신학대학교 목회상담학 교수)

여호와를 아는 삶

- 삶으로 아는 신앙 -

여호와를 아는 삶
– 삶으로 아는 신앙 –

초판 1쇄 인쇄 ｜ 2017년 12월 4일
초판 1쇄 발행 ｜ 2017년 12월 8일

지은이 강정호
펴낸이 임성빈
펴낸곳 도서출판 하늘향

등록 제2014-31호
주소 04965 서울시 광진구 광장로5길 25-1(광장동 353)
전화 02-450-0795
팩스 02-450-0797
이메일 ptpress@puts.ac.kr
홈페이지 http://www.puts.ac.kr

값 12,000원
ISBN 979-11-88106-01-1 03230
ⓒ도서출판 하늘향 2017

＊이 도서의 국립중앙도서관 출판예정도서목록(CIP)은
  서지정보유통지원시스템 홈페이지(http://seoji.nl.go.kr)와
  국가자료공동목록시스템(http://www.nl.go.kr/kolisnet)에서
  이용하실 수 있습니다. (CIP제어번호 : CIP2017031463)

• 잘못된 책은 바꿔 드립니다.
• 이 책은 저작권법의 보호를 받는 저작물이므로 무단전제와 복제를 금합니다.

여호와를 아는 삶

- 삶으로 아는 신앙 -

강정호

하늘향

시작하며

　부목사 주제에 무슨 책이냐는 생각 때문에 쓰지 않으려 했습니다. 저의 이러한 생각에는 하나님을 향한 항의가 섞여 있다는 것을 알고 있었습니다. 그만큼 하나님이 섭섭했습니다. 하나님께서 깨달아 알게 하신 것이 크지만 제가 쓰지 않아도 하나님이 소중히 여기시는 다른 분이 쓸 거라고, 그래서 굳이 내가 써야 할 필요는 없다고 생각했습니다. 그런데 생각할수록 저의 이런 모습이 한 달란트를 맡았던 사람과 꼭 같다는 것을 깨달았습니다. 한 달란트가 결코 적은 돈이 아니었습니다. 하나님께서 제게 베푸신 은혜가 결코 작지 않았습니다. 저의 생명과 인생이 모두 하나님의 은혜 위에 있었다는 사실을 깨달았습니다. 그럼에도 저는 한 달란트를 맡았던 사람처럼 주님께서 맡기신 달란트를 고이 싸고 땅에 묻어 두려고 했습니다. 저의 이런 모습은 주님께 큰 책망을 들어 마땅한 것이라는 생각이 들었습니다.

　주님 앞에서 목회자로 살아가려 다짐하며 지금껏 살아왔습니다. 그런데 갈수록 사는 재미가 없어지는 것은 무엇 때문인지, 왜 자꾸만 그만 살고 싶은 생각이 드는지, 왜 제 마음은 이토록 아리고 슬프고 외로운지, 왜 조그마한 일이 자극이 되어 제 마음에 분노와 미움이 이토록 강렬하게 일어나는지 도무지 알 수 없었습니다. 처음에는 저의 믿음 중 무엇이 잘못되어서 이러한 충동과 감정을 느낀다고 생각했습니다. 그런데 아무리 이러한 마음을 없애려고 기도하고 노력해도 일시적일 뿐 시간이 조금 지나면 다시 비슷한 마음의 자리로 돌아갔습니다. 특히 제 자신에 대해 느끼는 저의 분노와 미움, 비난과 책망과 조소는 갈수록 커졌습니다. 이런 마음의 경향성들은 제 나이 40세 정도 때부터 시작되어 최근까지 계속되었습니다.

견디다 못해 2008년, 지천명의 나이에 숭실대 기독교학대학원에 입학을 해서 상담학을 공부했습니다. 이어 장로회신학대학교 목회전문대학원 박사과정에서 상담학을 공부했습니다. 무엇이 문제인지, 어떻게 이런 마음의 경향성들을 극복할 수 있는지 알고자 했습니다. 이제껏 계속해온 신앙생활과 학문은 갈수록 커지는 저의 죄책감과 수치감과 분노와 제 자신에 대한 무가치감과 삶의 무의미감 등에 대해 크게 오해하게 했습니다. 상담학을 공부하면서 지금까지의 일반적이고 전통적인 관점과 방법이 아닌, 조금 새로운 관점과 방법으로 제 마음과 믿음과 삶에 접근하여야 한다는 것을 알게 되었습니다. 전통적인 신앙과 말씀 해석의 관점으로 제 마음과 저의 존재와 삶의 문제들을 비판하고, 책망하고, 거부하는 것이 결코 올바르거나 바람직한 것이 아니라는 것도 깨달았습니다. 이런 마음의 문제들이 제 삶과 신앙에 있어서 가장 근본적인 문제임도 깨달았습니다. 제 자신이 거절당하고, 외면 받고, 낮아지고, 작아지는 것이 당연한 일이 아님을, 제가 제 자신을 어리석고 미천하고 작게 여기는 것이 참된 겸손이 아님도 이해했습니다. 무가치하고 무의미하게 생각했던 내 삶은 주님께서 불쌍히 여기셨고 지극한 사랑으로 함께 살아주셨던 삶이었음도 절실히 깨달았습니다. 이러한 사실을 깨달음과 함께 저의 상처와 고통, 미움과 분노, 수치감 또한 치유되기 시작했음도 느낄 수 있었습니다. 지난 삶의 상처와 고통들은 오직 주님의 사랑을 통해 치유될 수 있고 상처와 고통이 치유될 때 믿음과 마음과 삶의 문제들 또한 극복될 수 있으며 이를 통해 참된 자유와 평화와 행복한 삶, 인간답고 존귀한 삶을 살아갈 수 있다는 것은 이 책의 큰 주제입니다. 주님의 사랑을 통해 상처와 고통이 치유될 때 신앙이 참으로 성장할 수 있고, 성숙한 신앙인의 삶을 살아갈 수 있다는 것은 신앙 성장을 위한 대전제입니다.

이 책은 장로회신학대학교 목회전문대학원 목회와상담 박사과정을 마무리하면서 2013년에 제가 쓴 학위논문인『자기 이해에 기초한 신앙성장 교육교재 연구』를 수정, 보완하여 성도님들이 읽으실 수 있도록 새롭게 쓴 것입니다. 주님께서 제 삶을 통해 경험함으로 깨달아 알게 하신 사랑과 지식은 제 삶을 변화시켰습니다.

이 책은 성경과 상담, 심리, 교육, 영성학 등과 여러 인문서적 등을 인용했지만 근본적으로는 저의 신앙과 마음과 삶의 문제를 해결하고 극복했던 경험을 바탕으로 하고 있습니다. 저의 신앙과 마음과 삶의 문제를 통해 제 마음의 어떤 경향성이 문제이고, 그 경향성의 본질이 무엇인지, 상담, 심리, 인문학에서는 이러한 마음의 현상들을 어떻게 이해하는지, 상담, 심리, 인문학의 이해가 성경과 어떤 접점이 있는지, 성경의 어떤 원리에 따라 신앙과 마음과 삶의 문제에 접근해야 하는지, 제 경험에 근거하여 어떤 단계와 방법을 통해 해결과 극복이 가능한지를 제시하려 했습니다.

우리의 신앙과 마음과 삶의 문제들은 또한 우리 신앙의 성장에 관한 문제요, 어떻게 평안하고 참으로 자유롭고 행복한 삶을 살아갈 수 있는가에 관한, 인간으로서 내가 살아가는 의미와 이유와 중심에 관한 문제이기도 합니다. 저의 짧고 얕은 학문적, 신앙적 관점에서 볼 때 지금까지 우리 신앙의 단편적인 측면에 도움이 될 수 있는 책들은 많았지만 실제 삶의 경험에 근거하여 체계적인 신앙의 성장과 그 방향과 원리와 단계를 제시한 책은 아직까지 없었다고 생각됩니다. 신앙의 성장에 대해 학문적으로 접근하는 것도 꼭 필요하지만, 저는 실제적인 삶의 측면에서 접근하는 것은 더욱 중요하다고 생각합니다. 뒤에서 말씀드리겠지만 지식은 경험의 필요조건일 뿐입니다. 이론(학문과 지식과 이성)이 경험(삶)보다 중요하다고 말하는 것은 지적인 사기라고 까지 말할 수 있는 일입니다.[1] 이러한

여호와를 아는 삶
삶으로 아는 신앙

의미에서 우리는 믿음과 신앙의 성장에 대해 이론적으로도 접근해야 하지만 그보다는 더욱 우리 삶의 실제적인 경험에 근거하여 접근해야 합니다.

장신대 이규민 교수님께서 제임스 로더 James Loder 의 학문에 대해 소개하면서 로더의 통찰은 자신에 대한 끊임없는 성찰과 그에 대한 잘못된 오해들을 극복하고 견디어내는 과정을 통해 이루어진 것이고 그의 통찰과 노력들은 철저한 학문적 검증과 개혁 전통의 신학적 통전성 안에서 이루어져 왔다고 했습니다.[2] 저의 학문적 소양은 로더에 까마득하게 미치지 못하지만 이 책을 쓴 과정은 비슷함을 말씀드릴 수 있습니다. 이 책은 삶과 신앙에 대한 여러 정보와 자료를 취합하여 정리한 지식, 혹은 학문에 대한 연구를 통해 알게 된 지식을 전하려는 책이 아닙니다. 신앙이라는 도구를 통해 삶이라는 여행지를 먼저 다녀온 여행 가이드가 아름답고 행복하고 자유롭고 존귀한 믿음과 삶의 여행을 위한 좋은 길과 방법과 원리와 단계를 소개하는 책입니다.

저의 독특한 경험에서 출발한 책이지만 인간으로서 비슷한 삶을 살아가고 있고, 같은 믿음의 길을 걸어가고 있다는 점에서 믿음과 마음과 삶의 문제로 고민하는 분들, 특히 믿음의 오랜 연륜이 있으시지만 날마다 새롭고 은혜가 넘치는 믿음에 대한 경험은 없는 분들 그리고 자신의 삶 속에서 주님의 은혜를 사모하는 분들에게 작은 도움이 될 수 있으리라 생각합니다.

혹시 이 책을 읽는 것이 약간 불편하고 부담스러우실지 모르겠습니다. 우리 믿음과 마음과 삶의 조금 깊은 곳에 대해 언급하기 때문입니다. 하지만 그 과정의 끝은 참된 자유와 평화와 기쁨과 감사의 삶이라는 것을 감히 보증하고 싶습니다.

이 책을 통해 한 분이라도 자신을 향한 주님의 놀라운 사랑과 은총을 경험함으로 보다 행복하고 아름답고 성숙한 신앙생활을 하시게 된다면 저는 주님 앞에서 한 달란트 맡은 자의 모습에서 벗어나게 되리라 생각합니다. 이 책을 읽으시는 모든 분들 위에 주님의 사랑과 은총이 늘 함께 하시길 기도합니다.

2017년 12월
강 정 호

차례

추천사
추천의 글
시작하며

제1장 ＼ 나는 성숙한 신앙인일까요?   18

제2장 ＼ 성숙한 신앙과 삶을 위해   46

제3장 ＼ 여호와를 아는 삶   66

제4장 ＼ 하나님의 사랑과 자기 이해   108

제5장 ＼ 하나님의 사랑과 자기 사랑   130

제6장 ＼ 참된 자기 사랑을 위하여   146

제7장＼ 자기 사랑은 주님을 본받아 자신도 스스로를   178
         용납(용서)하는 것입니다

제8장＼ 주님의 함께 하심은 우리를 참된 자기 사랑의   206
         삶으로 이끕니다

제9장＼ 참된 사랑은 주님의 사랑을 본받는 것입니다   220

제10장＼ 절망은 우리 삶이 주님의 은혜와 사랑이었음을   240
          깨닫게 합니다

제11장＼ 주님의 사랑을 통해 항상 기뻐하고 범사에   262
          감사할 수 있습니다

미주   285
참고문헌   293

제 1 장,

나는 성숙한 신앙인일까요?

나는 성숙한 신앙인일까요?

1 날마다 건강해지고, 삶에 기쁨과 감사가 넘쳐야 정상입니다

성숙한 신앙인이란 어떤 사람을 말하는 걸까요? 지금까지 평생토록 우리는 주님 말씀에 의지하여 신앙생활을 해 왔습니다. 매주일예배, 수요예배, 금요기도회, 새벽기도회, 신앙부흥회, 성경공부, 봉사활동, 헌금생활 등, 우리는 이제까지 우리 삶의 의미와 가치와 중심을 주님께 두고 살아왔습니다. 아마 우리처럼 열심히 신앙생활을 해 온 사람들은 세계 어느 곳에도 없을 것입니다.

약으로 말한다면, 우리는 지금까지 우리의 믿음과 영혼을 위해 가장 좋은 보약들을 먹으며 살아 왔다고 할 수 있습니다. 우리가 이렇게 열심히 예배와 말씀과 기도와 봉사의 삶을 살아온 지 벌써 많은 세월이 흘렀습니다. 일반적이라면, 이렇게 주님께 자기 삶의 가치와 중심과 의미와 목적을 두고 열심히 신앙생활을 해 왔으면, 세상에서 가장 좋은 보약을 오랜 기간 꾸준히 먹어 왔으면, 우리의 영육은 날마다 건강해지고 우리의 마음은 기쁨과 감사로 넘치며 인간으로서 우리의 삶은 주님의 생명력으로 충만해야 당연할 것입니다.

그런데 우리 삶이 항상 기쁘게 느껴지지 않고 범사에 감사가 되지 않고 우리의 중심에 주님의 충만한 생명력이 느껴지지 않는다면, 내 삶에서 무엇인가가 빠져 있고 부족한 것처럼 생각된다면, 지금까지 지나온 삶이 무의미하고 허망하게 느껴진다면 그것은 내 믿음과 존재와 삶의 어딘가에서 이상 신호를 보내고 있는 것이라 할 수 있습니다. 우리의 삶과 신앙에 무언가 정상적이지 않은 부분이 있고 해결되지 않고 있는 부분이 있고 왜곡된 부분이 있기 때문이라 할 수 있습니다.

이참에 지금까지 십수 년 동안 혹은 수십 년 동안 계속해서 이어온 우리의 삶과 신앙을 돌아보고 정리하고 평가해 보는 것도 좋을 것입니다. 이렇게 오랜 기간 예배하고, 성경공부하고, 기도하고 헌신하며 살아온 나 자신의 신앙생활의 현 주소는 어디쯤일까요? 하나님과 나 자신, 그리고 다른 사람과의 관계를 중심으로 자신의 신앙과 삶에 물음을 던져 보는 것도 좋으리라 생각됩니다.

① 나의 영혼과 육신은 정말 건강한 상태에 있다고 자신할 수 있습니까?

여호와를 아는 삶
삶으로 아는 신앙

② 하박국 선지자의 말씀처럼 내 삶에 무화과나무가 무성하지 못하고 내 삶의 감람나무에 소출이 없어도, 내 삶의 외양간에 소가 없어도 나의 삶은 주님 때문에 항상 기쁘고 감사한가요?

③ 내 존재의 중심을 가득 채우고 있는 것은 세상보다도 주님의 사랑이요 은혜요 감사인가요?

④ 자신을 향한 주님의 사랑과 자비하심 때문에 자기의 부와 명예와 덕을 자랑하는 사람, 다른 사람의 약점과 흠과 무능을 드러냄을 통해 자신의 유능함과 성실함과 열정을 드러내려는 사람, 이기적이고 자기중심적인 사람을 어느 정도까지는 참아줄 수 있게 되었습니까?

⑥ 자신을 향한 주님의 사랑과 자비하심 때문에 남의 말을 들으려 하지 않고 다른 사람의 입장과 관점을 거부, 무시하면서 자기의견만을 고집하는 사람을 조금은 이해해 줄 수 있게 되었습니까?

⑦ 욕심이 많은 사람, 특히 나 자신에 대한 이해와 배려와 존중의 마음을 거의 갖고 있지 않은 사람이라 생각되지만 그럼에도 주님의 사랑과 자비하심 때문에 그 사람을 어느 정도까지는 용납해 주고 품어줄 수 있게 되었습니까?

⑧ 주님의 사랑과 자비하심 때문에 자기 명예와 이익만을 탐하는 모습이 많이 거슬림에도 그 사람을 어느 정도까지는 참아줄 수 있게 되었습니까?

⑨ 사랑과 재물과 명예에 대한 탐욕과 집착, 여전히 본능적인

충동에 휘둘리며 살아가고 있지만 주님의 사랑에 의지하여 최소한 어느 정도까지는 제어하고 절제할 수 있게 되었다고 말할 수 있겠습니까?

단순하고, 갑작스럽고, 당돌한 돌직구 질문이어서 당황스러우셨다면 용서해 주시기 바랍니다. 이러한 문제들은 하나님 앞에서 자신의 삶을 성실하고 정직하게 살아가려 애쓰는 우리에게 깊은 고민거리이기도 합니다. 아무리 노력하고 애써도 돌아보면 주님 앞에서 자신의 가슴을 치게 되는 현실적인 삶과 신앙의 문제들이기도 합니다. 위의 질문들에 대해 아직은 '그렇다'고 대답하기 어렵다면 우리에게는 아직 신앙이 성장해야 할 여지가 많이 남아있는 것이라 말씀드릴 수 있습니다. 주님께서 우리의 믿음과 사랑과 지식이 그리스도의 장성한 분량에 이르기까지 성장해야 한다고 말씀하셨기에 '그렇다'고 대답하기에는 그 경지가 너무 높다고, 때문에 도저히 이를 수 없다고 말할 수는 없는 일입니다.

우리는 자신이 겪어야 했던 상처와 고통들을 주로 많이 생각하지만 모르는 사이에 또한 다른 이들에게 비슷한 상처와 고통들을 겪게 하면서 살아가고 있습니다. 아니라 강변하고 싶지만 우리로 상처와 고통을 겪게 하는 사람들과 자신이 크게 다르지 않다는 것 역시 부인하기 어려운 사실입니다. 성경이 말씀하는 성숙하고 온전한 믿음의 삶은 우리가 훗날 하나님 나라에 갈 때 주님께서 완성하실 것입니다. 우리의 믿음은 육신의 삶을 살아가고 있는 현실에서가 아니라 훗날 하나님 나라에서야 온전해지게 될 것입니다. 현실의 인생, 우리의 삶과 믿음은 성숙하고 온전한 믿음으로 성장할 수 있도록 하나님께서 우리에게 주신 기회요, 은혜의 장입니다.

2   무엇이 문제일까요?

우리가 아무리 힘쓰고 애써도 우리 영혼과 육신이 온전히 건강해지는 것은 불가능한 일이라 말씀할 수 있습니다. 우리는 자신이 연약한 인간이고, 인간으로서 탐욕과 이기심과 분노와 미움이 만연한 세상 속에서 세상과 함께 살아가고 있기에 주님 말씀에 온전히 순종하며 살아가는 것은 우리의 의지와 능력을 벗어나는 일이라 말씀할 수 있습니다. 우리의 무능과 어리석음과 악함을 생각할 때, 지금 이렇게 살아가는 것이 최선이며, 이렇게 살아갈 수밖에 없는 우리 자신을 인정하는 것이 주님 앞에서 겸손한 것이라고 말씀할 수도 있습니다.

그럼, 관점을 바꾸어서 생각해 볼까요? 주님은 우리가 살아가고 있는 현실의 어려움과 괴로움을 아십니다. 우리 자신의 어리석은 성정과 추한 욕망, 이기적이고 자기중심적인 경향성을 알고 계십니다. 나아가 주님은 우리가 자신에 대해 아는 것을 아득히 초월해서 우리 자신의 욕망과 동기, 무의식 속에 숨겨진 깊은 갈망까지, 우리의 모든 것까지를 다 살펴 알고 계십니다. 그리고 우리는 주님이 우리 자신을 이렇게 아신다는 것을 잘 알고 있습니다 ^{시 139편}.

그럼, 주님께서는 정말 우리의 모든 것을 이렇게 다 아시면서도, 우리가 결코 주님 말씀에 온전히 순종할 수 없다는 것을 아시면서도, 우리에게 항상 기뻐하라, 네 이웃을 네 자신과 같이 사랑하라, 일흔 번씩 일곱 번이라도 용서하라고 말씀하신 걸까요? 주님 말씀에 순종할 수 없는 우리의 무능력과, 주님 말씀의 뜻을 헤아릴 수 없는 어리석음을 아시면서도, 작은 유혹과 욕망을 이기지 못하고 범죄하고 마는 우리의 연약함을 아시면서도 우리에게 그런 말씀들을 주셨던 걸까요? 결코 순종할 수 없는 아득히 높은 수준의 말씀들을 주심으로써 우리로 자신이 철저히 죄인이라는 것을 깨닫게 하려 하셨던 걸까요? 우리로 하나님 앞에서 온전히 겸손하게 하시려고 일부러 그런 말씀들을 주셨던 걸까요? 만약, 그렇다면 주님은 거룩하시고 의로우시며 사랑으로 충만하신 분이 아니실 것입니다. 주님은 우리가 결코 감당할 수 없는 말씀을 강요하심으로 결국 우리로 불순종의 죄와 죄책감 속에서 살아가도록 유도하시는 분이 절대로 아니시기 때문입니다.

3   사소한 것은 사소한 것이 아닙니다

우리는 직업을 가지고 있고, 자신의 일을 잘 감당하기 위해서 많은 노력을 기울이고 있습니다. 목표를 달성하고 실적을 올려야 하고 능력을 인정받아 자신의 존재 가치를 증명해야 합니다. 그 과정과 결과는 무척이나 불안하고 부담스럽고 어렵고 힘든 일입니다. 가정에서 배우자와 자녀들과 사랑하며 살아가는 삶은 쉽지 않고 편하지 않고 마냥 행복하지도 않습니다. 교회나 속해 있는 어떤 단체에서 다른 사람들과 관계 맺는 삶은 기쁘고 감사한 일이지만 또한 신경 쓰이고 부담되는 일이기도 합니다. 우리는 가정과 직장과 교회에서 다른 사람들과의 관계 속에서 수없이 갈등하고 고민하면서 하루하루를 살아가고 있습니다. 기쁘고 보람된 일도 많이 겪지만 그보다는 훨씬 더 많이 아픔과 상처와 어려움들을 겪으며 살아가고 있습니다. 이러한 삶을 과정을 통해 우리는

① 어쩔 수 없이 남편과 아내, 자녀를 비롯한 여러 사람들과 갈등을 겪고, 고민하며 때로는 상처와 고통을 주고받습니다.

② 사는 것이 재미가 없고 삶의 무의미함과 허망함을 생각하게 되는 때가 자주 생깁니다.

③ 자기중심적으로 계산하고 자신의 기준으로 다른 사람들을 판단하고 분노하고 미워하며 비판하려는 마음을 자주 느낍니다.

④ 이기적인 탐욕과 본능적인 충동을 자주 겪고 있습니다.

⑤ 자주 실망하고 낙심합니다.

⑥ 교회와 직장, 혹은 많은 사람들 중에서 중심적인 사람이 되려는 경향, 다른 사람들 사이에서 영향력을 드러내려는 욕

망을 가끔씩 드러내 보입니다.

⑦ 교회에서 능력 있는 사람, 믿음과 삶이 훌륭한 사람이라고 인정받고, 다른 사람들로부터 칭찬받고, 존경받고 싶은 욕구를 가지고 있습니다.

대부분의 경우, 우리는 자신의 이러한 모습들이 특별히 문제되는 것이라고는 생각하지 않습니다. 그런 마음을 실제로 표현하지도 않았고 행동으로 드러내지도 않았기 때문입니다. 그저 생각하고 마음으로 느꼈을 뿐입니다. 그래서 대수롭지 않은 일, 인간으로서 이해할 수 있는 일, 있을 수 있는 일, 혹은 당연한 일로 생각합니다.

그런데, 우리가 지금껏 대수롭지 않은 일로 생각해 왔던 것들이 우리 신앙과 삶의 가치와 방향에 중대한 영향을 주는 것일 수 있습니다. 당연하게 생각해 왔던 자신의 욕망과 자기중심성과 이기적인 성향, 본능적인 경향성들이 실은 우리로 이웃을 자신처럼 사랑하지 못하게 하고, 항상 기뻐하고 감사하며 살아가지 못하게 하는 중대한 장애물일 수 있습니다. 우리의 이러한 경향성들과 갈망과 동기들이 우리로 하여금 잘난 체하는 사람, 약삭빠른 사람을 용납하지 못하게 하고 다른 사람과의 관계에서 갈등과 반목을 만들어내는 원인일 수 있습니다. 이러한 경향성들이 우리로 약하고 어렵고 힘든 삶을 살아가는 다른 사람들에 대한 배려가 소홀하게 했던 원인이었을 수 있습니다. 인정받고 칭찬받고 싶은 자신의 욕구가 나처럼 인정받고 칭찬받고 싶은 열정을 가지고 있는 다른 사람을 싫어하는 마음을 갖게 하는 원인일 수 있습니다. 자기중심적인 생각과 가치가 자신처럼 이기적이고 자기중심적인 다른 사람에 대해 편협하고 배타적인 태도를 취하게 하는 원인일 수 있습니다. 실상은 욕망을 절제하는 것에 무척이나 취약하지만, 사람들 앞에서는 선하고 신실한 사람으로 보이고 싶은 욕구가 우리로 하여금 자신은 그런 욕망과 전혀 관계가 없는 체, 혹은 거짓과 위선과 가식의 삶을 살아가게 하는 원인일 수 있습니다.

무척이나 엉뚱한 얘기일 수 있지만 요즘, 우리나라 교회들에서 드물지 않게 볼 수 있는 예를 생각해 보겠습니다. 어떤 교회에 갈등과 반목이 있다고 해 봅시다. 교인들이 서로 편을 가르고 상대방의 잘못이나 약점을 드러내고 비판하고 미워하고 있습니다. 이런 일이 상당 기간 계속되면서 교회 근처에 사는 하나님을 믿지 않는 사람들이 교회에서 교인들 간에 어떤 일이 일어나고 있는지를 알게 되었습니다. 교인들은 주변에 사는 주민들의 비웃음의 대상이 되었고 교회는 손가락질의 대상이 되었습니다. 복음이 주변 사람들에게 전혀 설득력을 지니지 못하게 된 것은 물론 교회를 찾는 사람들도 급격히 줄어들었습니다. 교인들 사이의 갈등과 반목은 많은 교인들에게 큰 상처와 실망을 주었고 그들의 믿음에 큰 해를 끼쳤습니다. 계속되는 갈등과 반목을 견디기 어려워했던 많은 교인들이 교회를 떠났습니다. 한걸음만 뒤로 물러서 생각해 보면 서로 갈등했던 그분들은 모두 주님을 사랑하는 분들이었습니다. 오랜 세월 말씀에 순종하여 살아가려 애썼던 분들이었고 지금도 주님과 교회와 세상을 위한 커다란 열정을 품고 있는 분들입니다.

이렇게 신실한 분들 사이에서 갈등과 반목이 생겨나게 해서 교회의 존립을 흔들고, 교회로 사랑과 평화와 은혜의 공동체가 되지 못하게 하고, 많은 사람들을 실족하게 하고 주님을 떠나게 하는 엄청난 결과를 만들어 낸 것은 어떤 분의 크고 엄중한 죄악이 아니었습니다. 서로 갈등하고 반목했던 그분들은 십계명 같은 큰 죄를 범하지 않았고, 사회에서 중대한 범법 행위를 저지르지도 않았습니다. 오히려 어떻게 해서든 오직 주님을 바라고 의지하며 주님 말씀 위에서 살아가려 애쓰던 분들이었다고 말할 수 있습니다.

많은 경우, 교회를 근본부터 흔드는 엄청난 결과의 단초는 어이없을 정도로 사소한 문제로부터 시작됩니다. 교인들 간의 사소한 관점과 태도의 차이, 혹은 어떤 일이나 사람의 태도에 대한 서로 간의 인식의 차이, 조금 더 잘 아는 체, 유능한 체, 신실한 체 하는 태도, 자신의 재력이나 인맥이나 혹은 능력을 드러내고 자랑하려는 모습, 다른 사람에 대한 이해와 배려가 조금 부족한 자기중심주의, 다른 사람의 의견을 듣지 않고 자기주장만을 끝까지 관철하려는 자기 의(義)가 조금 강한 모습, 다른 사람보다도 조금 더 인정받고 존중받으려 하는 시도, 등등 입니다.

이러한 모습들을 죄라고 단정하기에도 애매할 정도로 대수롭지 않은 것이라 말할 수도 있습니다. 그런데 대수롭지 않은 것으로 생각할 수 있는 우리의 어떤 관점 혹은 경향성이 원인이 되어 다른 사람의 어떤 모습을 조금씩 불편하게 여기게 되고, 특정한 모습을 점점 싫어하게 되고, 점점 참아주기 어렵게 합니다. 그 사람에 대해 반항적이 되게 하고 그 사람을 나쁜 사람으로 여기는 심리적인 경향성들이 점점 더 커지게 합니다. 그 사람에 대한 미움과 갈등과 분노가 커지게 해서 끝내는 서로간의 관계를 파탄 내어 다시는 회복하기 어렵게 만듭니다. 우리로 자신 스스로에 대해서는 자신의 판단과 행위를 정당화하는 한편 그 사람을 웃기는 사람, 상식이 통하지 않는 이상한 사람, 대화가 안 되는 사람, 무능하고 어리석은 사람으로 생각하게 하는 것은 대부분의 경우 이해할 수 없는 그 사람의 언행이 아니라 우리 마음의 어떤 경향성입니다. 이런 우리의 마음들이 조금씩 표현되어 상대방을 자극하게 되면서 서로 갈등하게 되고, 서로를 싫어하게 되고, 상대방이나 다른 교인들에게 상처를 주고 그들의 믿음과 덕을 해쳐서 교회를 떠나게 하고 복음의 능력을 훼손시킵니다. 과장하는 것이라고 생각하실 수 있지만 전혀 그렇지 않습니다. 많은 경우 실제로 이렇게 사소한 부분에서 시작되지만 진행과정에서 눈덩이처럼 커지고 엄청난 결과로 마무리됩니다. 때문에 우리가 그동안 사소하게 생각해 왔던 것들이 실제로는 사소한 것들이 아니라 우리 믿음과 마음과 삶의 모습을 좌우할 수 있는 근본적인 것들일 수 있습니다.

우리는 인간으로서 자기만의 본능적인 욕구와 인간적인 동기와 경향성들을 지니고 있습니다. 다르게 말하면, 우리의 본능적인 욕구와 인간적인 동기와 의도와 경향성들은 교회나 주위 사람들에게 어려움을 주는 잠재적이고 근본적인 원인이 될 수 있습니다. 때문에 우리는 자신의 이러한 욕구와 동기와 경향성들을 별거 아닌 혹은 이해할 수 있는 성향이 아니라 우리의 삶과 신앙의 모습과 내용을 좌우할 수 있는 중요한 문제로 인식하여야 합니다. 자신이 어떠한 본능적 욕구와 인간적인 동기와 행동의 경향성을 가지고 있는지 알고 살아가는 것과 모르고 살아가는 것에는 하늘과 땅 같은 큰 차이가 있습니다. 자신의 욕구와 동기와 행동의 경향성을 알려 할 때 중요한 것은 자신의 삶과 내면을 성찰하는 것입니다. 자신의 삶과 내면의 욕구와 동기와 경향성들을 성찰하려면 먼저 그것들에 대해 지식으로(객관적으로) 알아야 합니다. 본능적인 욕망과 인간적인 동기와 자기중심적인 경향성으로 자기 삶을 살아가지 않는 사람은 단 한 사람도 없습니다. 때문에 우리는 문제와 갈등의 원인이 되는 사람들을 비판하고 백안시하기에 앞서 환경과 여건이 갖춰지면 자신도 내가 비판하는 사람들과 거의 비슷하게 사고하고 판단하고 행동하게 될 수 있음을 또한 인식하여야 합니다. 나 자신 또한 내가 비난하는 사람과 크게 다르지 않은 사람이기 때문입니다.

4 믿음의 성장은 자신의 욕망과 충동성과 경향성에 정면으로 마주서는 과정입니다

자신의 마음, 욕망과 동기와 충동과 그 경향성들을 진지하게 돌아보는 것은 상당히 부담이 되는 일일 수 있습니다. 지금까지 자신의 내면을 들여다보는 시도를 해본 적이 없어서 생소하기 때문이고 무엇보다 자신의 내면을 들여다보는 일이 본인 스스로에게는 상당히 불편하고 괴로운 일이기 때문입니다. 자기 마음속의 욕망과 충동, 상처와 고통, 분노와 미움을 인정하는 것은 지금까지 지켜온 자신의 믿음과 삶을 흔들고 부정하는 것이 될 수도 있습니다. 때문에 처음부터 시도를 거부하거나 중간에 포기하거나 결과 자체를 부정하려 할 수도 있습니다.

자신의 내면을 들여다보기 전에 우리가 먼저 생각해야할 것은 사람이라면 누구나 욕망과 이기적인 동기를 가지고 있고 인간적인 충동을 겪으면서 살아가고 있다는 사실입니다. 욕망이 없는 사람은 살아갈 수 없습니다. 욕망이 없다는 것은 자기 존재와 삶, 나아가 신앙에 대한 욕구나 의지, 관심이 없다는 뜻이 되고 보다 성숙한 존재, 보다 나은 삶을 위한 열정을 갖고 있지 않다는 의미가 됩니다. 살아갈 이유나 목적, 가치, 이상 또한 찾지 못하고 있다는 뜻도 됩니다. 사랑에 대한 의지가 없고 가족에 대한 애정이나 관심도 없고 세상에 대해 어떠한 의무감이나 열정 역시 가지고 있지 않다는 의미이기도 합니다. 욕망(열정)은 우리의 인간됨에 있어서 본질적인 요인이며 우리는 욕망(열정)이 없이는 존재할 수 없으므로 욕망(열정)은 인간이 소유하고 있는 힘의 실제적인 가늠자이고 주체성의 정점[1]이라 할 수 있습니다. 자신과 세상에 대한 사랑과 열정과 연민이 없는 사람, 사는 이유와 목적이 없는 사람이 세상을 살아가기 어려운 것은 너무도 분명한 일입니다.

자기중심적인 동기와 본능적인 욕망에 영향 받지 않고 살아갈 수 있다면 그 사람은 육신을 입고 살아가는 사람이 아닐 것입니다.

주님 앞에서 한 사람의 의인이 있을 수 없는 것처럼, 본능적인 욕망과 충동, 인간적인 동기와 목적 없이 살아갈 수 있는 사람은 아무도 없습니다. 본능적인 욕망과 자기중심적인 동기와 육체적인 충동성 없이 살아갈 수 있다면 그 사람은 인간이 아닐 것입니다. 피와 살과 뼈로 이루어진 인간인 우리가 본능적인 욕망과 충동성과 인간적인 동기에 영향 받으며 살아가는 것은 너무도 당연한 일입니다. 우리는 인간으로서 존귀한 존재이지만 또한 인간이라는 한계를 벗어버리고 살아갈 수 없기에 연약한 존재이기도 합니다.

자신의 내면을 살피게 될 때 먼저는 자기 속에 있는 욕망과 동기와 충동이 어떤 것인지를 알게 될 수 있고, 자신이 그러한 욕망과 동기와 충동 속에서 살아가고 있음을 인정하게 될 때, 자신의 문제와 한계를 극복하기 위한 어떤 시도를 시작하게 될 수 있습니다. 병명이 무엇인지를 알고 어떤 과정을 통해 발병했고 어떻게 진행되고 있는지를 아는 것이 치료에 필수적인 것과 같습니다. 다르게 말하면 자신이 어떠한 욕망과 충동과 동기들을 품고 살아가고 있는지를 인식하지 못하는 사람은 자신의 문제와 한계가 무엇인지를 알 수 없습니다. 자신의 믿음과 삶의 문제와 한계가 무엇인지 알지 못하는 사람은 주님 앞에서 자신의 약함과 어리석음과 못남, 교만과 위선과 가식을 인식할 수 없고 인정할 수도 없습니다. 때문에 자신의 욕망과 동기와 충동성을 살피는 것은 보다 새롭고 성숙한 믿음과 삶을 살아가기 위한 새로운 시도요, 큰 결단이라 말할 수 있습니다.

자신의 마음속에 있는 욕망과 동기와 충동들이 어떠한 것인지를 알게 되고 그것을 인정하게 되면, 우리는 자신의 참된 모습 때문에 아프고 괴로워하게 되고 하나님께 부르짖을 수밖에 없습니다. 자신이 착하고 충성된 종으로서, 성숙하고 진실한 신앙인으로서, 하나님께서 기뻐하시는 모습으로 살아가고 있다고 생각했는데 그것이 자신의 본 모습이 아니었음을 깨닫게 되었기 때문입니다. 자신에 대한 지식과 자신의 삶과 내면에 대한 성찰을 통해 자신의 욕망과 위선과 가식, 자기중심적이고 이기적인 삶의 모습을 깨닫는 사람은 충격과 갈등 속에 겸손히 오직 하나님의 자비와 은혜를 사모하게 됩니다.

불교에서는 '무아'(無我)에 이름으로써, 아소(我所), 즉 자신에게 속하고 자신의 마음이 집착하는 것들을 부정하는 자기수행을 통하여 탐욕을 소멸할 수 있고, 분노를 소멸할 수 있고, 어리석음을 소멸하는 열반(涅槃)을 실현할 수 있다고 말합니다.[2] 열반이란 니르바나(nirvana)라는 산스크리트어를 번역한 말인데 '불이 꺼진 상태'라는 뜻입니다. 즉, 열반이란 욕망의 불꽃이 꺼진 상태를 말하고 욕망의 불꽃이 다 꺼진 다음에 실현되는 청량하고 안온한 경지를 표현하는 말입니다.[3]

이 욕망의 불꽃을 꺼뜨리기 위해서 끝없이 정진하지만 인간으로 살아가는 동안에는 결코 욕망과 세상에 대한 집착을 내려놓을 수 없습니다. 그래서 실제로 그 욕망의 불꽃이 꺼지는 것은 육신의 생명의 불꽃이 다 꺼진 때일 수밖에 없습니다. 육신을 입고 살아가는 한 욕망의 불꽃을 완전히 꺼서 없앤 상태로 살아가는 것은 불가능한 일입니다.

기독교의 영성은 욕망의 불꽃을 꺼서 없앤 상태의 삶을 추구하는 것이 아닙니다. 기독교 신앙의 시작은 자기 내면의 욕망과 충동과 위선과 가식과 인간적인 동기를 인식하고 자신의 지혜와 능력과 노력으로는 결코 이러한 삶에서 벗어날 수 없음을 깨달아 겸손히 주님의 도우심을 간구하는 것입니다. 욕망과 충동과 이기적이고 자기중심적인 동기 속에 살아갈 수밖에 없는 자기 존재를 깨달아 알고 인정하기에 주님을 믿는 믿음으로 의롭다 인정하심을 받아 의인된 삶을 살아가려 하는 것입니다. 때문에 주님 앞에서 자신의 본능적인 욕망과 충동성과 자기중심적 동기를 인식하고 인정하고 수용하는 것은 우리 신앙의 성장을 위해 가장 중요한 출발점입니다.

5 완전하라는 말씀은 날마다 새로워지고 거룩해지라는 의미입니다

하나님은 아브라함에게 "너는 내 앞에서 행하여 완전하라" 창 17:1 말씀하셨고 광야의 이스라엘 백성들에게 "너는 네 하나님 여호와 앞에서 완전하라" 신 18:13 말씀하셨습니다. 예수님은 "하늘에 계신 너희 아버지의 온전하심과 같이 너희도 온전하라" 마 5:48 말씀하셨습니다.

하나님을 믿는 백성들은 하나님의 완전하심을 본받아 완전한 믿음과 삶을 살아가기 위해 힘써야 합니다. 완전함을 생각할 때 우리는 도덕적, 윤리적, 신앙적으로 흠이 전혀 없는 상태를 떠올립니다. 하지만 완전 하라는 이 말씀은 우리에게 윤리적, 도덕적, 신앙적으로 온전한 존재가 되라는 의미의 말씀이 아닙니다. 완전 하라는 말씀은 죄와는 전혀 관계가 없는 삶을 살라는 뜻이 아니라 날마다 믿음과 삶이 새로워지고 거룩해지는 삶을 살아가라는 의미의 말씀입니다. 완전하라는 이 말씀을 윤리적, 도덕적으로 이해하게 되면 율법주의, 완전주의라는 함정에 빠지게 될 수 있습니다.[4]

율법주의는 하나님께서 명하신 율법을 다 지킬 때, 그렇게 행함으로써 의로운 존재가 될 수 있다고 생각하는 것을 말합니다. 마치 바리새인과 서기관들이 자신들의 내면에 있는 욕망과 이기적인 동기와 충동성은 전혀 살피지 못하고 율법에서 명령하는 것을 삶을 통해 다 지켜 행하였기 때문에, 죄 되는 일을 실제로 행하지 않았기 때문에 자신을 의롭고 완전한 사람이라고 생각했던 것과 비슷합니다. 예수님은 무능하고 무지한 백성들과 죄인들과 세리와 창녀들은 한없는 사랑으로 품으셨지만 바리새인들과 서기관들에 대해서는 저주하시기까지 책망하셨던 것을 우리는 잘 알고 있습니다.

완전주의란 우리가 세상 속에서 세상과 함께 살아가고 있지만 하나님이 우리를 도와주실 때 죄에서 완전히 자유로운 존재, 전혀 죄를 범하지 않는 존재가 될 수 있다고 보는 관점입니다. 하나님께서 우리에게 완전 하라고 말씀하셨기 때문에 완전할 수 있다고 생각하는 것이고, 따라서 윤리적, 도덕적, 신앙적으로 완전한 삶을 살아가야 한다고 생각하는 것입니다.

완전하라는 말씀을 이렇게 이해하게 되면 하나님의 완전하심과 우리의 온전함을 같은 수준에 놓는 우(愚)를 범하게 됩니다.[5] 말씀드린 것처럼 우리가 인간으로서 세상 속에서 살아가는 한 우리는 절대로 욕망과 인간적인 동기와 본능적인 충동에서 자유로울 수 없습니다. 우리에게는 하나님 말씀을 완벽하게 이해하고 그 말씀에 온전히 순종하여 살아갈 수 있는 능력이 없습니다. 우리가 육신으로 살아가면서 우리의 의지와 능력과 노력으로 절대적인 온전함에 이르는 것은 불가능합니다. 때문에 삶을 통해 윤리적, 도덕적, 신앙적으로 온전함에 이르려 하는 것은 마치 불교에서 수행을 통하여 탐욕과 분노와 어리석음을 버림으로 온전한 상태에 이르려 하는 것과 비슷하다고 할 수 있습니다. 불교에서는 끝없는 수행을 거쳐 죽는 순간에야 욕망과 집착 등을 버릴 수 있었습니다.

우리의 온전함은 세상에서가 아니라 하나님 나라에서 이루어지게 될 것입니다. 주님께서 인간적인 욕망과 충동 속에 살아가는 우리에게 원하시는 것은 죄가 전혀 없는 완전함이 아니라 우리의 믿음과 삶이 주님 안에서 날마다 조금씩 새로워지고 변화하는 것, 날마다 우리의 삶과 믿음이 조금씩 성장하는 것입니다. 성화(聖化)의 과정을 믿음과 삶이 성숙해지는 과정, 믿음과 삶이 성장해 가는 과정이라 말할 수 있습니다. 때문에 온전함에는 믿음과 삶의 성장과 성숙의 개념이 포함되어 있습니다. 아브라함이 아들을 주시겠다는 말씀을 듣고 하나님을 믿었을 때 하나님은 아브라함의 믿음을 그의 의로 여기셨습니다 ^{창 15:6}. 하지만 그 후에도 아브라함의 실수는 계속되었고 때로는 불신앙의 모습을 보이기까지 했습니다. 아브라함이 하나님께 약속의 아들 이삭을 드릴 수 있게 되기까지는 많은 세월이 흘러야 했습니다. 아브라함은 그 기간 동안 실수와 불신앙적인 삶을 되풀이하는 가운데 하나님을 더욱 의지하고 사랑하는 법을 배웠습니다. 아브라함에게 있어서 그 기간은 자신을 향한 하나님의 뜻이 무엇인지, 왜 하나님의 말씀에 순종해야 하는지, 어떻게 온전한 믿음의 삶을 살아갈 수 있는지, 하나님이 자신에게 어떤 분이신지, 자신의 삶이 하나님 안에서 어떤 의미가 있는지를 실제로 경험함으로 깨달아 알게 되는 성장과 성화의 과정이었습니다.

우리는 날마다 하나님의 아들을 믿는 것과 아는 일에 하나가 되어 온전한 사람을 이루어야 하고 그리스도의 장성한 분량이 충만한 데까지 성장해야 합니다 ^{엡 4:13}. 주님께서 우리에게 항상 기뻐하라, 범사에 감사하라, 이웃을 네 몸과 같이 사랑하고 일흔 번씩 일곱 번이라도 용서하라 하신 것은 이 말씀에 완벽하게 순종해야만 온전할 수 있고 그렇지 못하면 말씀에 불순종하는 것이라는 뜻이 아니라 주님과 바른 관계 속에서 이러한 믿음과 삶으로 날마다 성장해야 한다는 뜻입니다. 믿음이란 우리의 몸과 마음이 하나님의 말씀에 100% 순종함으로 완성되고, 온전해지는 것이 아닙니다. 온전함이란 삶의 모든 측면에서 연약하고 추하고 어리석고 못남에도 주님을 향한 우리의 지식과 믿음과 사랑이 날마다 조금씩 성장하는 것이고 이러한 삶의 과정을 거쳐 장차 그리스도의 장성한 분량이 충만한 데까지 이르려 하는 것입니다.

6   하나님 말씀에 순종하려는 의지만은
우리의 것입니다

우리에게는 바르게 사랑할 수 있는 능력이 없고, 주님 말씀에 온전히 순종할 수 있는 능력이 없습니다. 우리의 지혜는 한계가 있고 생각이 미치지 못하는 부분이 많아서 하나님 말씀을 바르게 이해하고 받아들이는 데에 어려움이 많습니다. 우리는 자신의 욕망을 절제하는 데에도 무척이나 서투릅니다. 자신의 내면을 살펴서 그 내용물을 알아야 욕망과 인간적인 동기들에 적절히 대응할 수 있는데 그것들을 살피려는 시도조차 불편하게 느끼고, 그 과정이 조금만 힘들어도 자신을 합리화하면서 쉽게 자신을 이해하는 길에서 벗어나려고 합니다. 자신의 가치체계와 삶의 방식이 참으로 주님 말씀에 합한 것인지, 자신의 신앙이 어떤 수준에, 어떤 모습을 하고 있는지, 자신의 삶이 어떻게 새로워질 때 주님께서 기뻐하실지에 대한 감조차 잡지 못하고 있는 것이 우리의 현실이라해도 크게 틀리지 않으리라 생각합니다.

우리는 철저히 무능하고 어리석을 뿐 아니라 본능적인 욕망과 인간적인 동기와 충동성에서 벗어나지도 못하고 있지만 그럼에도 우리가 할 수 있는 것이 있습니다. 그것은 하나님의 말씀에 순종하려는 우리의 의지를 하나님께 드리는 것입니다. 이에 대해 C. S. 루이스는 사랑을 비롯한 모든 것이 다 하나님의 것이지만 우리에게 있는 하나님의 것을 하나님께 드릴 수 있는 의지만은 우리 자신의 것이라고 했습니다.[6]

우리는 자신의 의지로 추하고 악하고 못나고 어리석은 자신의 존재와 삶을 주님 앞에 온전히 내어놓으려 할 수 있습니다. 자신의 의지로 주님 앞에서 보다 정직하고 신실하고 성숙한 믿음의 삶을 살아가려 다짐할 수 있고 이를 위해 자신의 욕망과 충동성과 이기적인 동기들을 살피려 할 수 있습니다. 우리는 자신의 의지로 자기 삶의 중심과 목적과 뜻을 주님께 두고 살아가려 결단할 수 있습니다.

7 성숙한 믿음과 삶에 대한 새로운 이해와 접근이 필요합니다

우리는 성경말씀을 직접적으로 어기지만 않으면 죄를 짓는 것이 아니고, 성경을 지식으로 많이 알고, 기도를 능숙하게 잘하며, 봉사활동을 많이 하면, 특별히 교회에서 중요한 직분을 맡으면 하나님께서 자신을 성숙한 신앙인으로 인정하신 것이라고 막연하게 생각해 왔습니다. 중직을 맡으면 하나님이 인정하신 성숙한 신앙인으로서 다른 사람의 신앙을 판단할 수 있고 지도할 수 있는 안목과 경륜을 갖춘 것이라고 생각해 왔습니다.

그러나 이러한 모습들은 사실 성숙한 신앙과는 큰 관계가 없습니다. 기도 많이 하는 것, 말씀을 많이 들어 하나님 말씀의 오묘한 진리를 깨닫는 것, 성경공부를 많이 해서 성경을 더욱 깊고 넓게 이해하는 것, 봉사와 섬김의 삶을 살아가는 것이 신앙에 있어서 중요하지 않다는 뜻이 아닙니다. 주님을 바라고 의지하는 삶, 자신을 향한 주님의 뜻을 깨닫기 위해서 애쓰는 삶은 참으로 귀하고 아름다운 믿음의 삶입니다. 주님 앞에서 자신의 삶을 살아가기 위해 우리는 하나님의 말씀을 더욱 사모하여야 하고 기도에 더욱 힘써야 하고 봉사와 헌신의 삶에 더욱 많은 시간과 정성과 노력을 들여야 합니다.

예수님은 마태복음 22장 37-40절에서 하나님을 사랑하고 이웃을 우리 자신처럼 사랑하는 것이 가장 큰 계명이며 온 율법과 선지자의 강령이라 말씀하셨고 바울은 로마서 13장 8-10절에서 네 이웃을 네 자신과 같이 사랑하라 하신 그 말씀 가운데 율법의 모든 계명이 다 들어 있기에 사랑은 율법의 완성이라고 했습니다. 이런 말씀들에 근거하여 살펴볼 때 성숙한 신앙은 사랑에 근거한 것이어야 합니다. 고린도전서 13장에 의하면 사랑 없는 방언, 사랑 없는 천사의 말, 예언하는 능력, 성경과 세상에 대한 모든 비밀과 지식을 아는 것은 아무런 의미가 없는 것입니다. 산을 옮길 만한 믿음, 자신의 모든 것을 다한 구제, 자신의 몸까지 불사를 수 있는 열정과

여호와를 아는 삶
삶으로 아는 신앙

희생과 헌신이라 해도 그것이 사랑 없이 행해진 것이라면 그 사람에게 아무런 유익이 되지 못하는, 소용없는 것이 됩니다. 그렇다면 사랑이야말로 우리 믿음의 근본이요, 중심이요, 목적이요, 가치요, 이유요, 척도입니다. 믿음은 사랑에 근거할 때 온전한 것이 되고, 사랑은 믿음의 성실성과 진실성과 성숙도를 판단합니다. 방언과 예언과 성경에 대한 깊고 넓은 지식과 기도와 봉사와 헌신이 성숙한 신앙의 증거일 수는 있습니다. 하지만 성숙한 신앙 그 자체일 수는 없습니다.

　　우리는 성숙한 신앙의 증거로 보이는 모습들을 겉으로 두른 채 살아가고 있습니다. 돈독한 믿음과 깊고 넓은 성경지식, 봉사와 헌신과 희생 등의 삶을 근거로 우리는 자신을 은연 중 성숙한 신앙인으로 여겨왔고 또 이러한 사람들을 성숙한 신앙인으로 여겨왔습니다. 그 마음에 사랑이 담겨 있지 않은 믿음과 기도와 봉사와 구제와 헌신은 아무런 의미가 없는 것이라는 하나님의 말씀은 자신의 마음과 내면에 더욱 깊은 관심을 가져야 한다는 사실을 우리에게 가르쳐주고 있습니다. 자신의 마음과 내면에 깊은 관심을 가져야 한다는 것은 우리 마음에 있는 무엇이 자신으로 참된 사랑을 하지 못하게 하는지, 다른 사람의 이기심을 참아주지 못하게 하는지, 연약한 이들에 대해 온유한 마음을 갖지 못하게 하는지, 자신을 드러내려는 사람에 대해 분노와 미움을 품게 만드는 지, 우리로 다른 사람의 관심과 인정과 칭찬과 사랑에 갈급하게 하는지, 명예를 탐하게 하는지에 대해 진지하게 생각해야 한다는 뜻입니다.

　　자신의 마음과 내면에서 일어나는 일에 대해 관심을 가질 때 자신의 마음과 내면을 성찰할 수 있습니다. 자신의 마음과 내면을 성찰하는 것은 자신의 본능적인 욕망과 자기중심적이고 인간적인 동기와 충동성 등 자신의 마음과 감정을 움직이고 주장하는 것들에 보다 깊은 관심을 기울이는 것입니다. 하나님의 말씀에 자신의 인간적인 욕망과 본능적인 충동성, 자기중심적이고 이기적인 동기 등을 비추어보는 것입니다. 이는 지금까지와는 다른 관점으로 자신의 믿음과 삶을 이해하는 것과 함께 우리 삶과 신앙의 성장과 성숙을 위한 새로운 시도와 노력과 접근이 필요하다는 사실을 또한 말해주고 있습니다.

제 2 장,

성숙한 신앙과 삶을 위해

성숙한 신앙과 삶을 위해

1   모든 사람은 자기 존재의 이유와 자기
삶의 의미를 묻습니다

건강한 사람이란 첫째, 신체적으로는 질병이 없고, 둘째, 정신적 심리적으로도 편안하고 안정되어 있는 사람, 셋째, 사회적으로는 가정이 있고, 직장 혹은 사업으로 일을 하고 있는 사람 넷째, 여기에 더해 취미활동이나 신앙생활을 할 수 있는 공동체에 소속되어 있는 사람이라고 생각되어 왔습니다. 그런데 최근에는 여기에 삶의 의미와 가치, 목표가 더해져야 한다는 주장이 힘을 얻고 있습니다.[1]

계몽주의 시대(17-18세기)에 들어오면서 사람들은 하나님의 뜻이나 교리보다는 인간의 이성을 내세웠고 개인의 자유와 평등을 강조하였습니다. 신앙보다 이성과 휴머니즘을 강조하게 되면서 사람들은 자신의 이성으로 이해할 수 있는 객관적인 사실은 받아들였지만 이성으로 이해되지 않는 것들, 과학으로 입증할 수 없는 것들, 예를 들어 하나님의 존재와 하나님을 향한 믿음, 영적인 것들, 신비, 기적 같은 것들은 모두 거부했습니다. 자신의 이성에 근거하여 하나님을 판단하게 되면서 신앙과 거리를 두게 되었고 결국 하나님과 멀어지고 그 관계도 끊어지게 되었습니다. 사람들은 하나님의 지배에서 벗어남으로 이전에 비해 인간으로서의 자신의 삶을 보다 자유롭게 향유하면서 존귀하고 행복하게 살게 되리라 생각했습니다. 하지만 하나님의 지배에서 벗어나 자유를 누리며 사는 것이 마냥 좋은 것만은 아니었습니다.

하나님의 말씀과 권위를 인정할 때에는 하나님의 말씀과 하나님과의 관계 속에서 자기 존재의 가치와 자기 삶의 의미를 찾을 수 있었습니다. 하지만 하나님의 말씀을 거부하고 하나님과의 관계를 끊게 되면서 사람들은 자기 삶에 대한 의미와 자기 존재의 가치를 스스로 생각해 내야만 하게 되었고 그에 대한 답변도 스스로 찾아 내야만 하게 되었습니다. 현자의 어떤 답변도, 인간이 세운 어떤 철학이나 이데올로기도 인간으로서의 존재 가치와 삶에 권위와 의미와 가치를 부여해 주는 데에는 턱없이 부족했기에 사람들은 결국 살아가면서 극심한 소외와 불안과 무의미를 느끼게 되었습니다.

자신의 존재 가치와 삶의 의미를 추구하는 경향은 모든 피조물 중에서 오직 우리 인간만이 가지고 있는 특질이요, 본능적인 경향입니다. 빅터 프랭클 Viktor Frankl 은 삶의 의미에 관한 질문은 인간에게 있어서 병적인 것이거나 편협한 질문으로 치부될 수 없는 것이며, 자신의 의미에 대한 물음이야말로 인간을 다른 동물과 구별해 주는 인간 고유의 본질과 관련된 것이라고 했습니다. 심지어 프랭클은 자기 실현의 욕망조차도 의미의 완성으로부터 생겨나는 부산물이라 함으로써 자기 삶에 대한 의미 추구를 자기 존재 자체보다 더 우선하는 것으로 보았습니다. 자기 삶에 대한 의미 추구는 우리가 인간으로서 존재하는 것 보다 더욱 우선하는 것입니다. 동시에 자기 삶에 대한 의미 추구는 자신이라는 존재를 초월하는 것입니다. 때문에 자기 삶에 대한 의미는 살면서 그냥 깨닫게 되는 것이 아니라 살아가는 동안 끊임없이 고민하면서 찾아야 하는 것입니다. 프랭클에 의하면 모든 인간에게는 자기 삶의 구체적 의미를 발견하고 성취해야 할 책임이 있습니다.[2]

나이를 먹으면서 사람은 누구나 자연스럽게 지금까지 자신이 살아온 삶을 회상하게 됩니다. 회상을 통해 사람들은 지금까지 살아온 자신의 삶을 정리하게 되고 나아가 새롭게 이해하게 됩니다. 자신이 지금껏 살아왔던 삶에 어떤 가치가 있는지, 자신의 시간과 열정을 다 바쳐 추구했던 일들, 자신이 사는 이유와 목적이 되었던 일들이 자신에게 어떤 의미가 있는 것이었는지를 돌아보게 됩니다.

자신의 지난 삶을 회상하려는 경향은 일반적으로 40세를 전후하여 뚜렷해지는 것 같습니다. 이때가 되면 자신에 대한 부모님의 사랑도 더욱 깊이 생각하게 되고 부모님에 대한 아쉬움도 더욱 커집니다. 고향과 친구들에 대한 생각을 자주하면서 친구들과 함께 했던 시간들을 그리워하게 되고 전에 친밀한 관계에 있었던 사람들의 근황을 궁금해 합니다. 특히 지난 삶 동안 자신이 겪어야 했던 상처와 고통, 어려움들에 대한 회상, 그것들에 얽혀있는 사람들에 대한 회상도 함께 하게 됩니다.

에릭슨 Erik Erikson 은 인간은 평생에 걸쳐 발달한다고 하면서 노년기에 이루어야 할 발달 과제가 자아통합이라고 말합니다. 에릭슨에 의하면 인간은 누구나 자신이 지금까지 살아왔던 삶에서 어떤 질서와 의미를 찾으려는 경향을 보이게 됩니다. 자신이 살아온 삶에서 질서와 의미를 찾아내는 것, 지금까지 살아온 자기 삶에서 어떤 질서와 의미에 대한 확신을 찾아내는 것이 노년기에 이루어야 할 가장 중요한 삶의 과제입니다. 에릭슨은 자기 삶에서 어떤 질서와 의미를 찾아내고 그것을 확신하는 것을 자아통합이라 불렀습니다. 질서와 의미에 대한 확신이란 지금까지 살아온 자신의 삶을 회한의 마음으로 돌아보지 않고 있는 그대로 수용함으로 자기 삶에 만족하는 자세를 말합니다.[3]

자신이 살아온 삶을 회한의 마음으로 돌아보지 않을 수 있는 사람이 있을까요? 회한의 마음 없이 자신이 살아온 지난 삶을 있는 그대로 수용할 수 있는 사람이 있을까요? 아마 그것은 불가능할 것 같습니다. 자신의 삶을 회한의 마음으로 돌아보지 않고 그대로 수용할 수 있는 사람은 십자가에 달리신 채로 "다 이루었다" 말씀하셨던 예수님 외에는 아무도 없을 것 같습니다.

자기 삶에서 질서와 의미를 찾아내려는 경향성은 모든 사람들에게서 볼 수 있는 현상이기에 이러한 경향성을 하나님께서 우리

여호와를 아는 삶
삶으로 아는 신앙

인간의 마음에 새겨주신 본능이라 할 수도 있습니다. 하나님께서 우리의 본능에 이런 경향성을 심어주신 이유는 무엇일까요? 무엇을 위해 우리로 인간으로서 자기 존재의 가치와 자기 삶의 의미에 대해 고민하게 하신 것일까요? 인간으로서 주님 안에서 자기 존재의 가치와 자기 삶의 의미를 추구하는 삶을 살아가려 하게 될 때 욕망에 지나치게 집착하지 않을 수 있고, 이기적이고 자기중심적인 삶에 매이지 않게 될 것입니다. 그래서 자기 존재의 가치와 자기 삶의 의미를 추구하려는 우리의 본능에는 참으로 인간답게 자기 삶을 존귀하고 아름답게 마무리하도록 도우시려는 하나님의 은혜로운 섭리가 깃들어 있다고 말할 수 있습니다.

자기 존재에 대한 가치와 자기 삶에 대한 의미는 자신이 지금껏 살아온 지난 삶에 대한 회상을 통하여 이루어질 수 있습니다. 에릭슨의 주장처럼 지난 삶을 회한의 마음으로 돌아보지 않고 있는 그대로 수용할 수 있다면 자기 존재의 가치와 자기 삶의 의미 또한 깨닫게 될 것입니다. 하지만 자신의 지난 삶을 회한의 마음으로 돌아보지 않고 자신의 삶에서 어떤 질서와 의미를 찾아내서 있는 그대로 수용하는 것, 이를 통해 자기 존재의 가치와 자기 삶의 의미를 찾아내는 것은 우리에게 있어서 불가능한 일이라 할 수 있습니다. 살아오면서 한 번도 실수하지 않고, 어떤 일에든 지나치거나 부족하지 않게 완벽하게 처신하고, 욕망과 충동에 휩쓸렸던 적이 단 한 번도 없고 다른 사람으로부터 상처와 고통을 받지도 주지도 않으며 살아갈 수 있었던 사람은 세상에 단 한 사람도 없을 것이기 때문입니다. 인간이 세운 어떤 학문이나 지식, 사상, 철학, 이데올로기도

우리로 자기 존재의 가치를 깨닫게 하거나 자기 삶의 의미를 갖게
하거나 보완하거나 더해 줄 수 없습니다. 우리 존재의 가치와 우리
삶의 의미는 우리와 동등한 다른 인간에 의해 더해지거나 작아지는
것이 아닙니다. 자기 존재의 가치와 자기 삶의 의미에 대한 물음은
오직 우리 생명과 삶의 근원이신 하나님과의 관계 속에서 자신의
지난 삶에 대한 묵상을 통해 그 답이 찾아질 수 있습니다.

2 자기 존재의 이유와 삶의 의미를 묻는 것은 인간의 본능입니다

융 Carl Gustav Jüng 은 모든 인간에게는 '종교적인 본능'이 있다고
주장했습니다. 인간은 하나님에게서 나온 존재이기에 그 근원이신
하나님을 향하려는 영적인 경향을 가지고 있고, 때문에 모든 인간
에게는 하나님을 찾고 믿어서 하나님과 하나가 되고자 하는 본능
적이고 내면적인 갈급함이 있다는 것입니다. 멜랑은 인간의 정신
구조에는 거룩한 영역이 있는데 이것이 인간으로 하여금 하나님을
찾게 한다고 했습니다. 베르그송 역시 인간에게는 신비한 영혼이
있어서 하나님과의 사랑을 추구한다고 했습니다. 틸리히 Paul Tillich
에 따르면 모든 인간은 육신의 삶을 넘어서 영적이고 영원한 삶을
추구합니다. 틸리히는 모든 인간이 '궁극적인 관심'을 가지고 있다

고 했습니다. 궁극적인 관심은 궁극적 의미, 궁극적인 경험, 궁극적인 삶, 궁극적인 존재에 대한 관심입니다. 틸리히가 말한 궁극적인 관심은 하나님에 대한 본능적 관심, 인간의 종교적 본능을 의미한다고 할 수 있습니다.[4] 더 풀어서 말씀드리면 궁극적인 관심이란 궁극적인 존재이신 하나님에 대한 우리 인간의 본능적인 관심이며 이를 통해 알게 된 하나님 이해를 근거로 자기 존재의 이유와 그리고 자신이 살아온 삶의 의미를 하나님과의 관계 속에서 찾아보려는 인간의 가장 근본적인 관심을 가리킨다고 말할 수 있습니다.

인간에게는 궁극적인 존재, 즉 하나님을 찾고자 하는 본성이 있습니다. 우리가 자기 존재의 무가치감과 삶의 허무와 무의미를 느끼는 것은 우리 생명과 삶의 근원이신 하나님과의 관계 속에서 자기 존재의 가치와 자기 삶의 의미를 찾으려 하지 않기 때문입니다. 성경은 타락으로 인해 인간이 이기적, 자기중심적이 되었으며 하나님과의 관계는 물론 다른 피조물과의 관계가 깨어지게 되었음을 말씀합니다. 하나님과의 관계의 회복이 없이는 우리 존재의 죄성과 무가치함과 삶의 무의미가 결코 해결될 수 없습니다. 자신의 존재에서 가치를 찾아내는 것, 자신의 삶을 통해 그 의미를 찾아내는 것은 오직 하나님과의 관계 속에서만 가능합니다. 자기 존재의 이유와 자기 삶의 의미를 찾아낸다는 것은 하나님과의 관계 속에서 묵상을 통해 인간으로 살아가고 있는 자신이라는 존재의 가치와 자신이 지금껏 살아온 삶의 이유와 의미가 어디에 있는지를 찾아내는 것을 말합니다.

인류의 역사를 살펴보았을 때 신(神)이 없었던 민족은 하나도 없었습니다. 나라와 민족과 시대에 따라 신의 이름이 다르고 신이 어떠한 존재인지에 대한 이해가 다르고, 신을 섬기는 방법도 모두 달랐지만 신의 존재를 부정하면서 신을 섬기지 않았던 나라와 민족은 유사 이래 하나도 없었습니다. 오지의 원시 부족들을 포함하여 모든 인류에게는 신이 있었고, 그들은 모두 신의 뜻을 알고자 하였고, 신의 계시를 받아 신의 뜻대로 사는 것을 열망하였습니다. 신과의 관계 속에서 자신들의 삶의 의미 혹은 행위의 정당성과 존재 가치를 증명하고자 하였습니다. 하나님은 우리의 마음속에 하나님을 사모하는 본능을 새겨주셨고 또한 우리 인간에게만 이성을 선물로 주셨는데 그 이성으로 오히려 하나님을 부정하는 현대인들의 경향성을 어떻게 이해해야 할까요?

3   존재 이유와 삶의 의미를 묻는 것은 우리가 하나님에게서 나온 존재이기 때문입니다

우리는 하나님의 모양과 형상대로 지음 받은 존재입니다. 우리가 하나님의 모양과 형상대로 지음을 받았다는 것은 우리의 생명이 하나님으로부터 시작되었으며 하나님을 닮은 존재로 지음을 받았다는 의미입니다. 우리는 육신으로 살아가고 있지만 본래 영이

신 하나님에게서 나왔고 하나님을 닮은 존재로 지음을 받았기 때문에 본질적으로 영적인 존재입니다.[5] 이러한 관계로 우리 인간에게는 우리의 생명과 삶의 근원이 되시는 하나님을 향한 본능적인 사모함과 갈급함이 있습니다. 또한 우리는 자신의 존재 이유와 가치 그리고 삶의 의미에 대한 본능적인 관심을 가지고 있습니다. 융이 말한 '종교적인 본능'과 틸리히가 말한 '궁극적인 관심'은 결국 우리 생명과 존재의 근원이신 하나님을 향한 인간의 본능적인 사모함과 갈급함의 표현이라고 할 수 있습니다.

제임스 로더 James Loder 는 우리가 평생에 걸쳐 살아가는 동안 삶에 대한 부정, 허무, 무의미가 찾아들어올 때마다 하나님의 형상대로 지음 받은 인간은 긍정, 충만, 의미를 향한 새로운 가능성을 찾아 나선다는 사실을 그의 학문과 임상적 경험을 통해 입증해내고 있습니다. 인간은 왜 존재하며 인간의 삶은 결국 무엇이며 어떤 의미를 지니는가에 대한 인간의 궁극적 질문은 바로 이러한 인간 영혼의 질문이기도 합니다.[6]

때문에 인간으로서 우리의 존재 가치와 우리 삶의 이유와 의미를 묻는 물음에 대한 답변은 오직 하나님을 믿는 신앙과 하나님과의 관계 속에서 자기 존재와 삶을 성찰하게 될 때에만 찾아질 수 있습니다. 다르게 말하면 우리를 하나님을 닮은 영적인 존재로 지으신 하나님을 부인하면서 영혼의 질문인 자기 존재의 가치와 삶의 의미에 대해 묻고 그에 대한 답을 찾아내는 것은 불가능한 일입니다.

자기 존재 이유와 삶의 의미를 묻는 것은 '나는 누구인가?', '나는 왜 사는가?', '나는 무엇을 위해서 살고 있는가?', '내가 살아온 삶에는 어떤 의미와 가치가 있는가?' 등에 대한 물음입니다. 그리고 이러한 물음은 확실한 답을 찾아낼 때가 아니라 물음에 대한 답을 찾아내기 위해 고민하는 과정 그 자체에 의의가 있는 것이라 할 수 있습니다.

우리 삶의 여건과 상황은 일정하지 않습니다. 우리는 시간이 지남에 따라 나이를 먹고 세월의 흐름에 따라 세상을 살아갑니다. 우리 삶의 형편과 처지와 환경과 여건은 계속해서 변화하고 있습니다. 변화하는 형편과 세상 환경에 따라 자기 존재와 삶과 세상을 바라보는 우리의 이해와 관점도 달라집니다. 그 변화에 따라 자기 존재의 가치와 삶의 이유와 의미를 묻는 물음의 내용이 달라질 수밖에 없고 그 물음에 대한 답변 또한 새롭게 찾아져야 합니다. 자기 존재의 이유와 가치 그리고 자기 삶의 의미에 대한 물음과 답변은 사람에 따라, 그리고 그 사람의 삶의 자리(형편과 처지, 환경과 여건)에 따라 각각 다를 수밖에 없습니다. 따라서 자기 존재의 가치와 삶의 의미에 대한 물음은 구체적 상황과 개인의 단일성의 전제 하에서 묻는 것이 되어야 합니다.[7] 즉, 자기 삶의 의미는 자신의 존재와 자신이 지금까지 살아온 삶에 근거하여 묻고 답하는 것이 되어야 합니다. 그래서 사람의 존재 가치와 삶의 의미에 대한 답변은 오직 그 사람 자신만의 독특한 것일 수밖에 없습니다. 그리고 자기 존재 가치와 삶의 의미에 대한 물음은 일생의 어느 한 순간에만 묻는 질문이 아니라 흐르는 세월과 변화하는 삶의 여건과 환경에 따라 평생에 걸쳐 계속해서 물어야 하는 물음입니다.

여호와를 아는 삶
삶으로 아는 신앙

자기 존재의 가치와 이유, 자기 삶의 의미에 대한 물음들은 지금껏 자신이 살아오면서 겪었고 또한 겪어야 했던 일들, 그 일들과 관계된 사람들에 대한 회상과 성찰에서부터 시작됩니다. 말씀드렸던 것처럼 자신의 존재 이유와 삶의 의미에 대한 질문은 결국 자신이 지금까지 살아온 삶을 근거로 자기 존재의 가치와 이유와 의미를 묻는 질문이기 때문입니다.

4 상담심리적인 방법으로 마음과 삶의 문제들을 해결하는 것은 불가능합니다

우리의 지난 삶에는 좋았던 일들과 우리로 행복하게 했던 일들이 많았습니다. 하지만 지난 삶을 돌아볼 때 더욱 많이 생각나는 것, 지금도 우리 마음의 많은 부분을 채우고 있는 것은 외롭고, 아프고, 힘들고, 괴롭고, 슬펐던 일들입니다. 우리는 지금껏 자신이 살아오면서 겪어야 했던 일들이 하나님과는 별로 관계가 없는 일이라고 생각해 왔습니다. 하나님과는 아무런 상관없이 자신이 어리석고 못나고 무능해서 아프고 힘들고 괴로운 삶을 살아야 했다고 생각해 왔습니다. 그 일들을 생각하면 지금도 힘들고 슬프고 괴로워서 눈물이 나지만 하나님과는 관계가 없는 일이라고 생각했기에 지난 삶에 관계된 자기 마음의 문제들은 스스로 해결할 수밖에 없는 것이라 생각해 왔습니다. 세월이 많이 지난 지금에 와서 옛날에 겪었던 일들을 바꿀 수 있는 것도 아니고 지금에 와서 전에 자신으로 그런 일들을 겪게 했던 사람들에게 무엇을 어떻게 할 수 있는 것도 없습니다. 그래서 운명이려니 체념했고 하나님은 자신의 마음을 아신다고 생각하면서도 지금껏 그 일들에 대해 하나님께 직접 말씀드리지 않고 마음속에 묻어둔 채로 홀로 생각만하며 살아왔습니다.

하지만 지난 삶을 돌아볼 때마다 나오는 것은 한숨이고 그때마다 우리 내면을 채우는 것은 괴롭고 아프고 힘든 마음입니다. 우리는 그리스도인으로서 주님의 사랑 때문에, 천국에 둔 소망 때문에 항상 기뻐하고 범사에 감사하는 삶을 살아가려 노력해왔습니다. 지금까지 자기 마음의 문제들을 믿음과 기도로 해결하려 노력해 왔습니다. 아프고 힘들고 외롭고 괴로웠던 지난 일들은 잊어버리려 했고 하나님 말씀에 따라 관련된 사람들을 이해하고 용서하려 노력해 왔습니다. 하지만 많은 세월에도 불구하고 그 일들은 잊혀지지 않았습니다. 오랜 세월에 걸쳐 기도와 말씀으로 그 일들로 인한 상처와 고통과 슬픔과 괴로움과 분노들을 삭여내려 노력했지만 혼자 있을 때 우리 마음을 찾아오는 것은 깊은 회한과 슬픔과 외로움과 아픔입니다. 겉으로는 항상 기뻐하고 감사하면서 밝고 긍정적으로 살아가는 것처럼 보였지만 내면에 깃든 이러한 마음들은 자꾸 가지를 뻗어서 우리로 자기 존재에 대한 무가치감을 생각하게 했고 우리 마음이 자신의 삶에 대한 무의미감으로 채워지게 했

여호와를 아는 삶
삶으로 아는 신앙

습니다.

　사람에 따라 자신의 지난 삶에 대해 느끼는 회한에는 큰 차이가 있습니다. 지금까지 살아온 삶의 환경이 사람마다 모두 서로 달랐기 때문이고 천성, 즉 성품도 모두 서로 다르기 때문입니다. 그럼에도, 육신을 지닌 인간으로서 세상 속에서 다른 사람들과 관계를 맺으며 자신의 삶을 살아왔다는 점에서 우리 모두는 본질적으로 서로 비슷한 삶을 살아왔다고 말할 수 있습니다.

　자기심리학자 코헛 Heinz Kohut 은 사람에게 심리적, 성격적 결함을 갖게 하는 가장 주된 원인을 자기대상의 공감적 반응의 지속적인 심각한 결핍으로 진단했습니다.[8] 자기대상이란 자기, 즉 아기가 건강한 성품의 사람으로 자라갈 수 있기 위해 필요한 적절한 사랑과 돌봄을 부모나 아기를 돌보는 사람을 통해 경험하는 것을 의미합니다.[9] 공감적 반응이 지속적으로 결핍되었다는 것은 부모나 돌보는 사람이 사랑받고 인정받고 존중받고 싶은 아기의 본능적 욕구에 지속적으로 적절하게 반응해 주지 못하고 해결해 주지 못한 것을 말합니다. 공감적 반응이 지속적으로 이루어져야 한다는 것은 아기에 대한 적절한 돌봄과 욕구에 대한 반응이 어느 한 순간만이 아니라 지속적으로 이루어져야 한다는 것을 뜻합니다. 부모나 돌보는 사람을 통해 사랑받고 인정받고 존중받으려는 아기의 본능적인 욕구가 적절히 수용되고, 충족될 때 아기는 자신감과 힘을 얻게 되고 안정감과 소속감 속에서 자라갈 수 있습니다. 반대로 아기가 따뜻한 사랑과 적절한 돌봄을 경험하지 못한 채로 자라게 되면 자기 사랑의 상처로 인한 결함을 갖게 되는데 코헛에 의하면 아기에 대한 부모나 돌보는 사람의 적절한 사랑과 돌봄의 실패가 사람의 모든 심리적, 성격적 결함의 원인입니다.[10]

사람은 기쁘게 인정받고 반영 받는 경험, 힘을 얻는 경험, 함께 하는 경험을 통해 건강하고 평안한 삶을 살아갈 수 있습니다. 사람은 이러한 경험을 어느 한 순간만이 아니라 평생토록 필요로 합니다. 어릴 적 한 때 완벽하게 적절한 사랑과 돌봄 속에서 자라게 되면 그것으로 그 사람의 심리, 정신적인 건강이 완성되는 것이 아닙니다. 성인이 된 이후에도 사람의 심리 · 정신적인 건강에는 매순간 가까운 사람들의 적절한 돌봄과 적절한 공감적 반응이 필수적입니다. 때문에 개인에 대한 적절한 돌봄과 공감적 반응은 평생토록 계속해서 지속되어야 하는 일입니다.[11]

아기의 심리적, 정신적 건강을 위해서는 적절한 양육, 돌봄이 필수적이지만, 부모나 돌보는 사람으로부터 지나치지도, 부족하지도 않은 완벽하게 적절한 사랑과 돌봄을 온전히 받으며 자라는 아기는 없다고 할 수 있습니다. 평생에 걸쳐 지속적으로 인정받고, 반영받고, 힘을 얻고, 함께 함을 통해 안정감과 평안함 속에 자신의 삶을 살아갈 수 있는 사람 또한 없습니다. 하나님은 우리를 하나님의 모양과 형상대로 지으셨고, 남녀 간의 사랑과 부부 간의 사랑과 부모로부터의 사랑받음과 친구와 이웃 간의 사랑의 교제를 통해 우리가 인간답게, 아름답고 행복하게, 의미 있는 삶을 살아가도록 온갖 배려를 아끼지 않으셨습니다. 하지만 우리는 뿌리 깊은 죄성과 탐욕과 인간적인 동기(위선과 가식, 사람들로부터 사랑받고 인정받고 존중받으려는 욕망)와 이기심, 본능적인 충동을 버리지 못하고 그것

62

여호와를 아는 삶
삶으로 아는 신앙

들에 매인 채 살아가고 있습니다. 그 결과 우리는 거절당하고, 외면, 무시당하고, 좌절의 경험을 겪으면서 살아가고 있고, 외로움과 수치감과 상처와 고통을 서로 주고받으면서 살아가고 있습니다. 우리 삶의 문제들과 고통들이, 우리 자신의 연약함과 삶의 무의미감과 우리 존재의 무가치감이 계기가 되어 눈을 들어 하나님을 바라보라고 우리에게 손짓하지만 우리는 갈등하고 번민하면서도 여전히 욕망과 본능적인 충동성과 인간적인 동기로 세상을 바라보며 살아가고 있습니다.

안타깝게도 우리의 이러한 실존의 문제들, 상처와 고통들을 극복하게 하거나 치유할 수 있는 인간적이고 학문적이고 과학적인 방법은 없다고 말씀드릴 수 있습니다. 최근에는 상담 심리적인 방법이 대안으로 제시되기도 하지만, 원칙일 뿐 근본적인 대안이 될수 없고 일시적으로 현실의 증상을 조금 어루만질 수 있을 뿐입니다. 새로운 삶을 위한 방법을 제안할 수 있고 실제로 효과를 보이기도 하지만 결국 일시적이고 제한적입니다. 인간이 세운 철학과 이데올로기, 과학과 학문으로 자신의 마음을 다스릴 수 없고 자신이 살아온 삶을 온전히 수용하게 할 수 없고 자신이 살아온 삶에 100% 만족하게 할 수 없습니다. 인간이 세우고 만든 것들이 우리의 안목과 관점을 새롭게 할 수는 있지만 우리의 마음을 고쳐서 새롭게 할 수 있는 권위와 능력은 없기 때문입니다. 자기 존재의 무가치감과 자신의 삶을 회한으로 돌아보지만 무엇을 통해서든 간에 자기 삶에서 질서와 의미를 찾아내서 자기 삶에 대한 확신에 권위를 부여하려는 인간적인 시도는 허망할 뿐입니다.

자신의 존재 이유와 가치와 삶의 의미에 대한 물음은 본질적으로 영적인 물음이기에 오직 하나님과의 관계 속에서만 그 답이 찾아질 수 있습니다. 과학과 학문, 상담심리적인 방법은 우리로 결코 자기 존재 이유와 삶의 의미를 찾게 할 수 없습니다. 우리 상처와 고통의 근본을 치유할 수 없고, 이를 통해 마음을 다스리게 할 수 없고 새롭게 할 수도 없습니다. 우리 삶을 근본적으로 바꿀 대안이나 해결책을 제시할 수 없습니다. 이러한 문제는 우리 존재와 삶의 일부분에 관한 것이거나 일시적인 문제나 현상이 아니라 우리 존재와 삶에 대한 근본적이고 본질적인 문제이기 때문입니다. 우리 인간 존재의 근본과 본질에 관한 문제들, 즉 마음의 문제, 감정의 문제, 상처와 고통과 슬픔과 한(恨), 자기 존재의 가치와 이유, 자기 삶의 의미의 문제 등을 해결할 수 있는 유일한 방법은 오직 예수 그리스도뿐입니다.

제 3 장,

여호와를 아는 삶

여호와를 아는 삶

1   성장은 변화를 전제합니다

사람이 성장한다는 것은 아기가 태어나서 키가 자라고, 몸무게가 늘어나서 어린이가 되고 어린이가 다시 청소년이 되고 어른이 되는 것을 말합니다. 아기가 어른으로 성장한다는 것은 아기의 몸이 어른의 몸으로 변화하는 것을 의미합니다. 때문에 성장은 변화를 전제하고 있습니다. 성장은 몸이 자라고 정신적으로도 성숙해지는 변화입니다. 인간은 성장이라는 변화를 통해 아기에서 어른이 됩니다. 변화하는 것이 없다면 그것은 성장하는 것이 아니며 변화를 거부한다면 성장할 수 없습니다. 성장은 변화이고 이러한 변화는 하루하루를 살아가는 삶의 과정을 통해서 이루어집니다.

히브리서 11장 1절은 "믿음은 바라는 것들의 실상($\acute{\upsilon}\pi\acute{o}\sigma\tau\alpha\sigma\iota\varsigma$, 휘

포스타시스)이요 보이지 않는 것들의 증거"라고 말씀합니다. 우리가 "바라는 것들"은 세상에서 잘되고 성공하는 것만이 아닐 것입니다. 세상에서 잘되고 성공하는 것을 무척이나 바라고 소망하지만 그것들이 우리 존재를 참으로 존귀하게 하거나 근본적으로 아름답게 하는 것이 아님을, 그것들이 우리를 진정 행복하게 하고 우리 삶에 참된 의미를 갖게 하는 것이 아님을 우리는 잘 알고 있습니다. 우리의 본능은 우리 생명과 삶의 근원이신 하나님을 향하고 있습니다. 이러한 사실들은 우리를 참으로 인간답게 하고 행복하게 하고 우리 삶에 의미를 갖게 하는 것은 주님 앞에서 살아가는 삶이라는 것을 시사하고 있습니다.

'믿음이 바라는 것들의 실상'이라고 할 때 '실상(ὑπόστασις, 휘포스타시스)'이란 본질, 확신, 보증이란 뜻입니다. 믿음이란 주님 안에서 우리가 간절히 바라고 소망하는 것들을 확신하는 것이요, 믿음은 우리의 그 확신을 보증합니다. 우리가 간절히 바라고 소망하는 것이 우리의 믿음대로 이루어지리라는 것을 어떻게 확신할 수 있을까요? 믿음은 어떻게 우리가 간절히 바라고 소망하는 대로 이루어지게 하는 보증이 될 수 있을까요? 주님이 우리의 보증이 되신다고 말할 수 있을 것입니다. 그럼 우리는 주님이 우리의 보증이 되신다는 것을 어떻게 믿을 수 있을까요? 이것을 그냥 믿는 것이 믿음일까요? 이렇게 믿기만 하면 하나님께서 이루어주실 것이라고 믿는 것이 성숙한 믿음일까요?

우리는 지금까지 성숙한 믿음의 사람으로 살아가기 위해서 모든 노력을 기울여왔습니다. 하지만 우리는 또한 우리의 많은 성경

여호와를 아는 삶
삶으로 아는 신앙

지식과 꾸준한 말씀공부와 연구, 기도와 봉사가 자신의 삶을 지속적으로 새롭게 하지 못했고 믿음을 계속해서 성장시키지 못했음을, 어떤 벽에 가로막혀 있고 한계에 부딪혀 있음을 실감하고 있습니다. 지금까지 추구해왔던 믿음과 삶의 방식에 무언가 문제가 있었음을 막연히 알아차리고 있습니다.

'백문이 불여일견'이라는 옛말이 있습니다. 백 번을 듣는 것이 실제로 한 번 보는 것만하지 못하다는 뜻입니다. 예를 들어 축구 경기를 많이 보고 축구 기술과 전략에 대한 연구를 통해 축구에 대한 많은 이론과 지식을 쌓았다고 해도 그것을 통해 실제로 축구를 잘할 수 있게 되지는 않습니다. 축구에 대해 많이 배우고 연구해서 잘아는 것과 실제로 축구를 잘하는 것과는 전혀 다른 차원의 문제이기 때문입니다. 남성들도 여성이 겪는 해산의 고통에 대해서 이성과 지식으로는 잘 알고 있습니다. 그러나 해산의 수고와 고통을 참으로 알지는 못합니다. 여성이 아니기 때문이고 해산의 고통을 실제로 겪어보지 못했기 때문입니다. 사랑에 관해 많이 듣고 배우고 연구하여 사랑의 방법과 기술에 대한 많은 지식을 갖게 되는 것과 실제로 사랑의 삶을 살아갈 수 있게 되는 것은 전혀 별개의 일입니다. TV에서 음식의 맛과 향을 설명하는 프로그램을 보지만 자세한 설명에도 불구하고 그 음식의 맛을 알 수는 없습니다. 소개하는 음식의 향이 어떤지, 씹는 맛이 어떤지, 얼마나 깊고 오묘한 맛인지를 참으로 알기 위해서는 그 음식을 실제로 먹어보아야 합니다.

우리는 지나친 욕망을 버려야 한다는 것을 지식과 이성으로는 잘 알고 있습니다. 하지만 실제 살아가면서 자신의 욕망을 적절하게 절제하는 것은 참으로 쉬운 일이 아닙니다. 다른 사람을 미워하지 말고 해가 지도록 분을 품지 말아야 한다는 말씀을 지식으로는 잘 알고 있습니다. 하지만 실제로 자신의 미움과 분노를 다스리는 것은 무척이나 어려운 일입니다. 성경에 대한 깊고 넓은 이해와 확신과 그 사람이 학문으로 쌓아올린 신앙적, 신학적인 지식과 실제로 살아가는 삶은 서로 전혀 별개의 것입니다. 믿음을 지식과 이성으로 알고 확신하는 것과 실제로 믿음의 삶을 살아가는 것은 서로 전혀 다른 별개의 문제입니다.

방언이나, 예언 같은 은사 체험 등을 겪음으로서 하나님을 아는 것이 지식으로 하나님 말씀을 깊고 넓게 아는 것보다 더욱 좋은 것이라고 말씀드리려 하는 것이 아닙니다. 지식이나 방언이나 예언이나 은사체험을 통해서 하나님을 아는 것과 자신의 삶을 통해서 실제로 하나님의 어떤 속성을 경험함으로 깨달아 아는 것은 서로 전혀 별개의 문제라는 사실을 말씀드리려 하는 것입니다.

주님은 "너는 나를 본 고로 믿느냐 보지 못하고 믿는 자들은 복되도다." 요 20:29 말씀하셨습니다. 우리는 주님을 직접 뵙지 못했지만 주님을 확실히 믿고 있습니다. 주님을 확실히 믿는 우리에게 중요한 것은 주님을 처음 믿었던 그 자리에 머무르는 것이 아니라 주님을 향한 우리의 믿음과 사랑이 지속적으로 성장하는 것입니다. 히 6:1-3절은 "그러므로 우리가 그리스도의 도의 초보를 버리고 죽은 행실을 회개함과 하나님께 대한 신앙과 세례들과 안수와 죽은 자의 부활과 영원한 심판에 관한 교훈의 터를 다시 닦지 말고 완전한 데로 나아갈지니라. 하나님께서 허락하시면 우리가 이것을 하리라."라고 말씀합니다. 히브리서 기자는 사람들에게 하나님에 관한 초보적인 지식을 가르치기 위해서 많은 노력을 기울였습니다. 사람들이 초보적인 지식을 버리고 "완전한 데" 곧 성장의 길로 나아가기를 원했습니다. 히 6:1-3은 회개, 신앙, 교리적인 교훈, 영생, 심판 등을 초보적인 지식으로 제시하고 있습니다. 우리는 온전한 체계 안에서 성장해야 합니다. 하나님은 굳건한 믿음과 삶의 경험을 통해서 그것을 가능하게 하십니다.[1]

우리는 주님을 보지 않고도 믿었고 수십 년 동안 꾸준히 신앙생활을 해 왔지만 그 믿음은 오래 전의 믿음에 비해 달라진 것이 별로 없습니다. 주님을 처음 믿었을 그때에는 순수함과 열정이라도 있었습니다. 열정이 넘치고 순수했던 믿음은 교회 안에서 오랜 세월에 걸쳐 많은 일들을 경험하게 되면서 계산이 많아지고 판단하는 것이 많아졌습니다. 믿음의 연륜이 깊어짐에 따라 믿음이 커지고 든든히 서 가는 것이 아니라, 날로 성숙해지는 것이 아니라 열정과 순수함만 사라졌습니다. 우리 신앙이 무언가로 막혀 답답한 것 같고, 어떻게든 막힌 것이 뚫려야 할 것 같은데, 우리 신앙을 막고 있는 것이 무엇인지, 왜 어떻게 막혀 있는 것인지 알 수 없고, 이 답답하고 막연한 마음을 어떻게 풀어낼 수 있는지 감조차 잡을 수 없습니다. 진단한다면, 우리 신앙과 삶의 이러한 현실은 우리가 예언과 방언, 특히 하나님에 관한 많은 진리들을 지식과 이성으로 알아 하나님을 확실히 믿는 것을 최고의 신앙이라고 생각해왔기 때문입니다.

우리가 참으로 신앙의 성장과 성숙을 사모한다면 먼저 기억해야 할 중요한 대전제가 있습니다. 그것은 첫째, 믿음이란 성경공부와 연구를 통해 성경을 지식적으로 많이 알게 될 때에 성장하는 것이 아니라는 것입니다. 둘째, 세상의 학문과 지식이 우리가 인간으로서 세상을 살아가기 위해 필요한 것처럼 하나님과 신앙을 학문, 지식, 이성으로 아는 것은 우리가 하나님 앞에서 그의 백성으로 살아가는 삶을 위해 필요한 것입니다. 하나님과 신앙에 대해 학문과 지식과 이성으로 아는 것은 하나님 앞에서 살아가는 삶을 위해 필요한 필수 기초 지식입니다. 하나님의 뜻을 분별할 수 있게 하고, 어떻게, 어떤 원리와 방법과 방향에 따라 주님 앞에서 살아가야 하는지를 밝혀주는 기본이요, 수단이요, 방법에 관한 기초 원리일 뿐입니다. 하나님에 대해 학문과 지식과 이성으로 아는 기초 원리는 하나님의 사랑을 경험함으로 깨달아 아는 삶의 올바른 방향과 원칙을 제시해 준다는 점에서 중요합니다. 때문에 하나님과 성경에 대해 학문과 지식과 이성으로 아는 것, 지금까지 감추어졌던 하나님 계시의 비밀스런 지식을 아는 것은 결코 그 자체로 성숙하거나 온전한 신앙일 수 없습니다. 셋째, 하나님을 참으로 아는 지식은 하나님에 대해 학문과 지식과 이성으로 아는 것과 함께 자신의 삶을 통해 하나님의 사랑과 은총을 실제로 경험함을 통해 깨달아 알게 되는 지식입니다. 넷째, 믿음은 지식으로 하나님을 아는 것이나 연구를 통해 이성으로 하나님을 확신하는 것이 아니라 자신의 삶을 통해서 하나님의 사랑과 은총을 실제로 경험함으로 깨달아 알게 되는 과정, 삶을 통해 경험함으로 깨달아 알게 되는 하나님 지식이 쌓이는 과정을 통해 성장한다는 것입니다.

74

여호와를 아는 삶
삶으로 아는 신앙

2 여호와를 아는 것은 지식으로가 아니라 살면서 경험함으로 깨달아 아는 것입니다

호 6:3은 우리에게 "우리가 여호와를 알자 힘써 여호와를 알자" 말씀합니다. 구약성경에는 "아는 것"에 대한 말이 944번이나 나오고 있습니다. 호 6:3에서 "아는 것"은 히브리어 '야다'(יָדַע)를 번역한 말입니다. 하나님께서는 우리를 아실 때 지식으로만 알지 않으셨습니다. 우리를 직접 겪으심으로 아셨고 우리 삶을 우리와 함께 살아주심(함께 하심에 대해서는 8장 참조)을 통해 우리의 삶과 욕망과 무의식의 깊은 곳까지 우리를 경험함으로 아셨습니다. 이처럼 '야다'는 어떤 사실을 학문적인 지식으로 아는 것은 물론 살아가면서 실제로 어떤 사실을 경험함을 통해 비로소 깨달아 알게 되는 지식을 의미합니다.

때문에 호세아 6장 3절에서 "하나님을 알자"는 말씀은 학문과 지식으로 하나님을 더 많이 아는 것은 물론 하나님께서 우리를 경험하여 아시는 것처럼 우리도 우리 삶을 통해 하나님을 경험함으로 하나님의 사랑과 은총과 선하심을 깨달아 알자는 말씀입니다. 자신의 삶을 통해 하나님이 어떤 분이신지, 자신을 향한 하나님의 사랑과 은혜, 용서하심과 용납하심, 품어주심과 참아주심이 어떤 것인지를 삶을 통해 실제로 경험함으로 깨달아 알자는 뜻입니다.

호 6:6에서 하나님은 "나는 인애를 원하고 제사를 원하지 아니하며 번제보다 하나님을 아는 것을 원하노라"고 말씀합니다. 여기서 '아는 것'은 히브리어 '다아트'(נ‎נֵ5)를 번역한 말인데 '다아트' 역시 '야다'에서 파생된 단어로 참된 통찰력이란 의미를 가지고 있습니다. 미국의 저명한 유대인 랍비이자 교수였던 아브라함 헤셸은 호세아 6장 6절의 "하나님을 아는 것"을 하나님의 사랑(hesed)을 아는 것이라 했고 하나님의 사랑을 아는 것은 하나님의 사랑에 대해 지식으로 아는 것이 아니라 깨달아 아는 것, 즉 이스라엘을 향한, 자신을 향한 하나님의 사랑을 자신의 삶을 통해 실제로 경험함으로 깨달아 아는 것, 이를 통해 하나님 사랑에 공감하게 되는 것으로 해석했습니다.[2]

이처럼 "하나님을 알자"는 것은 하나님이 우리를 지식으로 아시는 것은 물론 경험하여 아셨던 것처럼 우리도 하나님을 지식으로 아는 것은 물론 우리 자신을 향한 하나님의 마음, 사랑과 감정을 삶을 통해 경험함으로 깨달아 알자는 권면입니다. 하나님이 나에게 어떤 분이신지, 어떤 의미가 있는 분이신지, 하나님의 사랑과 은혜가 어떠하신지를 듣고 공부하고 연구해서 아는 것은 물론 자신의 삶을 통해 실제로 경험함으로 자신에 대한 하나님의 사랑이 어떠한 것인지를 깨달아 알자는 권면입니다.

사무엘상 2장 12절은 "엘리의 아들들은 행실이 나빠 여호와를 알지 못하더라."고 기록하고 있습니다. 엘리의 아들들이 하나님을 알지 못했다는 것은 그들에게 하나님에 대한 학문적 지식이 없었다는 의미가 아닙니다. 지식이 없었기 때문이 아니라 그들의 행실이 나빴기 때문에 하나님은 그들을 하나님을 알지 못한 자로 평가

하신 것입니다.³ 다르게 말하면 엘리의 아들들은 하나님을 지식과 이성으로만 알고 삶으로는 알지 못했다는 뜻입니다. 하나님을 지식으로는 알았지만 삶으로는 알지 못했기에 그들은 하나님을 두려워하지 않았고 하나님의 말씀에 순종하려 애쓰지도 않았습니다. 요한일서 4장 8절은 "사랑하지 아니하는 자는 하나님을 알지 못하나니 이는 하나님은 사랑이심이라."고 기록하고 있습니다. 지식으로 하나님을 아는 것이 아니라 하나님과 사람을 사랑하는 삶이 하나님을 아는 것임을 말씀하고 있습니다.

『고통과 씨름하다』라는 책을 쓴 미국의 에머리 대학교의 토마스 롱 교수는 어떤 사실을 지식으로 아는 것보다 경험하여 아는 것이 더욱 중요하다는 것을 강조합니다. 그는 "누군가가 진정한 나의 친구라는 사실을 정말로 아는 유일한 방법은 그와 함께 인생길을 걸어보는 것뿐"이라고 말합니다. 어떤 사람에 대해 지식으로 아는 것으로는 그 사람이 자신의 진정한 친구인지를 절대로 알 수 없고 실제로 살면서 그 친구의 됨됨이를 겪어보고 난 후에야 그 사람이 자신의 진정한 친구인지를 알 수 있습니다. 토마스 롱은 이러한 앎을 중세의 유명한 신학자 안셀무스의 "이해를 추구하는 신앙"이라고 설명했습니다.⁴ 많이 듣고 연구하여 지식으로 아는 것, 이성으로 확신하는 것은 하나님에 대해 막연히 아는 것이고 객관적이고 피상적으로 아는 것입니다.

하나님이 우리 자신에게 어떤 분이신지를 참으로 아는 것은 하나님과 함께 자신의 인생길을 걸어가면서 하나님을 직접 경험함으로 깨닫게 될 때 비로소 이루어질 수 있는 일입니다. 우리는 자기 삶의 자리, 자신이 처한 삶의 다양한 측면에서 하나님을 경험할 수 있습니다. 하나님을 알 때 가장 중요하고 근본적인 것은 하나님의 용서하심과 참아주심과 품어주심, 인자하심을 자신의 삶을 통해 실제로 경험함으로 깨달아 아는 것입니다. 말씀드렸던 것처럼 축구와 야구 등 운동경기에 대해 이론적으로 잘 아는 것과 실제로 축구와 야구를 잘하는 것은 서로 전혀 다른 문제입니다. 지나친 욕망을 버려야 한다는 것을 지식과 이성으로 아는 것과 실제로 살아가면서 자신의 욕망을 절제하는 것은 서로 전혀 별개의 일입니다. 사랑에 대해 이론적으로 많이 아는 것과 실제로 아름답고 진실한 사랑을 할 수 있는 것 역시 서로 전혀 다른 문제입니다. 하나님의 용서와 자비와 사랑에 대해 학문과 지식으로 많이 아는 것과 하나님의 용서하심과 참아주심과 품어주심, 인자하심을 실제로 경험하여 아는 것은 서로 전혀 별개의 일입니다. 하나님의 사랑을 지식으로 많이 알아 확신하는 것과 자신의 삶을 통해 하나님의 사랑을 실제로 경험함으로 깨달아 아는 것은 서로 전혀 별개의 것입니다.

　　하나님의 인자하심과 용납하심과 사랑하심을 참으로 아는 것은 실제로 자신의 삶을 통해 경험함으로써만 가능합니다. 하나님을 지식으로 아는 사람이야말로 성숙한 신앙인이라거나, 혹은 하나님을 지식으로 많이 알게 될 때 성숙한 믿음의 삶을 살아갈 수 있다거나, 하나님을 지식적으로 아는 것이 하나님을 아는 것의 전부라는 주장은 전혀 올바른 것이 아닙니다. 하나님의 비밀스런 계시를 알게 될 때 구원받을 수 있다는 따위의 주장은 이단과 사이비 집단에서 많이 사용하는 논리입니다. 이론이 경험보다 중요하다고

78

여호와를 아는 삶
삶으로 아는 신앙

말하는 것은 지적인 사기라고까지 말할 수 있는 일입니다.[5] 학문과 지식으로 아는 것을 하나님을 아는 것의 전부로 생각하는 것은 매우 위험한 관점입니다. 욕망을 절제하고, 분노를 다스리고 용서하는 것에 대해 이성으로 아는 것과 그것을 실제로 삶 속에서 실천하는 것에는 큰 차이가 있는 것처럼 하나님에 대해 지식으로 아는 것과 자신의 실제 삶을 통해 경험함으로 깨달아 아는 것에는 하늘과 땅 차이 같은 큰 차이가 있습니다.

하나님을 참으로 아는 사람은 지식과 이성으로 하나님을 확신하는 것을 넘어서서 자신의 삶 속에서 하나님의 인자하심과 사랑하심이 어떠한지, 하나님이 어떻게 자신의 생명과 복의 근원이 되시는지를 실제로 경험함으로 깨달아 아는 사람입니다. 하나님이 자신을 어떻게 용납(용서)하셨는지, 어떻게 품어주셨는지, 어떻게 참아주셨는지, 하나님이 자신의 삶에 어떤 의미가 있는 분이신지를 자신의 삶을 통해 경험함으로 깊이 깨달아 아는 사람입니다. 때문에 만약 오랜 신앙생활에도 불구하고 하나님을 학문과 지식과 이성으로만, 객관적으로만, 피상적으로만 알 뿐 자기 삶을 통해서 하나님의 이러한 속성들을 실제로 경험함으로 깨달아 알게 됨에 이르지 못했다면 그 사람은 하나님에 대해서 아주 조금만 알고 있는 사람입니다. 하나님을 학문과 지식과 이성으로 아주 조금 알고 있는 측면을 제외한 삶의 모든 측면에서는 하나님을 거의 알지 못하는 수준에 있다고 말할 수 있습니다. 호세아 선지자가 권면한 하나님의 사랑을 삶 속에서 실제로 경험함으로 깨달아 아는 삶, 이를 통해 자신을 향한 하나님의 사랑에 공감함으로 깨달아 아는 성숙한 신앙인의 삶에는 아직 많이 미치지 못하고 있는 것이라 할 수 있습니다. 하나님을 학문과 지식과 이성으로만 아는 것은 삶을 통해 하나님을 경험함으로 깨달아 알지 못하는 것이기에 하나님에 대한 지식이 깊고 넓지 못한 것입니다. 학생들이 세상에서 자신의 삶을 살아가기 위해 학문과 능력과 기술을 배우고 익히는 것과 같은 수준의 단계, 즉 하나님 앞에서 살아가는 삶을 살아가기 위해 꼭 필요한 필수 기초단계의 수준에 머물러 있는 것이라 말할 수 있습니다. 삶을 통해 하나님의 사랑을 경험함으로 깨달아 알아야 한다는 것은 학문이나 성경공부를 통해 알게 된 지식을 바탕으로 하나님을 확신하는 것, 이성으로 하나님을 확신하는 것을 넘어서야 한다는 뜻입니다. 학문이나 성경공부를 통해 지식으로 하나님을 아는 것은 객관적으로, 피상적으로 하나님을 아는 것이기 때문입니다.

학문과 지식과 이성으로 하나님을 알아 확신하는 것은 우리의 생각과 가치와 안목을 근본적으로 바꾸고 새롭게 합니다. 그에 비해 자신의 삶을 통해서 하나님의 사랑을 경험함으로 깨달아 아는 지식은 우리의 삶을 근본에서부터 바꾸고 새롭게 합니다. 우리로 주님의 사랑과 은총으로 거듭난 삶을 살아가게 하는 것입니다.

3   삶을 통해 경험한 사람만이 사랑하고 공감할 수 있습니다

학문과 지식으로 하나님을 확신할 수는 있지만 그 확신을 통해 자기 존재와 삶에 대한 하나님 사랑에 공감하기는 어렵습니다. 학문과 지식을 통해 하나님이 어떤 분이신지, 우리를 어떻게 지키시고 보호하시며 선하신 섭리로 우리 삶을 주장하시는지, 그 사랑이 어떤 것인지에 대한 확신에 이를 수 있습니다. 하지만 객관적이고 피상적이고 이성적인 지식은 결코 우리 자신을 향한 하나님의 마음, 감정, 사랑에 공감함에로 이끌 수 없습니다. 학문과 지식과 이성에 근거하여 하나님의 사랑을 아는 것과 자신의 삶에서 실제로 경험함으로 하나님의 사랑을 깨달아 아는 것은 서로 전혀 다른 문제이기 때문입니다. 학문과 지식으로 성경의 모든 비밀과 지식을 알 수 있고, 이성으로 주님의 사랑을 확신하여 어려움과 고통과 괴로움을 겪는 사람을 위해 자신에게 있는 모든 것으로 구제하고 자신의 몸을 불사르게 내어줄 수 있지만 그들의 어려움과 고통과 괴로움에는 공감하지 못할 수 있습니다. 자신의 삶을 통해 하나님 사랑을 경험함 없이, 삶 속에서 하나님의 사랑을 아는 것 없이 이웃의 어려움과 아픔과 괴로움에 공감하는 것은 불가능한 일입니다. 자신의 삶을 통해 하나님의 마음, 사랑을 경험하지 않으면 하나님의 사랑에 공감하는 것 역시 대단히 어려운 일입니다. 하나님의 사랑을 경험함으로 깨달아 아는 것, 자신을 향한 하나님의 사랑에 공감하는 것은 오직 자신의 삶을 통해 하나님의 사랑을 경험할 때에 가능할 수 있는 일입니다.

자신의 삶을 통해 자신을 향한 하나님의 마음, 사랑을 경험함으로 깨달아 알게 될 때에 자신을 향한 하나님의 사랑을 참으로 알게 될 수 있고, 자신을 향한 하나님의 마음, 사랑에 공감하게 될 수 있습니다. 임윤희는 하나님은 우리에게 하나님의 마음에 공감할 수 있는 능력을 주셨다고 말합니다. 하나님의 형상대로 지음 받은 우리에게는 하나님의 마음을 느끼고 생각할 수 있는 능력이 있습니다.[6] 자신을 향한 하나님 사랑에 공감하게 될 때 우리는 객관적이고 피상적인 믿음의 확신이라는 한계를 벗어나게 될 수 있습니다. 믿음 따로, 삶 따로인 신앙에서 벗어나게 될 수 있는 것입니다.

믿음이 성장한다는 것은 삶의 연륜이 깊어질수록 자신을 불쌍히 여기시는 주님의 마음, 용납하심, 참아주심, 품어주심을 경험함으로 깨달아 알게 되는 것이 많아지는 것을 의미합니다. 나이를 먹을수록 삶 속에서 하나님의 사랑을 경험하는 것이 많아지고 이를 통해 자신을 향한 하나님의 사랑에 공감하는 것이 커지고 많아지고 풍성해지는 것입니다. 삶 속에서 하나님의 사랑을 경험하여 깨달아 알게 되는 것이 많아지면서 분리되어 있던 우리 믿음과 삶의 간격 또한 날마다 조금씩 줄어드는 것입니다.

누가복음 21장 1-4절에는 헌금을 하는 가난한 과부의 모습이 나옵니다. 과부가 헌금을 넣었던 헌금함은 성전 안 '여인의 뜰'이라고 불렸던 곳에 있었는데 헌금함에는 헌금의 용도를 표시해주는 부호가 부착되어 있었습니다.[7] 성경은 이 과부가 매우 가난한 사람이었다고 말씀합니다. 그 여인은 두 렙돈의 헌금을 드렸는데 두 렙돈은 유대 화폐의 최소 단위로서 로마 화폐의 최소 단위인 고드란트의 1/2에 해당하는 금액이었으며 또한 한 렙돈은 당시 노동자들의 하루 품삯이었던 한 데나리온의 1/128에 해당하는 돈이었습니다. 당시 성전 규정상 한 렙돈을 헌금하는 것은 금지되어 있었습니다.[8] 예수님은 이 적은 돈이 그 가난한 여인의 생활비 전부인 것을 아셨습니다. 예수님은 그녀가 드린 두 렙돈이 그녀가 드릴 수 있는 최상의 헌금이었음을 아셨고 여러 부자들보다 더 많은 헌금을 드렸다고 하셨습니다.

가난한 과부는 어떻게 자신의 생활비 전부를 헌금으로 드릴 수 있었을까요? 아마 가난한 과부가 두 렙돈을 넣었던 헌금함에는 가난한 이들을 돕기 위한 헌금이라고 그 용도가 붙여져 있지 않았을까요? 가난한 과부는 끼니를 이을 수 없어서 굶주려야 했던 삶을 자주 경험하지 않았을까요? 먹을 것이 없어서 굶주려본 경험이 있는 사람은 배고픈 설움이 얼마나 서러운 것인지를 압니다. 배고픈 설움을 겪어보지 못한 사람은 배고픈 이들의 설움을 알기 어렵습니다. 제3자의 입장에서 가난한 이들의 배고픈 설움을 안타까워할 수는 있겠지만 가난한 이들의 배고픈 설움을 자신의 설움으로 느끼기는 어렵습니다. 가난한 과부는 배고픈 설움을 겪어야 했던 그 경험을 통해 굶주리고 있는 다른 사람들의 설움과 고통에 공감하지 않았을까요? 배고픈 설움이 얼마나 서러운 것인 줄을 자신의 삶을 통해 경험함으로 깨달아 알았기에, 배고픈 사람들의 아픔과 설움에 깊이 공감했기에 자신의 생활비 전부를 헌금함에 넣을 수 있지 않았을까요?

우리 사회에서 경제적으로 어려운 이들을 돕는 일에 동참하는 가난한 이들을 많이 볼 수 있습니다. 부유한 이들이 가난하고 어려운 이들을 돕기 위한 나눔에 참여하는 것은 참으로 귀하고 아름다운 일입니다. 그들의 나눔과 봉사가 가난하고 어려운 이들에게 큰 힘이 될 것은 틀림없습니다. 특별히 감동적일 때는 비슷하게 가난하고 어려운 처지에 있는 분들이 다른 어려운 이들을 돕는 것을 보게 되는 때입니다. 그들은 부유한 분들이 기부하는 금액에 비해 상대적으로 매우 적은 액수를 기부할 수밖에 없지만 그들의 적은 기부에 우리가 감동하게 되는 것은 그 적은 금액에 가난하고 어려운 이들에 대한 그분들의 깊은 공감과 나눔의 사랑이 들어 있음을 보기 때문입니다. 가난한 삶에 대한 그분들의 깊은 공감은 자신들의 어려운 삶에도 불구하고 비슷하게 어려운 다른 이들을 위한 사랑의 실천에 앞장서게 했습니다.

학문과 지식과 이성에 근거한 확신은 하나님을 확실하게 알고 믿는 것에 머무르게 하지만 삶 속에서 경험함으로 깨달아 알게 된 하나님의 사랑은 우리로 자신과 이웃을 향한 하나님의 사랑에 공감하게 합니다. 하나님의 사랑에 공감함은 학문, 지식, 이성으로 하나님을 확신하는 것을 넘어서서 마음 깊은 곳으로부터 자신을 향한 하나님의 사랑과 은총과 선하심에 사랑으로 응답하게 하고 감사하게 하고, 찬양하게 합니다. 하나님의 관점으로 이웃을 바라보게 하고 그들에 대해 사랑을 표현하고 실천하게 합니다.

4   믿음은 실제 삶을 통해 깨달아 알게 되는 과정을 통해 성장합니다

믿음을 정신적인 측면의 어떤 질적인 상태로 생각하고 믿음의 성장을 정신적인 측면의 질적인 상태가 변화하는 것으로 생각하는 경우가 많은데 그것은 사실을 오해하는 것입니다. 삶으로 아는 신앙은 하나님에 대해 이성으로, 혹은 학문과 지식으로 알게 된 것을 확실히 믿는 것을 넘어섭니다. 삶으로 아는 신앙은 자신의 삶을 통해 하나님의 사랑과 은총을 실제로 경험하여 깨달아 알게 됨을 통해 자신을 향한 주님의 사랑과 은총과 선하심과 함께 계심을 확실히 믿는 것입니다. 믿음이 성장한다는 것은 삶을 살아갈수록 자신을 향한 하나님의 사랑과 은총에 대한 경험이 더욱 많아지고 깊어지고 넓어지고 풍성해지면서 하나님의 사랑과 선하심을 향한 우리의 신뢰가 점차 깊어지고 넓어지고 온전해지는 것입니다.

때문에 우리의 삶은 하나님의 사랑과 은총을 깨달아 알게 하는 마당이요, 바탕이라 할 수 있습니다. 하나님의 사랑과 선하심에 대한 경험과 깨달음이 깊어지고 넓어질수록 우리는 날마다 조금씩 더 많이 하나님을 온전히 바라고 신뢰하고 의지하게 됩니다. 하나님의 사랑을 경험할수록 자신도 그 사랑에 의지하여 하나님을 조금씩 더 많이 사랑하려 하게 됩니다. 하나님의 사랑은 또한 우리로 자신을 참되게 사랑하게 합니다. 하나님께서 자신을 사랑하셨던 그 사랑을 본받아 자신도 스스로를 사랑하려 하게 되기 때문입니다. 자신에 대한 하나님의 사랑을 본받아 자신도 스스로를 사랑함은 자연스럽게 이웃과 세상을 향한 사랑으로 이어지게 됩니다. 삶 속에서 자신을 향한 하나님의 사랑을 경험함으로 자기 존재와 삶에 대한 하나님의 사랑에 공감하게 될 때 이웃과 세상을 향한 하나님의 그 사랑에도 공감하게 되기 때문입니다. 자신의 관점이 아니라 주님의 사랑의 관점으로 이웃과 세상을 바라보게 되기 때문입니다. 물이 높은 곳에서 낮은 곳으로 흘러감이 자연스러운 것처럼 자신의 삶 속에서 경험함으로 깨달아 알게 된 하나님의 사랑은 이처럼 자연스럽게 사랑의 범주를 이웃과 세상으로 넓혀가게 합니다.

우리의 믿음과 지식과 사랑은 "하나님의 아들을 믿는 것과 아는 일에 하나가 되어 온전한 사람을 이루어 그리스도의 장성한 분량이 충만한 데까지" 엡 4:13 성장해야 합니다. 엡 4:13에서 "아는" 것은 에피그노시스(ἐπίγνωσις)란 단어의 번역인데 이 말은 히브리어 '다아트'(דַּעַת 호 6:6)의 헬라어 역어로 사용되었습니다. 에피그노시스는 경험하다, 알게 되다는 뜻으로 경험을 통하여 아는 행동, 인격적인 방법으로 아는 것을 의미합니다. 때문에 하나님의 아들을 아는 것은 단순히 지식으로 아는 것이 아닌 삶을 통해 주님을 경험함으로 깨달아는 것을 가리킵니다.[9] "하나님의 아들을 믿는 것"과 삶을 통해 하나님의 아들의 사랑을 깨달아 "아는 일"은 학문과 지식과 이성을 통해서가 아니라 하나님께서 우리 삶을 통해 하나님의 사랑과 은총과 선하심을 경험하게 하시고 깨달아 알게 하실 때에 이루어질 수 있습니다.

그래서 하나님을 참으로 아는 것은 하나님을 학문과 지식과 이성으로 알고 믿는 확신 위에 자신의 삶을 통해 주님의 사랑을 경험함으로 깨달아 아는 것이 더욱 많아지고, 깊어지고 넓어지는 것입니다. 믿음이 성장하는 것은 살아가면서 하나님의 사랑과 선하심과 인자하심과 용납하심을 경험함으로 깨달아 알게 되는 것이 날마다 풍성해지는 것입니다.

"우리가 하나님의 아들을 믿는 것과 아는 일에 하나가 되어 온전한 사람을 이루어 그리스도의 장성한 분량이 충만한 데까지 이르"게 되기를 참으로 바란다면 우리는 자신의 삶을 통해 주님의 사랑과 은총과 선하심을 날마다 경험함으로 깨달아 알게 되기를 사모하여야 합니다. 하나님의 사랑과 선하심에 대한 경험이 우리 삶을 통해 지속적으로 일어나게 되기를 사모하여야 합니다. 믿음은 삶 속에서 하나님을 경험함을 통해 성숙해지고 성장하기 때문에 믿음은 완성되는 것이 아닙니다. 주님의 사랑과 은총을 경험하는 삶은 우리의 생명이 다할 때까지, 우리가 주님 앞에 설 때까지 계속 되어져야 하는 일입니다.

5   믿음이 먼저 성장하고 후에
삶이 변화되는 것이 아닙니다

파울러 James Fowler 는 자신의 책 『신앙발달단계』에서 신앙이 본질적으로 감정과 이성이 결합된 것이어서 서로 분리될 수 없는 것이라 했고[10] 신앙은 인간의 발달 과정과 밀접한 관계 속에서 성장한다고 주장했습니다. 파울러의 이러한 주장은 우리에게 충격일 수 있습니다. 파울러의 주장은 믿음이 먼저 성장하고 일정한 시간이 흐른 후에 그 믿음의 영향으로 삶이 새로워지거나 믿음에 걸맞게 삶이 변화하는 것이 아니라는 뜻입니다. 믿음과 삶은 서로 밀접한 관계 속에서 함께 성장하기에[11] 믿음의 사람이란 본인의 믿음에 걸 맞는 삶을 살아가는 사람을 가리킨다고 하겠습니다. 건강한 믿음의 사람이란 자신의 믿음을 삶 속에서 그대로 실천하는 사람이며 성숙한 믿음의 사람이란 최소한 불의한 욕망이나 본능적이고 이기적인 충동성과 자기중심적인 경향성을 실제 삶 속에서 어느 정도 극복해낸 정도의 사람임을 지칭한다고 할 수 있습니다. 에릭 에릭슨 Erik Erikson 역시 심리적인 변화와 성장이 신학적인 갱신, 즉 그 사람의 내면과 삶이 새로워지고 성숙해지는 것이 성숙한 신앙에 필수적인 요인이라고 주장했습니다.[12] 신앙의 성장이 인간의 발달 과정과 밀접한 관계가 있다는 것은 삶과 신앙의 성장은 절대로 분리된 상태로 생각할 수 있는 것이 아니라는 것, 믿음 따로 삶 따

여호와를 아는 삶
삶으로 아는 신앙

로 성장할 수 있는 것이 아니라는 것을 말해주고 있습니다.

야고보서 2장 17, 20절은 우리의 믿음과 삶은 서로 분리될 수 있는 것이 아니며 삶과 분리된 믿음은 헛된 것이며 죽은 것이라고 말씀합니다. 이 말씀은 믿음이 먼저이고 삶은 나중이라는, 먼저 믿으면 그 믿음에 따라 삶이 훗날에 바뀌어진다는 관점이 올바른 것이 아님을 또한 말씀해주고 있습니다.

발달심리학자들에게 있어서 발달이란 인간이 살아가는 동안 전인적인 측면에서 끊임없이 일어나는 질적 · 양적인 변화를 말합니다. 인간이 발달한다는 것은 전인적인 차원, 즉 영, 육, 혼의 모든 차원에서 보다 온전하고 이상적인 상태로 성장해나간다는 의미입니다. 나이를 먹음에 따라 체력과 지력이 쇠퇴할 수 있음에도 인간의 발달은 인간이 언제나 보다 성숙하고 이상적인 모습으로 변화하는 것을 지향하고 있습니다.[13] 정리하면, 인간이 발달한다는 것은 육신적인 측면만을 말하는 것이 아니라 나이를 먹음에 따라 조금씩 정신과 사고가 원숙해지고, 수용적으로 되고 자신과 인간과 세상을 보는 관점이 조화와 균형을 이루고 그 깊이와 너비가 커지게 되는 것을 가리키는 것이라 할 수 있습니다. 그리고 이러한 발달은 인생의 어느 한 정점에 이르렀을 때에 최고조에 달했다가 점차 쇠퇴하는 것이 아니라 죽을 때까지 끊임없이 계속되는 것임을 말하고 있습니다.

신앙교육을 비롯한 모든 종류의 교육은 인간이 계속해서 성장하고 변화한다는 전제 아래 이루어지고 있습니다. 이는 인간이 가소성의 존재, 즉 조각가가 돌이나 바위를 하나의 예술품으로 만들어가는 것처럼 교육이나 신앙을 통해 보다 이상적인 존재로 성장해 나갈 수 있는 존재라는 것을 뜻하는 것이며 모든 교육은 인간이 지니고 있는 이러한 특성을 고려하여 계획되고 실천된다고 할 수 있습니다.[14]

우리는 지금까지 신앙은 우리들의 노력이나 의지로 성장하는 것이 아니라 하나님의 선물이며 은총이라고 믿어 왔습니다. 성령으로 말미암지 않고서는 아무도 예수님을 자신의 주님이시라고 고백할 수 없습니다 마 22:43; 고전 12:3. 이러한 확신이 잘못된 것이라는 의미가 아닙니다. 우리에게는 이러한 믿음의 확신만이 최선이며 전부라고 여기는 경향이 있었고 지금까지 그 확신의 자리에 머무르는 것에만 온 힘을 기울여 왔음을 생각하려 하는 것입니다. 우리는 학문과 지식에 근거한 믿음이 우리 자신을 변화시키고 우리 삶을 새롭게 할 것이라는 확신에 갇혀 삶을 통해 참된 하나님 지식을 확장시켜 나가는 것과 삶을 통해 믿음의 성장을 이루는 일에는 관심을 거의 기울이지 못했습니다. 예수님을 하나님의 독생자로, 구주로 확실히 믿는 것은 우리의 가장 근본이 되는 믿음입니다. 이것은 신앙생활을 처음 시작하는 사람이 확실히 가져야할 믿음이면서 동시에 우리가 평생토록 소중히 지니고 확실히 지켜가야 할 금보다 귀한 믿음입니다. 우리가 확실히 알아야 중요한 원칙은 이러한 확신이 우리 믿음의 전부가 되어서는 안 된다는 것입니다. 예수님을 확실히 믿으면 그 믿음에 따라 하나님께서 우리 삶을 변화시키신다는 관점은 우리 시대에 와서 중대한 문제들이 생겨나게 했습니다. 믿음의 확신은 참으로 아름다운데 삶으로는 하나님을 거의 알지 못하는 신앙인이 많이 나타나게 되었습니다. 믿음의 확신만을 신앙의 전부로 알았기에 학문과 지식과 이성으로 하나님을 확신하는 삶만을 사모하게 하였습니다. 학문과 지식과 이성으로 성경에 대해 알고 확신하는 것을 신앙의 전부로 알았기에 성경과 신앙에 대해 학문과 지식으로 더 이상 알아야 할 것이 없다고 생각하는 순간부터 신앙은 활력과 생명력을 잃었습니다. 성경의 모든 내용을 알고 그 메시지의 핵심을 알고 있다고, 더 이상 알아야 할 새로운 것이 없다고 생각하게 되면서 자신을 온전하고 성숙한 신앙인으로 여기게 되었습니다. 자신의 믿음을 확신하고 의롭게 여기는 만큼 다른 사람의 믿음과 삶을 쉽게 해석하고 판단하고 비판하려는 경향성을 갖게 했습니다. 탐욕과 인간적인 동기(위선과 가식, 사람들로부터 사랑받고 인정받고 존중받으려는 욕망), 본능적인 충동과 자기중심적인 이기심과 분노와 질투와 미움 등을 절제해야 한다는 것을 학문과 지식과 이성으로는 확실히 알고 있지만 자신의 내면을 성찰하는 삶에는 별다른 관심을 기울이지 않았습니다. 그 결과 스트레스 상황이 계기가 되어 그 사람의 억눌렸던 욕망과 자기중심적인 이기성과 배타성을 자극하게 될 때 덕스럽지 못한 많은 모습들을 교회와 사회 앞에 드러내게 되는 것을 보고 있습니다. 이는 교회의 덕을 해칠 뿐 아니라 교회와 그리스도인들로 하여금 사회로부터 많은 비난과 조소를 받게 했습니다.

6   신앙은 중년기 이후에나 원숙해질 수 있습니다

학자들에 따르면 인간은 태어나서 죽을 때까지 성장합니다.[15] 인간의 발달은 인격적인 측면의 건강함, 조화롭고 균형 잡힌 세계관과 자신과 이웃과 세상을 바라보는 관점이 원숙해지는 것을 의미합니다. 인생의 연륜이 깊어짐에 따라 성숙함과 원숙함의 범주가 더욱 커지고 넓어지는 것입니다. 신앙이 성장하는 것은 신앙의 연륜에 따라 삶을 통해 자신을 향한 주님의 사랑과 은총을 경험함으로 깨달아 알게 되는 지식이 깊어지고 넓어지고 풍성해지는 것이며 그 지식에 따라 자신의 관점이 아닌 주님의 관점으로 자신과 이웃과 세상을 바라보고 이해하고 통찰하게 되는 것이 깊어지고 넓어지는 것입니다.

김선남은 인간의 성장과 과정과 방법에 대해 언급했는데 다음과 같이 정리할 수 있습니다.

첫째, 인간의 진정한 성장은 (지식을 통해서가 아니라) 경험이나 체험을 통하여 일어나는데 그것은 인간의 성장이 삶에 대한 끊임없는 자각의 과정이기 때문입니다.

둘째, 인간이 참으로 성장하기 위해서는 자각(깨달아 알게 되는)이 효율적으로 일어나게 할 수 있는 경험의 장이 필요합니다.

셋째, 사는 날 동안 계속해서 성장이 이루어지려면 삶의 경험을 통한 자각, 즉 경험함으로 깨달아 알게 되는 지식들이 그 사람의 삶 속에서 계속해서 일어나야 합니다. 하지만 자각이 효율적으로 일어나게 하는 경험의 장을 만들어 내는 것은 인간의 지혜와 능력으로는 불가능한 일입니다.

넷째, 참으로 성장하기 위해서는 그 사람 본인의 삶의 경험들을 통해 자신을 이해하고, 자신을 수용하고, 개방할 수 있어야 합니다.

다섯째, 성장은 이러한 자기 이해와 자기 수용과 자기 개방이 세상과 다른 사람들에게 확장되는 것으로 이어져야 합니다.[16] 자신으로부터 시작된 이해와 수용과 개방의 범주가 이웃과 세상에 대해 어느 정도까지 확장되었는지를 근거로 그 사람의 성장과 성숙도를 가늠할 수 있습니다.

파울러는 또한 성숙한 신앙은 중년기 이후에나 기대할 수 있는 것[17]이라 주장했습니다. 김선남의 주장처럼 인간의 성장은 경험이나 체험을 필요로 하고 삶의 경험들이 축적되면서 의미와 가치를 추구하는 과정을 통해 이루어지게 됩니다. 학문과 지식과 이성으로 아는 지식은 삶을 통해 겪게 되는 다양한 경험들을 근거로 자기 삶의 의미와 자기 존재의 가치를 판단합니다. 신앙의 성장과 성숙은 이러한 과정이 되풀이 되면서 이루어지는 것입니다. 때문에 신앙의 성장에는 상당한 세월에 걸친 삶의 경험이 필수적입니다. 신앙은 인간의 성장과 밀접한 관련 속에서 성장하고 인간의 성장은 이러한 과정을 통해 자신에 대한 이해와 수용과 개방의 범주가 커지면서 이루어집니다. 자신을 어떻게 얼마나 이해하는 가와 자신의 삶과 능력에 대한 수용, 그리고 자신의 마음과 삶을 다른 사람들에게 얼마나 열어 보일 수 있는가 하는 개방은 인간발달의 척도가 될 수 있습니다. 이러한 자기 이해와 자기 수용(자기 용납)과 자기 개방은 오직 삶의 경험과 깨달음을 통해 일어날 수 있습니다.

파울러가 중년기 이후에나 신앙이 성숙해지는 것을 기대해 볼 수 있다고 한 것은 중년기 이전의 사람은 중년기 이후의 사람에 비해 (하나님의 사랑을) 경험함으로 깨달아 알 수 있는 인생의 시간이 그만큼 짧기 때문입니다. 사람의 성장은 경험 혹은 체험을 통해 이루어지게 되는데 인생의 연륜이 짧으면 그만큼 경험함으로 깨달아 알게 되는 지식 또한 적을 수밖에 없습니다. 사람은 자신의 삶을 통해 경험함으로 깨달아 알게 되는 지식이 많아지는 만큼 성장할 수 있습니다.

한편, 콜버그 Lawrence Kohlberg 는 도덕 발달이 인지 발달(인간의 성장)에 크게 영향을 받지만 반드시 나이에 따라 도덕 발달이 이루어지는 것은 아니라고 하였으며 신앙 또한 사람의 도덕 발달에 별로 영향을 주지 못한다고 주장하였습니다.[18] 오랜 믿음생활과 다양한 삶을 경험하게 되면 모든 사람이 자연스럽게 성숙한 신앙인이 되는 것이 아니라는 것을 지적한 것입니다. 오직 하나님과의 관계 속에서 자기 삶의 경험들을 성찰하고 그 의미와 가치를 묵상하는 과정 속에서 하나님의 사랑을 경험함으로 깨달아 알게 될 때에 신앙은 참으로 성장할 수 있습니다.

7 　성숙한 신앙은 하나님에게서 출발하여 자신과 이웃을 향합니다

　　우리 신앙생활의 목표는 정신적인 건강이나 가정의 행복, 혹은 다른 사람과의 관계 개선 등 도덕적이고 윤리적인 변화를 위한 것이 아닙니다. 이러한 것들은 성숙한 신앙의 결과로서 얻게 되는 것일 뿐, 우리 신앙생활의 본질적이고 근본적인 목표가 될 수 없습니다. 성숙한 신앙인은 많이 기도하고 성경을 학문과 지식으로 많이 알고 많은 봉사활동을 하는 사람이 아닙니다. 분명 열심 있는 신앙의 모습이고 나아가 성숙한 신앙의 증거라 할 수 있지만 이러한 모습을 그 자체로 성숙한 신앙이라 말할 수는 없습니다. 래리 크랩은 성숙한 신앙인의 믿음과 삶에 대해 이렇게 말합니다.

　　① 성숙한 신앙인은 성삼위 하나님과 깊은 관계를 누리는 사람입니다. 성숙한 신앙인은 자신의 인격 가장 깊은 부분에서 자신을 향한 하나님의 이해와 용서와 수용을 체험했던 경험을 가지고 있습니다. 성숙한 신앙인은 자신의 하나님 체험의 경험을 근거로 다른 사람들과 더욱 온전한 사랑의 관계를 맺어가기 위해 애쓰는 사람입니다.
　　② 성숙한 신앙인은 다른 사람과의 관계에서 이해득실을 지나치게 따지지 않습니다. 다른 사람의 반응을 계산해서 행동

하지 않고 자신의 의로움과 자기 행동의 정당성을 드러내고 방어(자아방어기제 사용)하려 하지 않습니다. 성숙한 신앙인은 자신의 약한 모습을 있는 그대로 드러내 내보이려고 합니다. 성숙한 신앙인은 자신에게 솔직하고 겸손합니다. 남에게 보이거나 감추려는 행동을 하지 않습니다. 이를 통해 다른 사람들이 자신의 삶 속으로 들어오도록 허용하고, 또 다른 사람들의 삶 속으로 들어가려 합니다.[19]

③ 성숙한 신앙인은 다른 사람과의 관계 속에서 겪게 되는 상처와 고통에 좌절하지 않으며, 세상에 대한 실망을 분노로 표현하지 않습니다. 상처와 고통을 겪고 그 때문에 힘들어하고 낙심하기도 하지만 일정한 시간이 지나면 그 상처와 고통을 극복하고 새로운 신뢰와 희망을 가지고 다른 사람들과 관계를 맺으며 살아갑니다.

④ 성숙한 신앙인은 자신이 결코 완전할 수 없다는 사실을 잘 알고 있습니다. 잦은 실수와 실패 때문에 힘들어하지만 실수하고 실패하는 것 자체를 두려워하지 않습니다. 기대와 희망을 가지고 계속해서 노력합니다. 다른 사람들에 비해 더욱 강한 유혹을 느끼기도 하고 그 유혹에 빠지기도 하지만 그만큼 더욱 깊이 회개하고 생명의 하나님께로 돌아옵니다.

⑤ 성격적인 문제가 있고 정서적인 어려움도 겪지만 그 증상들에 장기간 지배되지 않습니다. 깊은 고독과 견디기 어려운 상실을 겪기도 하지만 그럴수록 하나님 앞에서 자신을 반성

하면서 자기 삶의 실체에 더욱 정직하게 다가서려 합니다.

⑥ 성숙한 신앙인은 하나님 나라에서 누릴 참된 친밀감과 평화를 소망하면서 하나님의 사랑을 통하여 다른 사람들과 참된 사랑의 관계를 맺어가려 하는 사람입니다. 성숙한 신앙인이 하나님과 그리고 다른 사람들과 맺는 관계의 특징은 시간이 흐를수록 이들의 하나님과 다른 사람들에게 자신의 내면과 삶을 더욱 깊이 열어 보이는 능력이 점점 더 커지는 것입니다.[20]

매슬로우 A. H. Maslow 는 자신의 욕구 단계 이론에서 모든 인간에게는 욕구(생리적 욕구 ⇒ 안전의 욕구 ⇒ 소속과 애정의 욕구 ⇒ 자기실현의 욕구 ⇒ 자기초월의 욕구), 즉 지금보다 나은 존재로 성장하려는 욕구가 있다고 주장했습니다. 인간이라면 누구나 가지고 있는 성장을 향한 욕구는 우리로 보다 온전하고 보다 나은 성숙한 존재로 되도록 노력하게 합니다. 신앙의 원리와 성장의 단계는 대략 다음과 같은 순서로 이루어집니다.

① 우리 신앙인으로 성숙한 믿음과 삶에로 이끄는 가장 근본적인 힘은 자신의 인격 가장 깊은 부분에서 자신을 향한 하나님의 이해와 용서와 수용을 체험했던 경험, 자신의 삶을 통해 하나님의 사랑을 경험함으로 깨달아 알게 된 지식입니다.

② 삶을 통해 깨달아 알게 된 하나님의 사랑은 우리로 하나님

과의 관계 속에서 자신을 전혀 새로운 존재로 이해하게 합니다(자기 이해). 자신의 능력과 삶의 경험에 근거하여 자신을 이해하던 것에서 벗어나 하나님의 사랑에 근거하여 자신을 이해하고 자신을 향한 하나님의 사랑을 본받아 자신도 <u>스스로를 사랑하려 하게 됩니다.</u>

③ 하나님의 사랑을 경험함은 우리로 하나님을 사랑하는 삶에로 이끕니다.

④ 자기 존재와 삶에 대한 하나님의 사랑경험은 자신만의 관점을 벗어나 하나님의 관점으로 다른 사람들을 새롭게 이해하게 합니다. 하나님의 사랑에 의지하여 다른 사람들을 사랑하는 삶을 살아가게 합니다. 예를 들면, 자신을 용납해주신 하나님의 사랑을 경험한 사람은 불의하고 거짓되고 무능했던 자신을 스스로 용납(자기 수용)할 수 있게 되고 하나님의 사랑에 근거한 자기 용납은 불의하고 거짓되고 추한 삶을 살아가는 다른 사람들을 용납하는 것으로 확장됩니다. 하나님의 사랑으로 자신을 새롭게 이해한 경험은 하나님 앞에서 거짓과 위선과 가식을 벗게 하고, 자신에게 솔직하고 하나님 앞에서 정직하게 합니다. 다른 사람들의 인정과 지지와 칭찬에 매이지 않는 참된 자유를 누리게 하고 다른 사람들에게 점차 자신의 더욱 많은 부분을 열어 보일 수 있는 사람으로 성장하게 합니다.

성숙한 믿음과 삶의 사람으로 성장한다는 것은 지금까지와 전혀 다른 새로운 자신이 된다는 의미가 아닙니다. 우리 신앙의 내용이나 방향이 전혀 새로워질 때 성숙한 신앙인이 될 수 있다는 의미도 아닙니다. 바울이 다메섹 도상에서 주님을 만난 후 완전히 새로운 사람이 되었지만, 그럼에도 바울은 이전과 전혀 다른 사람으로 변화되지 않았습니다. 삶의 여건이 달라지지도 않았습니다. 바울의 앞에는 여전히 두렵고 어렵고 힘든 삶이 펼쳐져 있었습니다. 주님을 만나기 전에 비해 달라진 점이 있다면 신앙의 내용과 관점, 삶의 내용과 방식이 주님 중심으로 새로워지고 세워지고 변화된 것입니다. 주님은 바울을 만나심으로 바울의 율법에 대한 이해와 지식과 관점, 그리고 자신과 세상과 이웃을 바라보는 관점이 주님 중심으로 새로워지게 하셨습니다. 이를 통해 그의 삶의 방향과 이유와 가치와 목적과 중심이 온전히 새로워지게 하셨습니다.

그리스도 안에서 새로운 피조물이 된다는 것은 욕망과 불의와 죄와 분노를 완전히 극복하거나 다스릴 수 있게 된다거나 죄에 대한 유혹에서 완전히 벗어나 그것과 아무런 관계가 없는 삶을 살아갈 수 있게 된다는 의미가 아닙니다. 삶속에서 주님의 사랑을 경험함으로 깨달아 알게 되었음에도 우리는 여전히 약하고 힘들고 어렵고 갈등하고 번민하며 살아갈 수밖에 없습니다. 래리 크랩의 말처럼 성숙한 신앙인 또한 여전한 탐욕과 이기심과 약함과 아픔과 두려움을 겪으며 살아갑니다. 거듭남을 체험했기에 죄의 유혹에서 완전히 벗어나게 되었다고 말한다면 그것은 자신은 인간으로서의 한계와 탈을 벗었다고 하는 것과 같은 말입니다. 한 번 체험한 주님의 사랑을 근거로 자신을 완전히 거듭난 존재인 것처럼 생각한다면 그것은 크게 오해하는 것입니다. 그 사람은 이제 삶의 방향을 처음으로 주님을 향해 바꾼 것일 뿐입니다. 참된 신앙의 삶을 향해 첫 발자국을 내딛은 것에 불과합니다. 성숙한 신앙인은 유혹을 느끼고 충동에서 자유로울 수 없는 자신의 내면과 모습을 부정, 외면하는 사람이 아니라 자신의 모습을 있는 그대로 이해하고 인정하는 사람입니다. 자신의 불의와 내면의 교만과 위선과 가식을 알고 자신의 이러한 모습을 있는 그대로 인정하고 수용하는 사람이 주님 앞에서 겸손한 사람입니다. 자신의 욕망과 이기심, 충동 등을 있는 그대로 이해하고 인정하는 사람이 주님 앞에서 정직한 사람입니다. 자기 존재와 삶을 있는 그대로의 모습으로 이해하고 인정하고 용납하는 사람이 진실하고 성숙한 신앙인입니다. 이렇게 살아가려는 사람이 그리스도 안에서 새로운 피조물로 살아가는 사람입니다. 그 사람은 자신의 지혜와 의지와 능력으로는 결코 불의한 죄의 삶에서 벗어날 수 없음을 인정하기에 오직 주님의 자비와 은총을 사모합니다. 주님과의 바른 관계맺음을 통하여 주님의 참된 위로와 안식과 평안을 누리려 합니다.

　우리의 신앙 성장의 목표는 첫째는 하나님과 보다 깊고 친밀한 개인적 관계 맺는 것이 되어야 하고 둘째, 이를 위해서는 자신의 삶을 통해 하나님의 사랑과 은총을 경험함으로 깨달아 아는 것이 필수적입니다. 셋째, 하나님 사랑의 경험은 우리로 하나님의 사랑에 응답하게 하고 자신을 넘어서서 자연스럽게 이웃에 대한 이해와 용납(수용)으로 확장됩니다. 넷째, 이러한 관계는 개인 간의 차원을 넘어서 우리 사회와 문화와 역사의 측면으로까지 확산되어야 합니다. 다섯째, 나아가 세계와 다른 피조물들과의 관계에 이르기까지 확장되는 것이어야 합니다.

8 파울러의 신앙 성장의 단계

우리는 감정과 이성으로 삶을 생각하고 삶속에서 경험함을 통해 깨달음을 얻습니다. 성숙한 신앙은 연륜이 깊어짐에 따라 삶속에서 자신과 세상에 대한 주님의 사랑과 은총을 경험함으로 깨달아 알게 되는 것이 지속적으로 이루어져서 켜켜이 쌓인 결과물입니다. 이러한 의미에서 파울러는 성숙한 신앙은 삶의 경험과 체험이 충분히 이루어지고 세상을 보는 안목이 원숙해질 수 있는 중년기 이후에나 기대해 볼 수 있다고 하였습니다. 파울러는 신앙 성장(발달)의 단계를 인간의 발달 단계에 맞추어 0단계부터 6단계로 구분하였습니다.

① 0단계 : 미분화된 신앙(1세-4세)
아기는 부모와 주변의 의미 있는 사람들과 맺는 관계를 통해 신뢰감을 형성하게 됩니다. 아기들이 부모와의 관계를 통해 하나님에 대한 이미지를 갖게 된다는 점에서 신앙 성장에 있어 이 시기가 매우 중요하다고 할 수 있습니다.

② 1단계 : 직관적-투사적 신앙(4세-7,8세)

어린이가 직접 관계 맺고 있는 부모를 비롯한 어른들의 신앙과 언행을 모방하면서 신앙이 자라게 됩니다. 옳고 그름에 대한 관념은 부모나 선생님 등 권위 있는 이가 내리는 상벌에 따라 결정되고 하나님은 신인동형론(神人同形論)적인 존재로 이해됩니다. 상징과 그림, 동화 등은 어린이의 환상과 상상력을 촉진하여 신앙교육에 효과적입니다.

③ 2단계 : 신화적-문자적 신앙(5,6세-11,12세)

1단계의 상상과 환상을 통한 신앙의 성장이 계속되고 있지만 문자와 책을 통해 신앙을 익히기 시작합니다. 경험을 통해 환상과 실재를 구분하기 시작하며 상징과 신화와 교리들을 이해하고 받아들일 수 있습니다. 동화 및 설화, 신화와 같은 이야기가 담긴 책이 신앙의 성장에 도움이 될 수 있습니다.

④ 3단계 : 종합적-인습적 신앙(11,12세-15,16세)

인습적이고 순응적인 신앙의 특징을 보이고 때문에 아직 자율적인 신앙의 모습을 보여주지는 못합니다. 새로운 관점에서 자신을 돌아볼 수 있게 되고 자신과 관계있는 대상들에 대해 비판적인 성찰을 할 수 있게 됩니다. 다른 사람들과 새로운 관계를 맺을 수 있게 되면서 하나님과도 더욱 개인적이고 깊은 관계를 맺을 수 있습니다.

⑤ 4단계 : 개별적-반성적 신앙(17,18세-40대)

17-18세에서 시작해서 40세 즈음에 도달할 수 있지만 파울러는 대부분의 성인들이 이 단계에 도달하지 못하는 것이 현실이라고 했습니다. 3단계의 순응적이고 의존적이었던 신앙의 한계를 극복하고 스스로 설 수 있는 신앙을 가지려 하게 됩니다. 기독교의 교리와 상징, 개념에서 심각한 모순을 발견할 수 있게 되고 종교지도자들의 권위, 정책, 등에 대해 비판적 사고와 관점을 갖게 됩니다. 개인 대 공동체, 주관 대 객관, 자기실현 대 헌신, 상대성 대 절대성 사이의 긴장 사이에서 조화와 균형을 유지하기 위한 힘든 투쟁을 겪게 됩니다. 자신의 관점에 대해 비판적으로 반성할 수 있는 능력을 갖게 됩니다. 하지만 자신의 비평적 사고에 대해 지나친 확신과 지나치게 큰 비판적인 자아를 갖게 되면 독선적이고 자기중심적인 신앙과 세계관을 형성하게 될 수도 있습니다. 자기 내면의 목소리에 귀를 기울일 때 무질서하고 혼란스러운 상황을 극복하고 다음 단계의 신앙으로 성장할 수 있습니다.

⑥ 5단계 : 결합적 신앙(30대 후반-중년)

파울러는 5단계의 신앙은 30세 이전에는 거의 경험하기 어려운 높은 수준의 단계로 대부분의 사람들은 이 단계의 신앙 수준을 이해하지 못하거나 오해할 가능성이 높다고 했습니다. 이전 단계의 심각한 문제였던 이분법적인 논리의 한계를 극복하고 모든 존재의 양면성을 인식할 수 있게 되면서 변증법적인〈정(正) ⇒ 반(反)

⇒ 합(合)〉 관점을 갖게 되는 획기적인 성장을 이루게 됩니다. 자아와 세계관이 통합될 준비가 되고 상징적인 힘과 개념적 의미가 결합되며 자신의 과거를 재조명하면서 깊숙한 자아의 목소리에 귀를 기울이게 됩니다. 자신이 불완전하다는 사실과 타인의 개별적인 삶을 인정하게 되고 역설과 모순 속에서 진리를 보고 생각과 경험에 있어서 양극을 서로 결합시키려고 노력하게 됩니다. 나아가 자신의 상처와 고통과 문제의 원인들에 접근하여 그것들을 이해함으로써 극복하게 됩니다. 이때의 이해는 개인적인 차원을 초월하여 보다 포괄적이고 보편적인 것으로 확장될 수 있습니다. 더 이상 자신의 독립성을 훼손하는 것 없이 다른 사람에게 의존할 수 있게 됨으로 이때의 신앙은 상호 의존적인 모습을 띠게 되고 결과적으로 공동체 의식과 더불어 살아가는 정신이 깊어지게 됩니다.

⑦ 6단계 : 보편화된 신앙

파울러는 평범한 사람이 6단계의 신앙인이 되는 것은 거의 불가능하다고 강조했습니다. 5단계의 신앙인은 자신과 세계에 대한 보편적인 이해와 자신의 안녕을 보존하려는 욕구 사이에 존재함으로 인해 역설적이고 분열된 상태에 있습니다. 즉 자신의 변화에 대한 비전을 실천하기 위한 준비가 덜 되어 있는 상태입니다. 6단계에서는 이전 단계에서 해결하지 못한 역설을 극복함으로 자아와 가족과 자신과 관계있는 세계와 법질서의 위협과 그로 인한 어려움에도 불구하고 절대적인 사랑과 정의의 명령을 실천할 수 있습니다. 철저하게 비폭력적이고 무저항의 원리를 행동의 기초로 삼으며, 생명과 그 본질에 대한 궁극적인 사랑을 가지고 있습니다. 때문에 피아(彼我)가 없고 언제나 인류 전체와 인류 생존의 생활환경으로서의 우주라는 이해에 기초하여 보편적인 공동체를 추구합니다. 편견과 불의에 맞서 사랑에 바탕을 둔 행동을 실천해 나가는 데 탁월한 확신과 용기를 소유하고 있습니다. 우주적인 공동체를 추구하기 때문에 다른 단계의 신앙 수준에 있는 사람들이나 다른 종교를 가지고 있는 사람들과도 교류할 수 있습니다.[21]

9 신앙은 성장과 퇴행을 되풀이 하면서 성장합니다

파울러는 신앙은 계단식이 아니라 나선형의 운동의 모양으로 성장한다고 주장했습니다.[22] 신앙이 나선형으로 성장한다는 것은 다음과 같은 의미를 갖고 있습니다.

첫째, 신앙은 어떤 한 번의 계기나 깨달음을 통해 대번에 다음 단계로 성장하는 것이 아니라는 뜻입니다. 나사가 서서히 움직이면서 그 깊이를 더하는 것처럼 단계를 구분할 수 없을 정도로 천천히, 조금씩 성장한다는 뜻입니다. 자신의 사고와 관점의 틀을 깨는 벼락같은 깨달음에도 불구하고 현실의 문제와 어려움은 그대로 남아 있습니다. 신앙의 성장은 새로운 깨달음을 통해 현실의 문제를 새로운 관점으로 이해하고, 새로워진 신앙과 삶의 기준에 따라 현실의 삶을 살아가게 되는 것을 말합니다. 하지만 그 변화는 한순간에 대번에 이루어지는 것이 아니라 벼락같은 깨달음이 지속적으로 이어짐을 통해 혹은 많은 경우 날마다 조금씩 생각하지 못하는 사이에 이루어집니다. 신앙의 성장은 삶 속에서 이루어지는 이 같은 깨달음과 훈습의 과정을 끊임없이 되풀이하면서 이루어집니다.

둘째, 나선형의 성장이란 삶의 경험을 통한 깨달음에도 불구하고 이전의 신앙의 모습을 다시 되풀이 하게 될 수도 있다는 뜻입니다. 완전히 극복할 수 있게 되었다고 생각했던 이전 단계의 욕망과 감정을 처리하고 분출하는 방식, 그리고 신앙과 삶의 방식과 모습들을 이제 와서 다시 경험하게 될 수 있습니다. 어떤 사람에 대한 미움과 분노를 절제할 수 있고 이제는 용서할 수 있게 되었다고 생각했는데, 어떤 계기로 그 사람에 대한 미움과 분노를 다시 터뜨리게 될 수도 있습니다. 하지만 이러한 이전 단계로의 퇴행에도 불구하고 성숙한 신앙인은 낙심하거나 포기하지 않습니다. 이전의 은혜와 깨달음의 경험을 생각하면서 미움과 분노를 절제하고 더 많이 용서할 수 있기 위해 기도하며 노력합니다. 이렇게 되풀이 되는 과정을 통해 상대방에 대한 미움과 분노를 절제하고 인내, 용서의 밀도와 범주를 조금씩 키워갑니다.

셋째, 신앙의 성장이 나선형으로 이루어진다는 것은 성장의 단계에 올라서서 일정 기간 머무르는 것이 아니라 성장과 퇴행을 날마다 되풀이하게 될 수 있음을 의미합니다. 성장과 퇴행을 계속해서 겪게 되지만 그 과정을 통해 전체적으로는 조금씩 성장과 성숙한 삶에로 나아가게 됩니다.

신앙의 성장에는 도달해야 할 명확한 목표나 수치가 없습니다. 말씀드린 것처럼, 신앙은 완성되는 것이 아니라 성장하는 것이기 때문입니다. 신앙의 성장은 목표가 아니라 우리가 삶을 통해 지속해나가야 할 삶의 태도요, 과정입니다. 우리가 같은 성경을 배우고 한 주님을 믿고 따르지만 우리의 성품과 살아온 환경과 현실의 형편과 처지는 각각 다르고 우리는 모두 서로 다른 삶을 살아가고 있습니다. 그래서 우리의 신앙과 삶의 모습은 모두가 서로 다를 수밖에 없습니다. 마치 지문이 서로 다른 것과 같습니다. 같은 말씀을 듣고 함께 봉사하고 함께 기도하고 같은 신앙의 목표를 추구하지만 비슷한 시간에 비슷한 모습의 신앙인이 되는 것도 아닙니다. 우리는 모두 독특한 자신만의 신앙의 길을 걸어가고 있습니다. 성숙한 신앙인은 서로 다를 수밖에 없는 다른 사람의 신앙의 내용과 관점과 방식을 이해하고 인정합니다. 자신의 신앙을 소중히 여기기에 자신과 다른 사람의 신앙과 방식과 모습을 또한 배려하고 존중합니다.

제 4 장,

하나님의 사랑과 자기 이해

하나님의 사랑과 자기 이해

1   자신을 이해하는 것이 성숙한 신앙의
시작입니다

자신을 이해한다는 것은 내가 나를 분명하게 아는 것입니다. 상담심리학적인 측면에서 말한다면 자신이 어떠한 인간적인 동기와 본능적인 욕구와 충동성들을 가지고 있는지 아는 것이고 자신의 이러한 욕구와 충동성이 어디에서 어떻게 비롯된 것인지를 아는 것입니다. 자신의 내면에 어떤 인간적인 동기가 있는지를 아는 것이고 그 동기가 어디에서 어떻게 비롯되었는지를 아는 것입니다. 자신의 가정과 교회와 사회에서의 사고와 판단과 행동이 자신의 욕구, 동기와 어떠한 관련이 있는지를 아는 것입니다. 일상의 삶속에서 드러나는 자기 행동의 경향성을 아는 것입니다. 예를 들면

자신이 어려운 사람 돕기를 특별히 좋아한다면 왜 어려운 사람 돕기를 좋아하는지, 자신의 이러한 경향성이 자신이 지나온 삶의 특별한 경험과 어떻게 관련이 있는지 살펴 아는 것입니다. 어떤 사람을 좋아하거나 사랑한다면 그 사람의 어떤 면을 좋아하고 사랑하는지, 그 사람의 그러한 측면을 특별히 좋아하고 사랑하는 이유가 무엇인지를 살펴 아는 것입니다. 시간을 지키지 않는 사람을 특별히 싫어한다면 이기적인 사람보다도, 무책임한 사람보다도 거짓말하는 사람보다도 시간을 지키지 않는 사람을 왜 특별히 싫어하는지, 지난 삶의 어떤 경험 때문에 시간 개념이 없는 사람을 특별히 싫어하게 되었는지를 살펴 아는 것입니다. 그리고 어떤 스트레스 상황에서 시간을 어기는 사람에 대한 자신의 감정을 표출하게 되는지를 아는 것입니다.

자신이 어떤 분노를 품고 있는지, 그 분노를 어떤경우에 어떤 모습으로 표출하게 되는지, 어떤 사람을 미워하거나 싫어한다면 특별히 그 사람을 미워하거나 싫어하는 이유가 있는지, 그 사람의 어떤 모습을 힘들고 어렵게 느끼는지를 살펴 아는 것입니다. 깊은 외로움을 느낀다면 자신의 외로움이 어디에서 비롯된 것인지, 그 외로움의 내용이 무엇인지, 외로움을 느낄 때 어떻게 행동하려 하는지를 살펴 아는 것입니다. 자신이 품고 있는 상처와 고통이 있는지, 그 상처와 고통이 무엇이며, 상처와 고통을 어떻게 느끼는지, 그 원인과 과정과 결과를 살펴 아는 것입니다. 자신을 이해하는 것은 자신의 상처와 고통으로 인한 감정에 조금 더 민감해지는 것입니다. 그래야만 보다 건강한 '통전적 나'를 이루어 갈 수 있습니다.[1]

여호와를 아는 삶
삶으로 아는 신앙

1장에서 말씀드린 것처럼 자신의 본능적인 욕망과 충동성, 인간적인 동기들과 마음과 행동의 어떤 경향성들을 살피는 것은 대단히 불편하고 괴롭고 힘든 일입니다. 자신의 내면을 살피게 될 때 지금까지 자신의 신앙과 가치와 삶을 모두 부정하는 위험을 겪게 될 수도 있습니다. 이는 지금까지 안정적이었던 자신의 신앙과 삶과 사고구조와 삶의 방식을 근본적으로 뒤흔드는 일이 될 수도 있습니다.

　　그럼에도 자기 이해는 성숙한 신앙을 위해 반드시 필요한 일입니다. 우리의 신앙과 삶에는 의식적이든 무의식적이든 간에 반드시 자신의 욕구와 억눌려 있던 감정들과 그동안 겪어왔던 마음의 갈등 등이 조금씩이나마 투영되어 나타나게 됩니다. 때문에 우리가 자신만의 신앙에서 벗어나 연약한 믿음을 가진 이들을 붙들고 삶의 문제로 갈등하고 고민하는 이들을 돕기를 원한다면 그전에 먼저 자신을 이해하여야 합니다. 자신의 내면에 해결되지 못한 억압된 적대감이나 심리정신적인 불안정, 이상 성욕, 용납(이해받고 인정받고 사랑받고 싶은)에의 강력한 욕구 등이 있는지를 먼저 지식으로 이해하여야 합니다. 이러한 자기 이해는 자기 내면의 욕구, 동기, 두려움, 희망, 습관적 반응에까지 확대되어야 합니다. 자신의 신앙과 삶에 투영되고 있는 자기 내면의 욕망, 위선과 가식과 이해받고 인정받고 사랑받으려는 인간적인 동기, 분노, 두려움 등을 이해하는 사람만이 자신과 비슷하게 본능적인 욕망과 인간적인 동기, 분노, 두려움을 품고 있는 다른 사람을 이해할 수 있고 그들을 도울 수 있습니다. 반대로 자신에 대한 이러한 이해가 없는 사람, 자신의 본 모습에 대한 깊은 깨달음의 경험이 없는 사람은 자신과 비슷한 모습으로 살아가고 있는 다른 사람의 신앙과 삶을 이해하기 어렵습니다. 부정적인 감정이나 삶의 경향성에 대해 서로 나누는 것은 물론 그런 사람을 돕는 것은 더 더욱 생각할 수 없습니다. 양범모는 Switzer(1989)의 말을 인용하여 우리가 성숙한 신앙인으로 살아가려 할 때에 자신의 욕망, 위선, 인간적인 동기, 분노, 두려움에 대한 이해함 없이 다른 사람을 도우려 하는 것이 얼마나 부질없는 일인가에 대해 이렇게 말합니다. "만약 우리가 평안하고 안전한 삶만을 추구한다면 불안감과 위험과 혼란을 겪게 될 때 이를 피하려 자연스럽고도 쉽게 자아방어기제를 사용하게 될 것이다. 만약 우리가 자신의 분노나 다른 사람들의 분노를 두려워한다면, 우리는 다른 사람의 어떠한 분노의 말도 들으려 하지 않거나, 주제를 바꾸려 하거나, 우리가 자신의 분노를 감소시키기 위해 사용했던 방식으로 그들의 분노를 감소시키려 하게 될 것이다."[2]

자기 이해는 자신 스스로에게 무척이나 불편하고 괴로운 일입니다. 하지만 주님 안에서 자신의 욕망, 인간적인 동기, 본능적인 충동성, 분노 등을 성찰하는 사람은 자신이 지금까지 어떠한 위선과 가식의 모습을 하고 있었는지를 이해하게 될 수 있습니다. 자신의 이러한 삶이 자신의 신앙생활에 어떻게 걸림이 되고 있었는지를 깨닫게 될 수 있습니다. 경건하고 신실해 보이는 자신의 믿음과 삶이 하나님께서 마냥 기뻐하시는 모습이 아니었음을 깨닫게 될 수 있습니다. 자신의 인간적인 동기와 본능적인 욕망과 충동성과 삶의 경향성을 살피게 될 때에 우리는 비로소 하나님 앞에서 자신이 어떠한 존재인지를 이해하게 될 수 있습니다. 이러한 자기 이해를 통해 우리는 자신이 하나님 앞에서 얼마나 철저히 무능하고 어리석고 추하고 못난 죄인인지를 깨달을 수 있고 고백하게 될 수 있습니다. 이를 시작으로 참된 신앙의 성장과 성숙을 향한 길로 나아가게 될 수 있습니다. 때문에 자신의 욕망과 인간적인 동기와 본능적인 충동과 경향성 등을 살피는 과정과 이 과정을 통해 겪게 되는 불편함과 괴로움은 신앙의 성장을 위해 필수적인 과정입니다. 이 고통은 현재의 상태에서 벗어나 성숙한 존재로 성장하기 위한 성장통입니다. 이 필수과정을 거부하거나 성장통을 회피하면 결코 새롭고 성숙한 존재로 변화할 수 없습니다. 이것은 기꺼이 감내하고 기꺼이 감당해야만 하는 과정입니다. 이 과정을 거쳐 이전과는 확연히 구별되는 신앙 성장의 길을 걸어갈 수 있고 더욱 성숙한 믿음의 삶에로 나아갈 수 있습니다. 이 과정을 통해 참된 평안과 자유와 기쁨과 감사의 삶에로 나아갈 수 있습니다.

자신의 인간적인 동기와 욕망과 충동성과 행동의 경향성을 객관적으로 이해하려고 할 때 성격 및 심리 · 정신병리 검사(MMPI Ⅱ)와 애니어그램의 성격유형검사 등이 도움이 될 수 있습니다. 검사를 위해 병원을 찾는 것이 부담스럽고 꺼려진다면 가까운 대학교의 상담 연구소나 심리 연구소에서 실시하는 심리검사를 적은 비용으로 이용하실 수도 있습니다. 이러한 검사들은 지금껏 알지 못했던 자신을 객관적으로 이해하게 되는 계기가 될 것입니다.

2 하나님의 사랑으로 자신을 이해하는 것이 중요합니다

성숙한 신앙인은 자신의 삶을 통해 하나님의 사랑을 경험함으로 깨달아 아는 사람이고 하나님과의 관계 속에서 자신을 바르게 이해하는 사람입니다. 우리는 인간으로서 자신을 중심으로 하나님을 알려 하고 자신을 중심으로 다른 사람과 세상을 이해하려 합니다. 하지만 피조물인 인간이 자신의 이성과 지혜로 전능하시고 거룩하신 창조주 하나님을 온전히 아는 것은 불가능한 일입니다.

철학자 폴 리쾨르 Paul Ricoeur 는 자기 자신을 분명하게 이해하는 인간을 이상적 인간으로 제시하였습니다. 리쾨르에게 있어서 자기를 이해한다는 것은 내가 나를 분명하게 아는 것입니다. 자신이 존재하는 것은 확실하지만 내가 누구인지는 확실하지 않습니다. 때문에 자신을 안다는 것은 언제나 과제로 남아 있습니다. 리쾨르는 자신을 내려놓을 때 비로소 자신이 누구인지를 분명하게 알 수 있는데, 그것은 나를 놓아 생긴 그 공간에 타자(하나님)가 들어오심으로, 타자와의 만남을 통해 비로소 자신이 누구인지를 알게 되기 때문이라고 했습니다. 우리는 자신을 직접 알 수 없고, 다만 인간 보편의 정신(텍스트: 하나님의 말씀)을 이해하면서 그리고 계시적 언어(성경)를 통해 하나님과 만나는 초월의 경험을 통해서만 자신을 알 수 있습니다.[3]

인간은 탁월한 잠재력을 지니고 있음에도 불구하고 스스로의 힘과 능력으로 자신을 이해하는 것은 불가능한 일입니다. 자신의 이성으로 자신 스스로를 이해하려 하게 될 때 인간은 자신에게 영원한 신비와 불가해한 실재로 남게 됩니다. 키에르케고어는 인간이 스스로의 의미와 목적을 이해하는 것은 인간의 창조자요, 원형이신 하나님의 영, 곧 성령의 기초 위에 "투명하게" 기초할 때 가능하다고 주장했습니다.[4]

우리는 하나님을 통해서만 자신을 바르게 알 수 있습니다. 오직 하나님을 통해서 우리가 자신을 알게 된다는 것은 우리 자신을 향한 하나님의 사랑과 은총의 바탕 위에서만 비로소 자기 존재와 삶을 바르게 이해할 수 있다는 뜻입니다. 반대로, 하나님의 사랑을 알지 못하는 상태에서 자기 자신을 이해하는 것은 대단히 어려운 일입니다. 그것은 우리 인간 존재가 하나님께로부터 나왔기 때문입니다.

쟝 깔뱅 Jean Calvin 과 칼 바르트 Karl Barth 는 올바른 인간 이해는 하나님에 대한 올바른 이해로부터 출발한다고 보았습니다. 하나님이 어떤 분이신지, 그 사랑과 용서가 어떤 것인지에 대한 이해, 또는 특별계시인 성경에서부터 출발하여 인간의 존재와 삶을 이해하려는 것입니다. 이러한 접근을 '위로부터의 접근'이라고 합니다. 그에 반해 틸리히 Paul Tillich 는 '아래로부터의 접근', 즉 인간을 이해함을 통해 하나님을 유비적으로 이해하는 방법을 제안했습니다. 연약하고 불안하고 어리석고 추할 수밖에 없는 인간 존재와 허망하고 무의미할 수밖에 없는 인간 삶에 대한 이해를 통해 자신에 대한

하나님의 사랑과 용서와 선하신 섭리 등을 이해하려는 것입니다.[5]

오방식[6]은 영성의 관점에서 위로부터의 접근을 '위로부터의 영성'이라 하고 아래로부터의 접근을 '아래로부터의 영성'이라 말합니다. 위로부터의 영성은 하나님과 성경말씀과 성경의 위인들에게서 출발하여 우리에게 이상적이고 분명한 삶의 목표와 방향성을 제시합니다. 아래로부터의 영성은 우리의 연약함과 어두운 부분을 대면하여 그것을 통해 하나님이 주시는 음성을 듣고자 합니다.[7]

하나님을 만나는 경험, 하나님의 사랑을 경험함으로 깨달아 알게 되는 하나님 지식은 하나님의 은총에 의한 것이고 성령의 감동으로 이루어지는 일입니다. 우리의 지혜와 능력으로 탐구하고 우리의 의지와 노력으로 하나님의 사랑을 경험함으로 깨달아 알수 있게 되는 것이 아닙니다. 한편, 인간의 관점에서 보면 우리는 자기 존재의 무가치함과 자기 삶의 허망함과 무의미감을 겪으면서 하나님을 찾고 하나님의 자비하심과 은혜를 간절히 사모하게 됩니다. 우리 존재와 삶에서 출발하여 하나님께 다가가려 하게 됩니다. 오직 하나님을 통해 우리의 근본적인 고통과 문제들이 해결될 수 있음을 알기에 우리는 하나님을 사모합니다. 우리의 삶에서 출발하여 우리의 의지로 하나님을 사모하지만 하나님께서 은총으로 우리를 만나주실 때, 성령께서 우리를 감동하실 때 우리는 자신의 삶 속에서 하나님 사랑을 경험하게 될 수 있습니다. 하나님을 만나는 경험은 하나님께서 은혜로 그 얼굴을 우리에게 비추어주실 때 가능합니다. 때문에 하나님을 사모함은 우리가 자신의 의지로 선택하는 것이지만 동시에 하나님의 은혜의 선택을 받는 것입니다. 우리는 자신의 의지로 하나님을 바라고 사모할 수 있고, 하나님의 은총과 성령의 감동하심을 통해 자신의 삶 속에서 하나님을 만나는 은총을 누리게 될 수 있습니다. 하나님께서 은혜로 우리 삶을 주장하실 때 하나님의 사랑을 경험할 수 있고 이를 통해 우리는 참된 자신이 될 수 있습니다.[8] 우리는 자신을 향한 하나님의 사랑을 삶 속에서 경험함을 통해 자신을 바르게 이해할 수 있습니다.

3   자기 이해는 자신을 향한 하나님의 마음을 깨달아 아는 데서 시작됩니다

임윤희[9]에 따르면 공감이란 다른 사람의 마음에 반응하는 능력입니다. 반응하는 대상을 하나님으로 두게 되면 공감은 하나님의 마음에 반응할 수 있는 우리의 능력입니다.[10] 우리가 하나님의 마음에 공감할 수 있는 존재라는 사실은 우리가 자신에 대한 하나님의 마음을 느끼고 생각할 수 있는 존재임을 의미합니다. 하나님은 우리 인간을 창조하실 때 우리 안에 하나님의 형상을 만드셨습니다. 하나님의 형상은 하나님(의 사랑)을 (경험함으로 깨달아) 알 수 있는 능력을 뜻합니다.[11] 우리가 하나님을 알고 하나님의 마음에 공감할 수 있는 존재라는 것은 하나님께서 우리를 그만큼 크고 존귀한 존재로 지으셨다는 사실과 함께 하나님이 우리의 마음과 생각을 그만큼 인격적으로 존중하신다는 사실을 의미하고 있습니다. 하나님의 마음에 공감함을 통해 우리는 자신을 향한 하나님의 마음이 어떠하신 지를 느낄 수 있고, 생각할 수 있고, 깨달아 알게 될 수 있습니다. 이렇게 하나님의 마음에 반응하는 능력으로서의 공감은 영적 성숙이라는 이름으로 연구되고 있습니다.[12]

성경에는 공감이라는 단어가 사용되고 있지는 않지만 공감의 의미는 성경 전반에 나타나 있습니다. 임윤희는 팔리 Farley 의 말을 인용하여 하나님의 사랑과 긍휼의 성품을 신성한 공감(divine empathy)라고 말합니다. 긍휼은 하나님의 성품을 나타내는 주요한 특징으로 인간을 사랑하시고 구원하시려는 하나님의 강한 동기를 보여주고 있습니다.[13] 하나님은 긍휼로 인간을 완전히 이해하시고 인간의 감정과 생각을 온전히 감찰하시며 대상 28:9 우리의 연약함을 동정하십니다 히 4:15.

주님은 나사로의 무덤에서 다른 사람들의 슬픔에 공감하셔서 함께 눈물을 흘리셨고 요 11:36-38 주님 앞에 꿇어 엎드려 고쳐주시기를 간구하는 나병환자를 불쌍히 여기시고 손을 내밀어 그에게 대시며 고쳐주셨습니다 막 1:40-41. 병자 막 1:41 와 맹인 마 20:34, 독자를 잃고 울고 있는 나인성 과부 눅 7:13, 목자 없는 양 같은 무리 막 6:34 를 보시고 불쌍히 여기셨습니다. 우리를 불쌍히 여기시는 주님의 이 마음은 2장에서 말씀드렸던 것처럼 "경련을 일으키며 오그라든 심장"의 마음입니다. 이 마음이 상처와 고통 속에 살아가는, 목자 없는 양처럼 진리와 생명의 길을 알지 못한 채 방황하고 있는,

여호와를 아는 삶
삶으로 아는 신앙

행여 알더라도 진리와 생명의 주님의 말씀에 순종할 수 있는 능력이 없고 때문에 병자와 맹인의 삶, 상처와 고통의 삶을 살아가고 있는 우리를 바라보시는 주님의 마음입니다. 자신을 향한 주님의 마음에 공감하는 것은 이러한 삶을 살아가고 있는 자신을 바라보시는 주님의 마음을 느끼는 것이며, 주님의 이러한 마음을 자신의 삶 속에서 경험함으로 깨달아 아는 것입니다.

공감은 결정적으로 주님의 성육신의 관점에서 이해될 수 있습니다. 주님은 "근본 하나님의 본체시나 하나님과 동등 됨을 취할 것으로 여기지 아니하시고 오히려 자기를 비워 종의 형체를 가지사 사람들과 같이 되셨고 사람의 모양으로 나타나사 자기를 낮추시고 죽기까지 복종하셨"습니다 빌 2:6-8. 긍휼과 자비가 하나님의 내면의 감정이라면 주님은 인간에 대한 긍휼과 자비의 감정을 마음 안에만 두지 않고 행동으로 나타내셨습니다.[14]

임윤희는 하나님과의 초월적인 관계 맺음을 통해 자신의 삶 가운데 일하시는 하나님을 경험하게 되고 이를 통해 하나님과 더욱 친밀한 관계를 가질 수 있다고 주장했습니다.[15] 우리는 하나님을 닮은 존재로 지음 받은 사람이기에 우리에게는 하나님과의 관계 속에서 하나님의 말씀과 계시와 사랑에 공감할 수 있는 능력이 선천적으로 주어져 있습니다. 우리는 하나님의 마음에 공감하고 교감하면서 자신을 향한 하나님의 사랑과 뜻을 이해하고 깨달아 알아갈 수 있는 능력을 가지고 있습니다.[16] 하나님의 사랑을 아는 것은 하나님의 사랑을 학문과 지식으로 아는 것이 아니라 자신을 불쌍히 여기시고 품어주시는 그 사랑을 자신의 삶을 통해 실제로 경험함으로 깨달아 아는 것입니다. 삶을 통해 자신을 향한 하나님의 사랑을 느끼고 그 사랑에 공감하는 것입니다. 이를 통해 하나님과 더욱 친밀한 관계 속에서 살아가는 것입니다.

공감의 과정은 마치 공감 능력을 가지고 있는 아기가 부모와의 공감을 통해서 교감하는 것, 아기가 부모와 공감하면서 부모를 닮아가는 현상과 비슷합니다. 아기는 부모의 관심과 애정과 돌봄의 사랑에 공감하면서 부모를 닮아가게 되고 이 과정을 되풀이 하면서 공감을 더욱 발달시킵니다. 마찬가지로 우리는 자기 존재와 삶을 향한 하나님의 사랑에 공감하게 되면서 하나님을 닮아가게 됩니다. 자신을 향한 하나님의 사랑에 공감함은 하나님의 관점으로 자신의 마음과 문제와 현실에 대해 스스로 공감하는 데로 이끕니다. 하나님의 사랑에 공감함은 자신의 마음과 삶에 대한 스스로의 공감으로 이어지고 자신 스스로에 대해 공감함은 다시 자신을 향한 하나님의 사랑에 공감하는 것으로 이어집니다. 하나님의 사랑에 공감함은 동시에 이웃의 문제와 아픔과 어려움에 대해 공감하는 것으로 확장됩니다. 하나님의 사랑에 근거하여 이웃에 공감함은 나를 사랑하셨던 하나님의 그 사랑을 본받아 이웃의 욕망과 이기적인 동기와 인간적인 삶을 이해하고 수용(용납)하는 것을 의미합니다.[17] 이러한 공감의 순환과정이 자신의 삶을 통해 되풀이되면서 주님을 향한 우리의 지식과 사랑은 날로 커지게 되고 하나님과 자신과 이웃에 대한 사랑의 범주 확대가 이루어지게 됩니다. 살아가면서 하나님의 사랑에 대한 경험이 많아질수록 자신과 이웃과 세상에 대한 하나님의 마음에 공감하는 것 또한 많아지게 될 것입

여호와를 아는 삶
삶으로 아는 신앙

니다. 하나님의 마음에 공감하는 것이 커지는 만큼 또한 하나님을 많이 닮아가는 사람이 될 것입니다.

홍이화[18]는 사람이 본능적으로 가지고 있는 자기 사랑 위에 부모나 다른 사람들의 사랑(공감적 수용과 반영)이 더해지게 될 때 그 사람은 다른 사람의 느낌과 생각 그리고 소망을 이해하고 공감할 수 있는 능력을 가질 수 있게 된다고 말합니다.[19] 이 말을 공감 받은 경험이 있는 사람은 다른 사람의 느낌과 생각과 소망 등에 공감하는 사람이 될 수 있다는 의미로 이해할 수 있습니다. 자라면서 자신에 대한 부모나 다른 사람의 사랑에 공감을 경험한 사람은 그만큼 쉽게 주님의 사랑에 공감할 수 있습니다. 자신을 향한 주님의 사랑에 공감을 경험한 사람은 자신을 참으로 이해할 수 있고 자신의 약함과 무능과 못남을 수월하게 인정할 수 있으며 받아들일 수 있습니다. 자신을 향한 주님의 사랑에 공감을 경험한 사람은 자신이 경험한 공감의 크기만큼 다른 사람의 상처와 고통, 무능, 이기적이고 자기중심적인 성향, 욕망 등에 공감하는 삶을 살아가려 할 수 있습니다.

공감의 특성은 돌봄, 긍휼, 사랑, 이해이며 여기에 용서(용납)가 포함됩니다. 공감의 이러한 특성들은 성경에서 말하는 가치 혹은 개념들과 직접적으로 연결되어 있으며 영적인 성숙과 밀접한 관련을 가지고 있습니다. 아기가 부모의 사랑에 공감하면서 부모를 닮아가는 것처럼, 이러한 과정을 되풀이 하면서 공감의 범주를 키워가는 것처럼, 자신의 존재와 삶에 대한 주님의 용납하심과 불쌍히 여기심, 이해하심, 사랑하심에 대한 공감을 통해 우리는 자신을 이해하게 되고 자신을 초월해서 하나님의 사랑에 공감하게 됩니다. 자신을 향한 주님의 사랑을 본받아 다른 사람의 상처와 고통과 어려움을 이해, 용납하려 하게 됩니다. 자신의 관점이 아니라 자신이 경험한 주님의 마음으로 그들을 바라보려 하게 되고, 그들의 약함과 추한 삶을 이해하고 품어주는 삶을 살아가려 하게 됩니다. 공감 능력의 성장에 따라 우리를 향한 하나님의 사랑은 자신 스스로를 사랑하게 하는 것을 넘어 하나님을 사랑하고 이웃을 사랑하는 것으로 그 범주를 넓혀갑니다. 자신을 향한 하나님 사랑의 경험은 점차 낯선 사람, 다른 나라 사람들, 다음에 올 세대로까지 확장하게 됩니다.

4 거듭남이란 주님의 사랑으로
자기 존재와 삶을 새롭게 이해하는
것입니다

우리는 멋지고 행복하고 아름다운 인생을 살아가기 위해, 의미를 품는 삶을 살아가기 위해 지금까지 최선을 다해 왔습니다. 하지만 되돌아본 우리의 인생은 꿈꾸던 것과는 조금 거리가 있었습니다. 거절당하고 외면당한 경험 때문에 깊은 상실감을 겪기도 했고 때문에 자기 존재를 작고 무가치하고 수치스럽게 여길 때도 있었습니다. 거듭 실패하고 작아져야 했던 삶의 경험 때문에 자신감을 상실하고 미래에 대해 어떤 기대감이나 희망 없이 그저 눈앞의 삶을 살아가는데 급급하기도 했습니다. 생각만 해도 얼굴이 뜨거워지는 거듭된 실수들과 저질렀던 수많은 시행착오들, 하나님의 말씀을 알면서도 사소한 욕망들조차 절제할 수 없었던 때가 얼마나 많았는지, 하나님과 자신 스스로에게 부끄럽기 짝이 없습니다. 하나님의 말씀과 자신을 향하신 뜻을 알면서도 제어할 수 없었던, 그리고 합리화했던 자신의 이기적이고 자기중심적인 동기들, 본능적인 욕구들과 충동들의 흔적들이 우리가 살아온 삶의 여정들 곳곳에 남아있습니다. 때문에 우리는 깊은 회한과 괴로움과 아쉬움으로 자신이 살아온 지난 삶을 바라보아야 했습니다.

　자기를 이해한다는 것은 자신의 지난 삶에 대한 회고와 묵상을 통해 자신의 (상처와 고통과 수치스런) 삶을 관통하고 있는 어떤 질서를 발견해 내고 그 질서 안에서 자기 존재와 지난 삶을 새롭게 이해하는 것입니다. 이를 위해서는 먼저 자신의 삶을 질서로 유지하고 있는 존재(자신의 삶을 은혜로 주장하시는 하나님)를 지식으로 알아야 하고, 인정할 수 있어야 합니다. 하나님에 대한 지식과 이성적인 확신의 바탕 위에 자신의 지난 삶을 주장해 왔던 그 질서(선하신 섭리, 은혜와 사랑)가 어떤 것이었는지를 자신의 삶을 통해 경험함으로 깨달아 알아야 합니다. 이와 함께 아무리 노력해도 이기적이고 자기중심적인 동기, 본능적인 충동과 욕망의 삶을 벗어날 수 없었고 그것들이 이끄는 대로의 삶을 살아갈 수밖에 없었던 자기 존재를 하나님과의 관계 속에서 이해하고 인정하고 용납할 수 있어야 합니다.

주님은 상처와 고통 속에서 살아가고 있는, 실패하고 작아지고 수치스런 삶을 살아가고 있는 우리를 불쌍히 여기셨습니다. 주님은 이렇게 살아가고 있는 우리를 '신체 기관들이 녹아내리고 심장이 경련을 일으키며 오그라드는 고통' 속에서 바라보셨습니다. 주님의 사랑으로 자신을 이해하기 위해서 가장 중요한 것은 자신을 향한 주님의 이러한 마음, 자신을 향한 주님의 고통스럽고 괴로운 사랑을 삶을 통해 경험함으로 깨달아 아는 것입니다. 자신이 주님의 이러한 사랑과 은총의 질서 안에서 지금껏 살아왔음을 삶 속에서 경험함으로 깨달아 아는 것입니다.

주님의 사랑은 우리로 자신을 전혀 새로운 존재로 이해하게 합니다. 자신의 지난 삶을 전혀 새롭게 이해하게 합니다. 우리는 자신이 추하고 무가치하다고 생각했었는데 삶을 통해 주님의 사랑을 경험하고 보니 실제로 내 존재와 삶은 주님의 함께 하심과 사랑하심과 선하심과 붙들어 주심이라는 질서 안에 있었습니다. 우리는 자신이 범한 허물과 죄 때문에 비천하고 무가치하고 추하기 그지없는 존재가 되고 말았다고 생각했는데 알고 보니 주님은 허물과 죄에도 불구하고 우리를 여전히 소중하고 사랑스럽고 아름답고 존귀한 존재로 붙들고 계셨습니다. 우리는 자신이 상처받고 거절당하고 작고 외롭고 슬펐던 삶을 살아왔다고 생각했었는데 실제로는 주님이 귀하게 여기시고 위해서 노심초사하셨던 사랑 속에 살아왔었음을 깨닫게 됩니다. 자신이 근본부터 추하고 어리석고 못나고 무가치한 존재가 아니라 주님께서 처음부터 소중히 여기시고 아끼고 사랑하셨던 사람이었음을 깨달아 알게 합니다. 우리는 지금껏 수치스럽고 슬프고 한스런 삶을 살아온 것이 아니라 주님께서 위하여 고통스러워하시고 괴로워하셨으며 사랑하셨던 삶을 살아온 것입니다. 거듭남은 자기 존재와 삶이 주님의 이러한 사랑과 은혜와 선하심이라는 질서와 섭리 속에 있었음을 깨달아 알게 되는 것에서 시작됩니다. 주님의 이러한 사랑을 자신의 삶을 통해 깨달아 알게 되면서 자신을 이해하는 관점이 바뀌고 세상을 살아가는 방식이 바뀌고 자신과 세상에 대해 책임을 지는 방식이 바뀌는 것입니다.

C. S. 루이스는 거듭난 사람이 된다는 것은 우리가 자기 자신이라고 부르는 것을 잃어버리는 것이며 자기 자신에게서 벗어나 그리스도 안으로 들어가는 것이고 주님의 뜻이 내 뜻이 되고 주님의 생각이 나의 생각이 되는 것이며 우리가 자신 속에 그리스도의 마음을 품게 되는 것[20]이라고 하면서 이를 통해서 진정한 '나 자신'이 되는 것이라고 했습니다.[21]

자기 존재와 삶에 대한 주님의 사랑과 선하심을 삶 속에서 경험함으로 깨달아 알게 된 사람은 자신을 벗어나 주님의 사랑 안으로 들어가서 주님의 사랑을 누리고 본받는 삶을 살아가려 하게 됩니다. 더 이상 자기중심적인 관점에 매이지 않고 주님의 관점으로 자신과 세상을 보려하게 되고, 자신의 욕망을 위해서가 아니라 주님의 뜻을 따라 살려 하게 됩니다. 사랑과 은혜를 받은 자답게 살아야 한다는 당연한 의무 때문에 하게 되는 일이 아닙니다. 그냥 자연스러운 선택과 결단으로 이루어지는 일입니다. 성령께서 우리를 감동하시고 주장하심으로 자연스럽게 이루어지게 하시는 일입니다. 주님의 사랑과 선하심이 자신을 얼마나 존귀하고 아름답고 자유하고 평안하게 하셨는지를 삶 속에서 경험함으로 깨달아 알게 되었기에, 여전한 자기 삶의 어려움과 괴로움에도 불구하고 주님으로 인해 기뻐하고 감사하고 찬양하면서 주님의 사랑을 누리고 본받는 삶을 살아가려 하게 되는 것입니다 합 3:16-18.

제 5 장,

하나님의 사랑과 자기 사랑

하나님의 사랑과 자기 사랑

1   자신을 사랑함이 모든 사랑의
시작입니다

성경에는 자신을 사랑하는 것을 부정적으로 말씀하는 것 같은 구절들이 있습니다. 마태복음 16장 24절은 "누구든지 나를 따라오려거든 자기를 부인"하여야 한다고 했고, 요한복음 12장 25절은 "자기의 생명을 사랑하는 자는 잃어버릴 것이요 이 세상에서 자기의 생명을 미워하는 자는 영생하도록 보전하리라"고 말씀했습니다. 디모데후서 3장 2절은 말세에 "사람들이 자기를 사랑하며 돈을 사랑하며 자랑하며 교만하며 비방하며 부모를 거역하며 감사하지 아니하며 거룩하지 아니"할 것이라 말씀하고 있습니다.

이러한 말씀 등을 근거로 우리는 지금까지 하나님을 사랑하는 것과 자신을 사랑하는 것은 서로 배타적인 관계에 있다고 생각하는 경향이 있었습니다. 이러한 관점에 따르면 자신을 사랑하는 것은 하나님의 영광보다 자신의 영광만을 위하는 교만한 것이고 탐욕스럽고 자기중심적이고 이기적인 것으로 모든 악의 근원이 되는 것입니다. 자기 사랑은 자신에 대해 지나치게 관심을 가지는 것이고 지나치게 자존감을 세우려 하는 것입니다. 자기 사랑을 부정적으로 보는 관점에 따르면 모든 문제는 인간의 욕망이 아니라 인간의 전적인 타락 때문에 생겨난 것이므로 주님을 믿는 사람들은 끊임없이 자기를 부인하면서 자기 사랑과 교만을 없이려 노력해야 합니다. 사람은 자기를 사랑하려는 욕망을 버리고 자신을 부인하게 될 때에 주님을 바르게 따르는 삶을 살아갈 수 있고 이를 통해서만 하나님의 은총 안에서 새 생명을 얻을 수 있습니다.

자기 사랑에 대한 이러한 이해는 성경말씀의 본뜻을 크게 오해하는 것입니다. "누구든지 나를 따라오려거든 자기를 부인"^{마 16:24}하여야 한다는 주님의 말씀을 이해하려면 먼저 우리 내면의 참 자기와 거짓 자기를 구분하여야 합니다. 참 자기는 우리 안에 있는 하나님을 닮은 모습입니다. 참 자기는 우리 자신이 하나님은 물론 다른 사람을 사랑하는 삶을 살아가기를 간절히 바랍니다. 이에 반해 거짓 자기는 세상을 살아가기 위해 사람이 스스로 만들어낸 모습입니다. 거짓 자기는 자기를 보호하기 위해 자아방어기제(억압, 부정, 투사, 동일시, 퇴행, 반동형성, 전위, 합리화, 승화, 수동-공격성)를 사용하는 자신입니다. 우리가 사랑해야 하는 것은 하나님을 닮은 자신의 본질, 참 자기입니다. 우리가 미워하고 부인해야 하는 것은 탐욕스럽고 이기적이고 배타적인 거짓된 자기입니다. 때문에 누구든지 주님을 따르려면 자기를 부인하여야 한다는 주님의 말씀은 하나님보다 자신을 사랑하고, 하나님의 영광보다 자신의 영광을 위하는 자신, 자기중심적이고 이기적인 욕망으로 자신을 배타적으로 사랑하려는 자기를 부인하라는 말씀입니다.[1] 자기를 부인하라는 말씀은 '사람의 일'로 가득한 자신을 부정하여야 한다는 말씀이며 '거짓된 자기'를 부정하여야 한다는 뜻입니다.[2]

　　"자기의 생명을 사랑하는 자는 잃어버릴 것이요 이 세상에서 자기의 생명을 미워하는 자는 영생하도록 보전하리라"는 요한복음 12장 25절의 말씀은 앞 절인 24절의 말씀과의 관계 속에서 이해하여야 합니다. 24절은 "내가 진실로 진실로 너희에게 이르노니 한 알의 밀이 땅에 떨어져 죽지 아니하면 한 알 그대로 있고 죽으면 많은 열매를 맺느니라"고 말씀합니다. 이 말씀은 주님께서 속죄의 구원을 이루실 것이므로 사람들은 자기 생명의 구원을 주님께 맡기고 주님만 믿고 따라야 한다는 의미입니다. 때문에 25절에서 "자기 생명을 사랑하는 자"란 자기 힘으로 자기 생명을 구원하려는 자를 가리킵니다. 주님의 은혜와 능력보다 자신의 힘과 능력을 신뢰하는 사람을 말합니다. 그래서 "자기의 생명을 사랑하는 자는 잃어버릴 것이요 이 세상에서 자기의 생명을 미워하는 자는 영생하도록 보전하리라."는 말씀은 자기 생명의 구원을 주님께 맡기는 사람은 영생을 얻게 되겠지만 자기 힘과 노력으로 자기 생명을 구원하려는 자는 영생을 잃게 될 것이라는 의미의 말씀입니다.[3] 때문에 마태복음 22장 39절에서 주님 안에서 자기를 사랑하는 것과 요한복음

12장 25절에서 자기의 생명을 사랑하는 것은 비슷한 자구(字句)에도 불구하고 그 의미는 서로 전혀 다른 것이라 할 수 있습니다.

　디모데후서 3장 2절에서 '자기 사랑'은 '돈을 사랑하는 것'과 함께 언급되는데 그것은 이 두 가지의 악덕이 일만 악의 뿌리가 되기 때문입니다 딤전 6:10. 하나님보다 다른 무엇을 더 사랑하는 것은 죄입니다. 이러한 맥락에서 볼 때 디모데후서 3장 2절에서 '자기를 사랑함'은 하나님보다 자신을 더욱 사랑하는 것을 의미합니다.[4] 이 말씀이 가리키는 '자기 사랑'은 불의한 욕망과 거짓되고 자기중심적인 이기성으로 자신을 위하려는 것입니다. 디모데후서 3:2의 '자기를 사랑함'에 대한 비판은 말세에 탐욕에 사로잡혀 배타적이고 이기적으로 자신만을 사랑하려는 세상 풍조에 대한 책망과 비판입니다. '하나님의 사랑을 본받아 자신을 참되게 사랑하라.' 마 22:39 는 말씀과 자구는 비슷하지만 그 의미는 서로 정반대되는 것임을 알 수 있습니다. 디모데후서 3장 2절은 거짓 자기를 사랑하는 것을 가리키고 마태복음 22장 39절은 참 자기를 사랑하라는 말씀이기 때문입니다.

　자신을 사랑하는 삶과 하나님을 사랑하는 삶을 배타적인 관계로 이해하는 관점은 인간중심적이고 무신론적인 관점으로 인간존재와 삶을 이해했던 심리학자 프로이트 S. Freud 의 자기 사랑에 대한 이해와 비슷합니다. 프로이트에게 있어서 자기 사랑은 자아도취적인 것으로 성욕의 표현입니다. 프로이트는 성욕이 타인을 향하고 있는 경우를 사랑이라 했고 자신을 향하고 있는 경우를 자기 사랑이라 정의했습니다. 프로이트는 자기 사랑을 '사람의 정신적

에너지가 다른 사람을 향하지 않고 자신에게만 집중됨으로 인해 다른 사람들의 현실에 대한 인식, 관심, 이해가 없는 정신상태'로 이해했습니다. 프로이트에 의하면 타인 사랑과 자기 사랑은 한 쪽이 커지면 다른 한 쪽은 작아지게 되는 것으로 서로 배타적인 관계에 있습니다. 자신을 사랑하는 것이 적을 때 타인을 그만큼 많이 사랑하게 될 수 있습니다. 때문에 프로이트는 자기 사랑을 극복되고 치료되어야 하는 정신병리 현상으로 보았습니다.[5]

이에 반해 자기심리학자 코헛은 자신을 사랑함은 본질적으로 인간 모두가 가지고 있는 기본적인 욕구이며 평생에 걸쳐 지속적으로 건강하게 발전될 수 있는 정상적인 발달단계로 보았습니다. 자신에 대한 사랑이 건강하게 잘 발달될 때에 창의력, 공감능력, 유한성에 대한 수용, 유머감, 지혜를 가진 사람으로 발달할 수 있습니다. 건강한 자기 사랑은 사람으로 행복하고 성숙한 삶으로 살아가게 하는 데 결정적인 역할을 합니다. 홍이화는 프로이트적인 자기 사랑, 매우 극단적인 개인주의적 혹은 자기중심적인 성향으로서 부정적으로 이해되는 자기 사랑을 정상적으로 발달되지 못한 자기 사랑, 자기 사랑의 상처로 인해 건강한 자존감으로 성장하지 못한 결과로 진단했습니다.[6]

래리 크랩은 자기 사랑을 지나치게 강조하는 관점과 자기 사랑을 죄의 근원으로 보는 관점을 모두 비판합니다. 성경을 해석할 때에는 본문의 정확성과 함께 성경본문이 가지고 있는 관계적인 측면과 삶을 변화시키는 생명력에 무게와 중심을 두어야 합니다. 성경 자구(字句)의 정확한 해석에만 매달리게 될 때 지식이나 신학적 측면만을 강조하게 될 수 있습니다. 크랩에 의하면 성경에 대한 지나치게 완고한 관점, 즉 성경을 정확하게만 해석하면 교리와 삶이 절대로 분리될 수 없고 하나님의 말씀을 바르게 이해하기만 하면 하나님 말씀 그 자체만으로 충분히 우리의 삶을 변화시켜 줄 수 있다는 주장은 실제로는 하나님의 말씀과 삶을 분리시키고 있습니다. 말씀을 공부하는데 그토록 많은 시간을 들였는데도 그 지식은 우리를 말씀에 영감을 불어넣으신 하나님께로 가까이 데려다 주지 못하고 있습니다. 그리고 성경 자구의 정확한 해석에만 매달리는 사람들은 인간의 경험이라는 방대하고도 중요한 영역에 전혀 손을 대지 못하고 있습니다. 손을 대지 못하는데 변화가 일어날 리 없습니다. 학술적인 진리가 해석학적으로 정확한 설교를 전해줄 수는 있겠지만 사람으로 깊이 있는 대화를 나누게 하거나 의미 있는 관계를 맺게 하거나 인간 삶의 진정한 필요를 채워줄 수는 없습니다. 크랩은 인간 삶의 진정한 필요를 채워주지 못하고 삶을 변화시키는 생명력을 상실한 성경 이해가 성경을 진정으로 이해하는 것일 수 없다고 했습니다.[7]

유명한 정신분석학자이자 사회심리학자인 에리히 프롬 Erich Fromm 은 타인에 대한 사랑과 자신에 대한 사랑이 서로 배타적이라는 주장이 논리적 오류임을 주장합니다. 만일 내 이웃을 인간 존재로 사랑하는 것이 덕이라면 내가 자신을 사랑하는 것도 악이 아니라 덕이 되어야 합니다. 그것은 나도 역시 인간 존재이기 때문이며 나 자신이 포함되지 않은 인간 개념은 있을 수 없기 때문입니다. 그래서 사랑에서 나 자신을 배제하는 원리는 그 자체가 근본적으로 잘못되어 있습니다. 프롬에 의하면 "네 이웃을 네 몸과 같이 사랑하라."는 성경의 말씀은 자기 자신에 대한 사랑과 이해가 다른 사람에 대한 존경과 사랑, 그리고 이해와 분리될 수 없다는 것을 가르쳐 주고 있습니다. 때문에 자신을 사랑함과 다른 사람을 사랑함은 서로 모순되는 것이 아니며 양자택일해야 하는 것도 아닙니다. 반대로 다른 사람에 대해서는 아무런 감정도 느끼지 못하면서 자신과 가족만을 사랑하는 것 역시 사랑할 수 있는 능력이 없음을 보여주는 것입니다. 만약 어떤 사람이 참으로 사랑한다면 그 사람은 자신도 사랑할 수 있습니다. 반대로 어떤 사람이 다른 사람만을 사랑할 수 있다면 그는 전혀 사랑할 수 없는 사람입니다.[8]

성경에서 자기 사랑에 대한 가장 중요한 말씀은 마태복음 22장 37-40절입니다. 주님께서는 "하나님을 사랑하라."고 말씀하시면서 "둘째도 그와 같으니 네 이웃을 네 자신과 같이 사랑하라."고 말씀하셨습니다. "둘째도 그와 같다."는 말씀은 주님께서 가장 큰 계명이라고 하신 "하나님을 사랑하는" 것과 두 번째로 큰 계명이라고 하신 "네 이웃을 네 자신과 같이 사랑"하는 것이 서로 동일하다는 뜻입니다.[9]

"네 이웃을 네 자신과 같이 사랑하라."는 주님의 말씀을 자세히 살펴보면 '네가 네 자신을 사랑하는 것처럼 이웃을 사랑하라.'는 의미의 말씀인 것을 알 수 있습니다. 그래서 우리가 주님의 말씀에 의지하여 이웃을 사랑하는 삶을 살아가기 원한다면 가장 먼저 해야 하는 것이 자신을 참되게 사랑하는 것입니다. "네 이웃을 네 자신과 같이 사랑하라."는 말씀은 '네가 자신을 사랑하는 그 사랑으로 이웃을 사랑하라.'는 말씀이기 때문입니다.

요즘 매스컴에서 자신을 소중히 여기고 사랑해야 한다는 말을 자주 듣습니다. 자신을 소중히 여기고 아끼고 사랑하는 것은 말처럼 쉬운 일이 아닙니다. 마음먹기에 따라서 쉽게 할 수 있는 일이 아니고 마음을 바꾸면 간단하게 할 수 있는 일이 아닙니다. 자신을 참되게 사랑하는 것은 자기 존재와 자신의 지난 삶과 현실의 삶을 전혀 새롭게 이해해야만 할 수 있는 일입니다. 인간관, 가치관, 세계관이 전혀 새로워질 때 가능할 수 있는 일입니다. 사람이 근본에서부터 바뀌어야 가능할 수 있는 일입니다. 자기 존재와 자신의 삶을 전혀 새롭게 이해하는 것, 인간관, 가치관, 세계관을 전혀 새롭게 세우는 것은 너무도 어려운 일입니다. 자신의 의지와 노력으로, 참선을 통해서 자신을 사랑하려 하는 것은 불가능에 가까울 정도로 어려운 일이라 할 수 있습니다. 사랑은 우리 자신에게 속한 것이 아니기에, 우리에게는 사랑을 만들어낼 수 있는 능력이 없기에 더욱 그렇습니다.

그럼에도 우리가 자신의 이성과 의지와 노력으로 자신을 사랑하려 하게 한다면, 그 사람은 필히 거짓된 자기 사랑이라는 함정에 빠지게 됩니다. 자신의 관점에서 자신을 사랑하려 하게 되고 때문에 이기적이고 배타적이고 자기중심적인 욕망으로 자신을 위하려 하게 됩니다. 이것은 불의하고 거짓되게 자신을 사랑하는 것입니다. 그릇된 자기 사랑은 결국 자신을 망치고 다른 많은 사람들을 괴롭게 할 것입니다. 이것은 결코 자신을 참되게 사랑하는 것이 아닙니다. 주님의 말씀처럼 부인해야 하는 자기 사랑입니다. 심리학자 프로이트 S. Freud 가 말했던 병적인 자기 사랑입니다.

　자신을 사랑하는 것은 실제로는 혐오스러운 데도 자신을 존귀하게 여기려고 하는 자기기만이 아니고 무가치한 자신을 숭배하려는 것도 아니고 뿌리 깊은 죄성으로 살아가고 있는 자기 존재와 삶을 합리화, 정당화하려는 것이 아닙니다. 자신을 사랑하는 것은 불의하고 거짓된 자기와 자신을 세계의 중심으로 여기는 자기도취를 벗어나 자신 스스로를 하나님의 형상을 반영하는 존재로 받아들이려 하는 것입니다.[10]

　주님께서 말씀하신 자기 사랑은 주님께서 나를 사랑하셨던 그 사랑을 본받아 자신도 스스로를 사랑하는 것입니다. 주님의 사랑을 본받아 자신을 사랑하는 것은 이기적인 욕망과 배타심으로 자신을 사랑하는 것과는 정반대되는 것입니다. 우리에게는 사랑을 만들어낼 수 있는 능력이 없고, 사랑은 오직 하나님께 속한 것이기에 자신을 참되게 사랑하려면, 먼저 자신의 삶을 통해 하나님의 사랑을 경험하여야 합니다. 그 경험을 통해 자신을 향한 주님의 사랑이 어떤 것이었는지를 깨달아 알아야 합니다. 학문과 지식을 통해 갖게 된 주님의 사랑에 대한 확신을 넘어서야 합니다. 자신의 삶 속에서 주님이 자신을 어떻게 사랑하셨는지, 주님이 어떤 사랑으로 자신을 붙드셨는지, 어떤 사랑으로 자신과 함께 계셨는지, 어떤 선하심으로 자신의 삶을 인도하셨는지를 경험함으로 깨달아 알아야 합니다.

　자신의 삶을 통해 하나님의 사랑을 경험함으로 깨달아 알게 되는 것이 자신을 참되게 사랑하는 삶과 하나님을 사랑하는 삶, 이웃을 사랑하는 삶의 시작입니다. 주님의 사랑으로 자신을 참되게 사랑함은 신앙의 목적이나 완성이 아니라 거듭난 삶의 시작이며 참된 신앙성장의 출발점입니다. 우리는 오직 자신의 삶 속에서 주님의 사랑을 경험함으로 깨달아 알게 될 때에 비로소 자신을 참되게 사랑할 수 있고 이를 출발점으로 하여 삶으로 아는 신앙의 길을 걸어가기 시작할 수 있습니다.

이상억[11]은 하나님을 사랑하고 이웃을 자신처럼 사랑하라는 말씀을 사랑의 삼중성으로 표현합니다. 주님은 사람이 응당해야 할 가장 중요한 세 가지 측면을 말씀하셨는데 그것은 첫째로, 하나님을 사랑함이며, 둘째는 이웃을 사랑함이고, 셋째는 이웃을 자신처럼 사랑한다는 측면에서 자기를 사랑함입니다.[12]

2   자신을 사랑함이란 자신을 향한 주님의 사랑을 본받는 것입니다

알렌 코헨 Alan Cohen 은 자신을 사랑함이 우리 자신에게 주어진 최고 최우선의 의무사항이라고 말합니다. 자신의 행복을 찾는다고 해서 다른 이들의 행복이 없어지는 게 아닙니다. 내 잔에 행복의 샘물이 넘쳐흐르게 할 때 다른 사람의 잔을 채우도록 도울 수 있습니다. 남을 도우려는 사람은 먼저 자신의 능력을 키워야 합니다. 사람은 자신을 사랑함을 통해 자신을 돌보는 사랑의 능력을 키워갈 수 있고 이를 근거로 다른 사람을 도울 능력을 키워갈 수 있습니다. 자녀나 다른 사람에게 덕을 세우고 그들을 돕는 사람이 되기 원한다면 먼저 자신이 그들을 돕고 세울 수 있는 정도의 사람이 되어야 합니다. 코헨은 레오나드 오르의 말을 인용하여 "우리의 의무는 먼저 자신을 돌보고 나서 다른 이들에게도 자신을 돌보는 방법을 가르치는 것"이라고 하면서 세상을 변하게 하는 첫 단계가 (그리스도의 사랑으로) 자기 자신을 이해(주님의 사랑과 선하심으로 자기존재와 삶을 이해)하는 것이라고 했습니다.[13]

이웃을 자신처럼 사랑하는 사람이 되기 위해서는 먼저 자신을 참되게 사랑하는 사람이 되어야 합니다. 먼저 자신 스스로를 사랑하지 않고는 절대로 다른 사람을 사랑하는 사람이 될 수 없습니다. 자신을 사랑하지 않으면서 다른 사람을 사랑하는 것은 불가능한 일입니다. 사람은 자신을 참되게 사랑하는 범주 내에서만 다른 사람을 사랑할 수 있습니다. 자신을 사랑하는 범주를 넘는 크기로 다른 사람을 사랑하는 것은 불가능합니다. 때문에 "네 이웃을 네 자신같이 사랑하라." 하신 주님의 말씀은 '네 자신이 스스로를 사랑하는 범주 내에서 이웃을 사랑하라', '하나님을 사랑할 때 "마음을 다하고 목숨을 다하고 뜻을 다"하는 것 마 22:37 처럼 자신을 사랑하는 범주 내에서 자신이 사랑할 수 있는 한 최선의 크기로 이웃을 사랑하라.'는 말씀입니다.

주님은 하나님을 사랑하는 것이 크고 첫째 되는 계명이고, 둘째가 우리의 이웃을 우리 자신처럼 사랑하는 삶이라 말씀하셨습니다. 우리는 하나님을 사랑하고 이웃을 자신처럼 사랑해야 하지만 우리 스스로의 다짐과 노력으로는 하나님과 이웃을 사랑할 수 없습니다. 말씀드렸던 것처럼 우리에게는 사랑을 만들어낼 수 있는 능력이 없기 때문이고 사랑은 우리 자신에게 속한 것이 아니라 하나님께 속한 것이기 때문입니다 요일 4:7. 우리가 하나님을 사랑한다면 그것은 하나님이 먼저 우리를 사랑하셨기 때문입니다. 우리가 하나님을 사랑하고 이웃을 사랑한다면 그것은 단지 하나님의 사랑의 빛을 받아 반사하는 것일 뿐입니다.

하나님의 사랑은 자신의 삶을 통해 경험함으로써만 깨달아 알게 될 수 있습니다. 하나님의 사랑을 경험함을 통해서만 하나님의 사랑이 어떠한 것인지를 알 수 있고 하나님의 사랑을 경험함을 통해서만 자기 존재가 얼마나 소중하고 아름다운지를 깨달아 알게 될 수 있습니다. 자신의 삶 속에서 주님의 사랑을 경험함을 통해서만 주님의 사랑에 의지하여 자신을 참되게 아끼고 위할 수 있습니다. 자신의 삶을 통해 하나님의 사랑을 경험한 적이 없는 사람은 하나님의 사랑을 알지 못하는 사람입니다. 하나님의 사랑을 알지 못하는 사람은 그 사람은 참된 사랑이 어떤 것인지, 어떻게 참되게 사랑할 수 있는지를 알지 못합니다. 거듭 말씀드리지만 학문과 지식으로 주님의 사랑을 알아서 확신하는 것과 주님의 사랑을 자신의 삶 속에서 실제로 경험함으로 깨달아 아는 것은 서로 전혀 별개의 문제입니다.

하나님의 사랑을 자신의 삶을 통해 경험하기 위해서는 자기 존재와 삶에 대한 이해가 선행되어야 합니다. 자기 존재와 삶을 이해하려면 자신의 지난 삶을 주님과의 관계 속에서 성찰하여야 합니다. 이를 통해 자신을 향한 주님 사랑의 바탕 위에서 약하고 못나고 추한 삶을 살아야 했던 자기 존재를 새롭게 이해하여야 합니다. 주님과의 관계 속에서 자신의 지난 삶에 대한 성찰을 통해 자기 존재를 새롭게 이해하게 되는 과정을 겪으면서 자기 존재와 삶에 대한 주님의 사랑을 경험함으로 깨달아 알게 될 수 있습니다.

제 6 장,

참된 자기 사랑을 위하여

참된 자기 사랑을 위하여

1   자신의 본 모습에 직면하여야 합니다

    자신의 본능적인 욕망이 어떤 것인지, 자신이 이기적이고 자기중심적인 삶을 어떻게 살아왔는지 성찰하지 못하는 사람은 자신의 비천함과 무가치함, 자기 삶의 무의미함과 허망함을 깨닫기 어렵습니다. 바리새인들이 그러했던 것처럼 자신을 의로운 존재로, 성숙한 존재로, 온전한 존재로 여기게 됩니다. 자신의 삶을 통해 자기 존재의 비천함과 무가치함, 삶의 무의미감과 허망함을 보지 못하는 사람은 보지 못하는 만큼 하나님을 필요로 하지 않게 됩니다. 보지 못하고 깨닫지 못하는 만큼 하나님께 소망을 두지 않게 되고 하나님을 간절히 바라고 의지하지도 않게 됩니다. 자기 직면을 통하여 자신의 내면에 있는 뿌리 깊은 죄성, 탐욕과 인간적인 동기(인정받고 칭찬받으려는 목적과 위선과 가식)와 본능적인 욕망과 충동을 보지 못하는 사람, 자신의 삶에서 상처와 고통과 외로움과 슬픔과 괴로움으로 신음해 본 경험이 없는 사람은 주님의 은혜를 사모함이 그만큼 적을 수밖에 없습니다. 주님 말씀에 순종할 수 없는 자신 스스로에 대한 무능함과 세상에서 거듭된 실패와 작아짐을 절감해보지 못한 사람, 세상에서의 절망은 물론 주님과의 관계 속에서의 절망을 실제로 경험해 보지 못한 사람은 겪어보지 못한 만큼 하나님의 은총과 자비와 사랑을 사모하기 어렵습니다. 하나님을 바라지도, 의지하지도, 필요로 하지도 않는 사람이 하나님의 사랑을 경험하기 어려운 것은 너무도 당연한 일입니다. 이렇게 자신의 본 모습을 깨닫고 자신의 문제와 한계와 절망과 무가치함 앞에 마주서는 것을 자기 직면이라 합니다.

이상억은 자기 직면을 자기 이해를 통한 자기 사랑의 관점에서 이해합니다. 자기 직면이란 자기 자신에 대한 솔직하고 정직한 발견과 이해입니다. 그것은 자신이 어떤 삶을 살아왔는지, 자신에게 어떤 삶의 이야기가 있는지, 그 속에 어떤 상처와 고통이 있는지를 정확하게 그리고 분명하게 아는 것입니다. 지난 삶을 통해 자신이 겪어야 했던 상처와 고통, 수치와 슬픔과 외로움을 회피, 외면, 부인하지 않고 인정하는 것입니다. 지난 삶을 통해 드러난 자신의 무능함과 어리석음과 추함을 바로 보는 것이며, 자신의 단점을 무시하지 않는 것입니다. 문제로 가득한 자신의 현실을 두 눈 똑바로 뜨고 보는 것이며 어떻게 해서든 그 현실을 살아가려고 용기를 내는 것입니다. 어려움과 괴로움으로 가득한 현실을 인정하고 어떻게든

150

여호와를 아는 삶
삶으로 아는 신앙

자기 삶을 살아내려는 열정을 가지는 것입니다. 자기 내면의 불안과 공포, 자기 존재의 수치감과 무가치감과 자기 삶의 무의미감에 정면으로 맞서서 자신이 그렇게 느끼는 이유와 그 고통과 상처의 근원을 생각하는 것입니다. 자신의 현실과 내면의 감정과 욕구와 동기를 직시하는 것이며 그것을 인정하고 받아들이는 것입니다.[1]

나는 왜 그의 그 말에 분노하는가? 내게 그 일은 왜 아픔으로 다가오는가? 나의 이 욕망과 욕구는 도대체 무엇에서 기인한 것인가? 나는 왜 이 일에 목숨이라도 건 듯 왜 이토록 서두르며 왜 이토록 맹렬하게 살아가는가? 가슴이 멍해지는 이 불안감과 슬픔은 도대체 무엇에서 기인한 것인가? 가슴시린 이 외로움은 무엇 때문인가를 생각하는 것입니다.[2]

우리가 직면해야 하는 이 모든 것들은 자기 존재와 자신의 지난 삶과 현실에서 찾아야 하는 것들입니다. 자신을 아프게 했고 분노하게 했던 상처와 고통들, 내면의 수치와 슬픔과 괴로움 등은 자신이 지금껏 살아왔던 삶과 현실 너머 깊은 곳에 자리하고 있습니다. 깊은 곳에 자리하고 있으면서 우리 현실의 삶에 여전한 영향력을 발휘하고 있습니다. 자신의 단점과 추함과 약함과 어리석음 등을 따지고 되돌아보면 자신의 이기적이고 자기중심적인 동기와 본능적인 욕구와 충동성들이 지난 삶을 통해 드러난 것입니다. 자기 존재의 비참함과 무가치감과 자기 삶의 무의미감은 하나님보다 세상을 자기 삶의 중심과 목적과 이유로 삼고 살았기 때문입니다. 자기 삶의 중심이요, 목적이 되었던 세상과 사람들로부터 상처받고 거절당하고 실패하고 작아지는 일들이 거듭되면서 자신도 스스로 자기 존재를 비천하고 무가치하다고 생각하게 되었기 때문입니다. 그래서 삶이 무의미하고 허망하며, 더 이상 세상을 살아야 할 가치와 이유를 찾을 수 없다고, 왜 살아야 하는지 모르겠다는 생각까지 하게 되기에 이른 것입니다.

이상억은 도널드 맥컬로우 Donald McCullough 의 말을 인용하여 "한계를 받아들이면 부질없는 싸움에서 해방될 수 있으나, 한계를 인정하지 않을 때 모자람은 위안의 은총이 아닌 절망의 아픔이 된다."고 말합니다.[3] 1장에서 말씀드렸던 것처럼 자신의 무능함, 추함, 실패, 어리석음과 한계를 인정하고 받아들이는 것은 참으로 고통스럽고 괴로운 일입니다. 자기 존재를 무가치하고 비천하게 여기게 하고 자기 삶을 무의미하게 해석하게 하는 근원에는 자신의 본능적인 욕망과 충동, 이기적이고 자기중심적인 동기, 그에 따른 행동의 경향성이 있습니다. 지금까지 욕망을 위해 충동적으로, 이기적이고 자기중심적으로 살아왔던 자신의 삶이 있습니다. 자신의 욕망과 동기와 이기성을 살피는 것, 이를 통해 자신의 본모습에 직면하게 되는 것은 무척이나 불편하고 힘들고 괴롭고 아픈 일입니다. 지난 삶 속에 박혀 있는 자신의 상처와 고통, 수치, 거절당하고 외면당했던 슬픔을 다시 회상하는 것은 생각하기도 싫은 일을 다시 끄집어내야 하는 일입니다. 이제는 많이 잊었다고 생각했던 슬픔과 괴로움 그리고 거의 아물었다고 생각했던 상처를 다시 헤집는 것 같은 고통스런 일입니다. 자신의 본모습에 직면하는 것은 지금까지 유지해 온 자신의 신앙의 원칙과 방법, 삶의 관점과 방법을 부인해야 하는 일일 수도 있습니다. 댄 알렌더는 자기 내면의 아픔

과 두려움에 직면하는 것은 절망보다 더 고통스러운 일이라고 했습니다.[4]

오방식[5]은 위로부터의 영성에 의해 내면의 질서가 어느 정도 잡혀 있지 않다면 자신의 본 모습 즉 자신의 있는 그대로의 모습에 직면하는 것이 참으로 어려운 일이 될 수 있다고 말합니다. 자신의 본 모습에 직면하기 위해서는 하나님의 말씀에 대한 지식적인 이해와 확신 위에서 기도와 묵상과 봉사와 섬김을 통해 어느 정도 안정된 신앙 수준이 전제되어야 합니다. 신앙이 어느 정도 성숙한 상태에 이른 사람만이 자신의 분노와 상처, 위선과 가식, 본능과 충동성, 자기중심적이고 이기적인 자신의 모습에 직면할 수 있습니다.[6] 위로부터의 영성을 통해 거룩한 습관이 형성되고 하나님께 대한 확신을 가진 사람만이 자신의 어둡고 추한 모습들을 제대로 바라볼 수 있습니다. 위로부터의 영성을 통하여 하나님의 사랑에 대한 자각이 커지고 내면의 고요가 깊어지지 않으면 결코 아래로부터의 영성의 길을 온전히 걸을 수 없습니다.[7]

이상억은 자기 직면은 성령의 인도하심을 받는 것이어야 한다고 말합니다. 성령의 인도하심을 받는 자기 직면이란 성령께서 우리로 자기 직면에 이르도록 삶을 통해 역사하시고 인도하시고 주장하시는 것을 가리키는 것으로 이해할 수 있습니다. 좁은 의미의 성령 충만한 상태에 있을 때(예언과 방언하는 등)에 성령께서 우리를 자기 직면에 이르도록 주장하신다는 뜻이 아닙니다. 상처와 고통과 괴로움, 외로움과 무가치감, 절망, 무의미감으로 신음할 때 성령은 우리 마음을 주장하셔서 우리로 오직 주님의 은혜를 간절히 사모하게 합니다. 자기 삶의 고통 속에서 주님의 은혜를 간절히 사모하는 사람은 주님께 자신이 겪는 고통과 상처와 괴로움에 대해 자세히 말씀드리게 되고 이어 그것들로 인해 자신이 신음해야 하는 이유, 하나님께서 자신에게 괴로움을 허락하신 이유에 대해 여쭙게 됩니다. 기도로 하나님께 여쭙는 과정을 통해 자신이 하나님 때문에 괴로움을 겪는 것이 아니라 자신의 욕망과 이기적이고 자기중심적인 동기 때문에 겪는 것임을 깨닫게 되면서 자신의 본 모습에 직면하게 됩니다. 자기 상처와 고통과 괴로움의 원인인 자신의 본능적인 욕망과 충동, 이기적이고 자기중심적인 동기, 그에 따른 행동의 경향성에 직면하게 되는 것입니다. 이러한 자기 직면의 과정은 오직 성령께서 우리의 마음을 은혜로 주장하실 때 이루어질 수 있습니다.

자기 직면이 절망보다 더 고통스럽고 어려운 일임에도 불구하고 우리가 자기 직면에 기꺼이 나서야 하는 것은 자기 직면이야말로 자신의 모든 문제, 자기 삶의 문제와 마음의 문제, 상처와 고통과 절망, 새로움과 성장의 자극이 없이 매너리즘에 빠진 믿음생활에서 우리를 벗어나게 하는 출발점이 되기 때문입니다. 자기 직면을 통해 하나님과의 관계 속에서 자기 존재와 자신의 지난 삶과 현실의 삶을 바르게 이해할 수 있고 나아가 하나님의 사랑을 경험하게 될 수 있기 때문입니다. 자기 직면이 우리로 하나님 앞에서 겸손하게 하고 정직하게 하며 자신에게 솔직하고 이웃에게 진실한 믿음과 삶을 살아가게 하기 때문입니다. 자기 직면이 참된 믿음의 성장을 위한 출발점이 되기 때문입니다. 스캇 펙은 성공적인 삶을 살아가느냐의 여부는 자신의 문제를 얼마나 해결하느냐에 달려있다고 말합니다. 자기 직면은 우리의 경건해 보이고 성숙해 보이는 신앙과 우리 삶에 감추어진 자기중심적인 동기와 이기적인 행동의 경향성과 본능적인 욕망과 충동을 깨달아 알게 합니다. 영적이고 정신적인 성장은 오직 자신의 문제에 직면할 때에 가능합니다. 때문에 참으로 자신의 문제와 상처와 고통, 무가치감과 절망과 무의미감을 극복하기를 바란다면 우리는 두려워하지 말고 그것들에 직면하여야 합니다.[8]

자기 직면은 참자기를 위한 도전이고 하나님과의 바른 관계 맺는 삶을 살아가기 위한 도전입니다. 세리는 탐욕으로 살아가고 있는 자신의 모습에 직면하였습니다 눅 18:9-14. 하나님 말씀을 알면서도 탐욕을 다스릴 수 없는 자신의 연약함과 무능함, 어리석음과 추함, 하나님의 말씀을 알면서도 자신의 지위를 이용하여 백성들을 속이고 가난한 백성들을 억압하여 그 재물을 빼앗고 있는 자신의 거짓되고 불의하고 탐욕스런 삶에 직면하였습니다. 자신의 삶에 대한 하나님의 뜻을 알지만 그 말씀에 순종할 수 없는 자신의 무능하고 어리석고 추하고 못난 삶이 너무도 부끄럽고 아프고 힘들고 괴로워 견딜 수가 없어서 세리는 감히 하나님 앞에 나아가지도 못하고 "멀리 서서 감히 눈을 들어 하늘을 쳐다보지도 못하고 다만 가슴을 치며 이르되 하나님이여 불쌍히 여기소서. 나는 죄인이로소이다."라고 기도하였습니다. 주님께서는 자기 의와 진실함으로 살아가고 있는 바리새인이 아니라 통회하는 세리를 가리켜 "의롭다" 말씀하셨습니다. 세리는 자신의 추함과 무능과 불의를 피하지 않고 직면함을 통하여 자신의 참자기를 찾을 수 있었고 하나님과 바른 관계를 맺는 삶을 살아가기 시작할 수 있었습니다.[9]

자기 직면은 우리로 자신의 거짓과 불의를 깨닫게 하고 위선과 가식의 탈을 벗을 수 있게 합니다. 자신의 위선과 가식을 합리화, 정당화하지 않게 하고 자신의 있는 그대로의 모습을 주님께 다 말씀드리게 합니다. 자신의 본모습을 모두 인정하고 수용하게 하고 오직 주님의 은혜와 자비를 구하게 합니다. 자기 직면을 통해 우리는 주님 앞에서 겸손하고 정직한 삶을 살아가기 시작할 수 있습니다. 자기 직면은 새로운 신앙을 위한 출발점이면서 우리가 평생에 걸쳐서 계속해야 하는 가장 기본적이고도 중요한 일입니다.

2   우리의 결함과 공허감은
오직 예수 그리스도를 통해 채워질 수
있습니다

코헛은 아기가 부모나 돌보는 사람으로부터 따뜻한 사랑과 적절한 돌봄을 받지 못하는 것이 사람의 모든 심리적, 성격적 결함의 원인이라고 주장했지만 현실 속에서 부모가 자녀를 완벽하게 '적절한 돌봄'으로 양육하는 것은 불가능한 일입니다. 코헛은 부모나 돌보는 사람이 아기를 '최적의 발달 환경' 속에서 양육하게 될 때 건강한 이상과 가치 기준을 추구하는, 성숙하게 자신을 사랑하는 사람으로 성장할 수 있다고 주장했습니다. 아기로 정신적, 심리적으로 건강하고 성숙하게 성장할 수 있게 하는 '최적의 발달 환경'에 절대적으로 필요한 것이 아기에 대한 부모나 돌보는 사람의 공감적 반응입니다.[10] 공감적 반응이란 아기가 본능적으로 가지고 있는 자기 사랑의 욕구에 대해 부모나 돌보는 사람이 공감적으로 잘 반영해주고 인정해 주고 수용해 주고 칭찬해 주는 것,[11] 이를 통해 아기로 적절한 사랑과 돌봄을 경험하게 하는 것을 말합니다.

아기는 자신이 세상 모든 것의 중심이며 전능한 존재라고 인식하는데 이것은 천성적인 것으로 본능이며 정상적인 자기 사랑의 모습입니다. 부모나 돌보는 사람으로부터 인정과 칭찬을 받으려는 아기의 본능적인 자기 사랑 욕구를 가리켜 아기의 과대성과 과시성이라고 합니다. 아기의 본능적인 과대적-과시적 욕구를 부모가 공감적으로 잘 반영해 주고 수용해 주게 될 때 아기는 현실적인 목표와 건강한 포부와 자존감을 추구하는 성숙한 자기 사랑의 사람으로 자라갈 수 있습니다.

또 아기는 자신이 전능한 존재라고 느끼는 부모를 이상화함으로써 자신의 완벽함과 전능감을 경험합니다(거울대상 욕구). 아기의 이러한 이상화 욕구를 부모가 허용해 주고 받아들여주게 될 때 아기는 건강한 이상과 기준을 추구하는 성숙한 자기 사랑의 사람으로 자라갈 수 있습니다.[12]

반대로 부모로부터 공감적 반영과 인정과 칭찬을 지속적으로 받지 못하고 자란 아기는 자신을 사랑함에 있어서 심리적, 성격적으로 심각한 결함을 갖게 됩니다. 부모에게서 과대적-과시적인 본능적 욕구를 지속적으로 반영 받지 못한 아기는 건강염려증을 갖게 되거나 자신에게 몰두하는 자기의식이 과도해질 수 있고 수치심과 함께 당황감 등을 갖게 될 수 있습니다. 표현되지 못한 과대적 자기에 대한 비현실적인 환상에 사로잡히게 되어 사는 재미를 느끼지 못하고 허무감과 좌절, 낮은 자존감 등을 경험하게 될 수 있습니다. 자기 내면의 무가치감과 자존감의 결여라는 결함을 갖게 된 사람은 성장해서도 자신을 지지해주고 인정해 주는 사람을 찾으려하게 됩니다. 이를 위해 자신을 과시하고 다른 사람의 주목을 받으려는 노력을 하게 되는데 이러한 시도는 그 사람이 교만하거나 섬김을 받으려 하거나 자신을 자랑하려는 것이기에 앞서 자기 사랑의 상처로 인한 결함을 메우려는 본능적이고 방어적인 노력[13]의 표현입니다. 교만해 보이고, 자신이 중심이 되어야 하고 인정받고, 존중받는 존재가 되려는 그 욕망의 근원에는 자기 사랑의 상처로 인한 결함을 메우려는 본능적인 시도가 있는 것입니다.

부모로부터 이상화 욕구를 반영 받지 못하고 자란 사람은 자신이 이상화할 수 있는 사람, 혹은 무엇과 관계를 맺고 있을 때에만 자신이 가치가 있다고 생각하게 됩니다. 그래서 특권, 권력, 재물, 아름다움, 지성 혹은 도덕 수준에서 이상화할 수 있는 사람이나 어떤 무엇을 갈구합니다. 그러나 끊임없이 찾아 바꾸게 되는 어떤 무엇으로도 자기 사랑의 상처로 인한 내적인 공허함과 성격적인 결함을 메울 수 없습니다. 그래서 그 사람은 또 다른 대상을 찾아 끝없이 헤매게 됩니다.[14]

여호와를 아는 삶
삶으로 아는 신앙

아기를 최적의 발달 환경, 즉 지나치지도 부족하지도 않는 최적의 환경 속에서 최적의 돌봄으로 아기를 양육하는 것은 결코 쉬운 일이 아닙니다. 코헛은 완벽하게 적절한 돌봄으로 아기를 양육하지 못하는 것이 아기에게 반드시 해로운 것이 아니라고 하면서 아기가 '심리적으로 견딜 수 있을 만한 수준의 좌절'을 경험할 필요가 있다[15]고 했지만 아기로 최적의 좌절을 적절하게 경험하게 하면서 양육하는 것 역시 부모가 최선의 지혜와 애정과 관심과 돌봄으로 살필 때 가능할 수 있는 일입니다.

현실은 부부가 맞벌이해야만 자녀 교육을 뒷받침할 수 있고 집을 마련할 수 있고 일을 통해 부모 자신의 자존감을 가질 수 있고 부모 자신의 삶을 살아갈 수 있고 인간으로서 가치와 의미를 추구하며 살아갈 수 있습니다. 그리고 5장에서 말씀드린 것처럼 자녀를 건강하고 균형 잡힌 인품의 사람으로 키우려면 먼저 부모 자신이 건강하고 균형 잡힌 인품의 사람이어야 합니다. 부모의 성숙한 인품의 바탕 위에서 자녀를 최상의 사랑과 돌봄으로 잘 양육할 때에 자녀가 영육이 건강하고 성숙한 사람으로 성장할 수 있습니다. 이러한 사실과 우리 자신과 삶의 현실을 생각할 때 부모가 정신적으로 건강하고 성숙한 인품의 사람이 되어 아기를 최적의 발달 환경 속에서 양육하는 것, 혹은 부모가 아기의 욕구 수준을 정확하게 알고 그 욕구에 맞춰 아기로 '심리적으로 견딜 수 있을 만한 수준의 좌절'을 적절하게 경험하게 하면서 양육하는 것은 현실적으로 거의 불가능할 정도로 어려운 일이라 할 수 있습니다.

우리는 모두 온전한 사랑의 가정 속에서 자라지 못했습니다.

부모가 되어 자기 삶의 여건 속에서 자신이 할 수 있는 한 최선의 사랑으로 자녀를 양육했음에도 자녀를 최적의 환경 속에서 자라게 하지 못했습니다. 온전한 사랑의 가정이 아닌, 정상적인 기능을 다 하지 못하는 가정을 역기능 가정이라고 합니다. 우리는 모두 어느 정도 역기능적인 가정 속에서 자랐다고 할 수 있고, 우리의 자녀들 또한 그렇다고 말할 수 있습니다. 때문에 성장 과정에서 이러한 자 기 사랑의 상처를 가지고 자라지 않은 사람은 단 한 사람도 없다고 말할 수 있습니다. 우리는 모두 근본적으로 자기 사랑의 상처와 그 로 인한 성격적인 결함을 가지고 있고 또한 살아가면서 많은 상처 와 고통을 겪습니다. 정리하면, 우리는 뿌리 깊은 죄성의 바탕 위에 자기 사랑의 상처와 결함으로 말미암은 자기중심적이고 이기적인 동기, 본능적인 욕구와 충동을 품은 채로 살아가고 있습니다. 그리 고 세상을 살아가면서 다른 사람과의 관계를 통해 많은 상처와 고 통과 어려움을 겪습니다. 이러한 현실과 삶에서 벗어날 수 있는 사 람은 아무도 없습니다.

성장 과정에서 자기 사랑의 상처와 결함을 갖게 된 사람은 이 후 일상의 삶 속에서 무의식적으로 계속해서 자기 사랑의 상처로 인한 결함을 메우려고 노력하게 됩니다. 자기 사랑의 상처를 안고 있는 사람들은 자신의 존재와 자기 행동의 가치와 의미를 인정해 주고 자신을 칭찬해 줄 사람을 애타게 찾습니다. 있는 그대로의 자 신을 이해해 주고, 용납해 줄 사람을 갈급하며 찾습니다. 사랑을 구 하는 사람은 많지만 자기 사랑의 상처와 결함을 가진 사람의 욕구 를 이해해 주고 용납해 주고 인정해 주고, 칭찬해 줄 수 있는 사람을 찾는 것은 참으로 어려운 일입니다. 코헛은 마음속의 텅 빈 곳을 채워줄 수 있는 사람을 찾을 수 없는 현실을 "비극적"(tragic)이라고 표현했고 끊임없이 자신의 결함과 공허감을 채워줄 사람을 찾아다니지만 끝내 찾을 수 없는 사람을 가리켜 "비극적 인간"이라고 불렀습니다.[16]

우리는 자신의 본 모습을 사람들 앞에 그대로 드러내는 것이 얼마나 위험하고 적절하지 않은지에 대해 잘 알고 있습니다. 만약 자신의 본능적인 충동성과 이기적이고 계산적이고 자기중심적인 욕망, 위선과 가식과 분노를 세상이 알게 된다면 직장에서는 신뢰를 잃을 것이고 친구와 지인들은 우리에게 실망할 것이고 우리 자신을 나쁜 사람으로 여겨 멀리하게 될 것입니다. 심하면 가족들과의 관계마저도 끊어지게 될 수도 있습니다. 사랑을 갈구하지만 누구로부터도 있는 그대로의 자신의 모습으로 이해받고 인정받고 용납받고 사랑받을 수 없는 현실은 사람을 통해 자기 사랑의 상처와 결함을 치유 받는 것이 불가능하다는 사실을 말해줍니다. 때문에 우리를 있는 그대로의 모습으로 이해해주고 인정해주고 용납해주고 품어주고 사랑해줄 수 있는 분은 오직 예수 그리스도 뿐입니다. 우리의 근원적인 문제들, 즉 세상의 죄와 부조리로 인한 문제들, 자기 사랑의 상처와 결함의 문제들, 자신의 본능적인 욕망과 충동, 이기적이고 자기중심적인 동기들로 인한 죄의 문제들을 근본적으로 해결해주실 수 있는 분도 오직 예수 그리스도 뿐입니다.

3   자기 상처와 고통을 가지고
주님 앞에 나아가야 합니다

　시편 77편 기자는 자신이 겪는 어려움이 너무 괴로워 자신의 짐을 가지고 하나님 앞에 나아갔습니다. 하지만 기도할수록 하나님 앞에서 위로와 힘을 얻는 것이 아니라 오히려 더 깊은 우울과 슬픔을 경험해야 했습니다. 하나님을 생각할수록 입에서는 탄식이 흘러나왔습니다. 따져 보니 그를 잠 못 이루게 만든 분도 하나님이셨고 그를 괴롭히는 분도 하나님이시라는 생각이 들었기 때문입니다. 자신이 밤새도록 잠을 자지 못하고 몸부림치는 것은 하나님이 자신이 상처와 고통과 괴로움 속에서 살아가도록 내버려 두셨기 때문이었습니다. 시편 기자는 두려움과 괴로움 속에서 하나님께 자세한 해명을 요구했습니다. 하나님께 자신의 백성에게 하셨던 하나님의 약속을 상기시켜 드렸습니다. 지켜주시고 보호하시고, 함께 하시고, 선한 길로 인도하실 것이라고 하지 않으셨냐고 따져 물었습니다. 하나님이 거짓말쟁이가 아니신지 증명해 보이라고 했습니다. 자신이 살면서 겪었던 모든 일들은 하나님이 그 약속을 저버리셨다는 의미로밖에 해석되지 않았기 때문입니다.[17]

　우리는 그동안 자신이 겪어야 했던 모든 상처와 고통의 원인이 결국은 하나님이었다는 생각을 하지 못했습니다. 하나님은 우리가 감히 그에 대한 책임을 묻거나 비판하거나 자신의 분노를 표출할

여호와를 아는 삶
삶으로 아는 신앙

수 있는 상대가 아니라고 생각했기 때문입니다. 하나님께 묻고 따지는 것은 하나님께 불경을 저지르는 일이라고 생각했고 하나님의 진노를 불러일으킬 수도 있는 죄된 일이라고 생각했기 때문에 불만이 있고 원망이 생겨도 참고 견디는 수밖에 없다고 생각해 왔습니다. 자신이 겪어야 했던 모든 상처와 고통과 괴로움과 무가치감과 절망적인 현실이 결국은 자신이 어리석고 못나고 무능했기 때문이라고, 모두 자신의 탓으로 체념하며 살아왔습니다.

우리는 지난 삶 동안 겪어야 했던 모든 상처와 고통들과 괴로움의 원인과 책임을 자신과 다른 사람에게 돌려왔지만 그럼에도 결국 우리의 분노가 향하는 곳은 하나님일 수밖에 없습니다.[18] 그것은 우리가 하나님이 우리의 생사화복을 주장하시는 분임을 믿고 있기 때문입니다. 그래서 조금만 깊게 생각해 보면 우리가 겪어야 했던 모든 불의와 부조리, 상처와 고통과 괴로움과 무가치감과 절망이 결국은 하나님으로 말미암은 것이라는 생각을 하게 될 수 있습니다.

시편 77편 기자는 자신의 고통과 문제를 하나님과의 관계 속에서 묵상하다가 자신이 괴로움을 겪는 이유에 대해 하나님께 묻고 따지는 과정에서 놀라운 사실을 경험했습니다. 자신이 죽을 만큼 힘든 삶을 살아가는 것은 하나님 때문이라는 자신의 이해가 완전히 잘못된 것이었음을 깨달은 것입니다. 그는 이렇게 고백했습니다.

또 내가 말하기를 이는 나의 잘못이라

지존자의 오른손의 해 곧 여호와의 일들을 기억하며

주께서 옛적에 행하신 기이한 일을 기억하리이다

또 주의 모든 일을 작은 소리로 읊조리며

주의 행사를 낮은 소리로 되뇌이리이다 시 77:10-12

자신이 괴로움을 겪는 이유에 대해 하나님께 따져 묻는 과정에서 자신의 상처와 고통과 괴로움에만 고정되어 있던 시인의 관점은 서서히 하나님께로 옮겨갔습니다.[19] 그동안 자신이 겪어야 했던 상처와 고통과 그로 인한 괴로움이 다 하나님의 탓이었다고 생각했었는데 그게 아니었음을 깨닫게 되었습니다. 자신이 고통과 괴로움을 겪어야 했던 것은 하나님 때문이 아니라 자신의 탐욕과 어리석음과 이기심 때문이었습니다 10절. 이 사실을 절실히 깨닫게 되면서 시인은 자신의 상처와 고통과 괴로움을 자신의 입장에서만 생각하던 관점에서 벗어나게 되었습니다. 자신의 입장에서 하나님을 원망하고 불평하며 탄식했던 것이 얼마나 작고 좁고 어리석고 못난 생각이었던 가를 비로소 알게 되었습니다.

지금 우리 자신을 힘들고 괴롭게 하는 것은 현실의 문제로 인한 어려움과 괴로움입니다. 겹겹이 싸인 현실의 문제가 너무 힘들고 어렵고 생각할수록 속상하고 화가 나는 것이 많고 사는 재미도 없어서 하나님께 기도라도 해야겠다는 생각을 하게 되었습니다 시 77편. 더 이상 이렇게 살다가는 지금까지 참고 견뎌왔던 자신의 인생에 무언가 중대한 변화가 생길 것 같아서, 그때는 더욱 견디기 어렵게 되지 않을까 하는 불안한 마음이 들어서, 하나님께 기도하면 마음이라도 후련해질까 암담하게 느껴지는 현실을 이겨나가게 되지 않을까 하는 생각으로 기도를 시작하게 되었습니다. 하루하루 기도가 계속해서 이어지지만 새롭게 깨달아 알게 된 주님의 뜻도 없고, 위로와 평화도 느낄 수 없고, 현실의 변화도 없습니다. 그래서 고통과 신음에 찬 답답한 기도는 계속됩니다. 기도가 계속되면서 현실의 문제와 어려움이 중심이었던 기도는 어느 덧 자신이 지금까지 살아왔던 지난 삶으로 옮겨가게 됩니다. 하나님 앞에 자신이 지난 삶을 통해 겪어야 했던 상처와 고통들이 펼쳐집니다. 이제 기도는 현실의 문제와 어려움과 함께 자신이 지난 삶 동안 겪어야 했던 상처와 고통과 슬픔과 외로움과 한(恨)에로 확대됩니다. 생각할수록 지난 삶을 통해 자신이 겪어야 했던 상처와 고통과 슬픔과 한(恨)들은 하나님께서 조금만 신경 써 주셨더라면 겪지 않을 수도 있었던 것들이었습니다. 하나님께서 조금 더 신경 써서 살펴 주셨더라면 막아질 수도 있었던 문제들이었습니다. 하나님께서 조금만이라도 깨닫게 해 주셨더라면 실수를 하지 않을 수도 있었고 지금껏 수치감으로 괴로워하지 않을 수도 있었습니다 시 77:3-4. 하지만 하나님께서 허락하셨기에 자신이 그 고통과 괴로움을 겪었던 것이 아닌가 하는 생각이 듭니다. 더 고통스러운 것은 하나님께서 자신의 기도를 외면하시고 거절하시는 것이 아닌가 하는 생각 때문입니다 시 84:14. 현실의 고통과 괴로움 때문에 하나님께 수없이 기도를 드렸지만 하나님은 끝내 자신의 그 기도에 응답하지 않았습니다. 지금 자신이 겪는 수치와 고통과 괴로움과 작아짐, 사람들에게 무시 받는 상황은 모두 하나님께서 자신의 기도를 외면하셨기 때문입니다.

생각할수록 마음과 현실이 너무도 힘들고 고통스럽고 괴롭기에 이제는 도저히 기도를 쉴 수 없습니다. 기도마저 할 수 없다면 세상은 물론 하나님께 조차 외면 받고 거절당한 비참함과 그로 인한 자기 존재에 대한 무가치감과 삶의 절망감 때문에 숨이 막혀 죽을 것 같습니다. 그래서 이제는 살기 위해서라도 기도를 계속할 수밖에 없습니다. 하나님이 너무 야속하고 섭섭해서, 현실이 너무 힘들고 눈물이 나서 기도를 시작했지만 계속되는 기도와 묵상은 놀라운 관점의 변화를 체험하게 했습니다. 자기 현실의 고통과 괴로움이 하나님 탓이 아니라는 것을 깨닫게 된 것입니다. 하나님 때문이 아니라 자신의 죄와 욕망과 불의와 어리석음과 무능함이 자신이 현실에서 고통과 괴로움과 비참함을 겪는 원인이라는 것을 알게 되었습니다. 현실의 문제와 어려움은 자신의 죄와 욕망과 자기중심적인 이기성과 어리석음으로 말미암은 것이기에 자신이 수용하고 감당해야 하는 몫이라는 것도 깨닫게 되었습니다.

자신이 현실에서 겪는 고통과 괴로움의 문제는 이해하고 수긍할 수 있게 되었지만, 그렇다고 해도 하나님을 향한 야속함과 섭섭함이 모두 사라지지는 않았습니다. 이제 기도의 중심은 온전히 자신이 지금껏 살아온 삶에 집중됩니다. 기도는 자신이 지난 삶을 통해 겪어야 했던 상처와 고통과 수치와 한(恨)에 대해 하나님께 이유와 책임을 따져 묻는 방식으로 전개되기 시작합니다. 함께 계셔주겠다고 하지 않으셨냐고, 언제나 지켜주겠다고 하지 않으셨냐고,

선하심과 인자하심으로 내 길을 인도해 주겠다고 하지 않으셨냐고, 나의 하나님이 되어 주겠다고 하지 않으셨냐고, 그런데 이게 뭐냐고, 왜 그때 나와 함께 계셔주지 않으셨냐고, 지켜주지 않으셨냐고, 내가 울고 있을 때에 왜 보고만 계셨었느냐고, 내가 힘들어하고 아파하고 슬프고 괴로워하고 있을 때에 어디에 계셨었느냐고 따져 묻는 것이 됩니다 시 77:5-9.

이렇게 드리는 기도는 괜히 자신의 마음을 어지럽히고 고통스럽게 하는 무의미하고 쓸 데 없는 기도가 절대로 아닙니다. 이 기도는 자기 내면 깊은 곳에 있던 상처와 고통과 외로움과 슬픔에 직면하고 그것을 되짚어가며 드리는 기도입니다. 자신의 깊은 속에서 우러나오는, 자기 내면의 가장 깊은 곳 잠 20:27 에 묻어두었던 상처와 고통에 관련된 기도입니다. 지금 자신의 욕구와 동기와 충동성에 결정적인 영향을 끼친 지난 삶의 사실들과 그것에 관련된 감정에 근거하여 드리는 기도입니다. 영혼의 아픔 때문에 욥 7:11 드리는 기도이고 영혼의 번민 시 13:2 으로 드리는 기도이며 상한 심령 시 34:18; 51:17; 57:15; 66:2 으로 드리는 기도입니다. 생각할수록 가슴 아프고, 괴롭고 슬퍼서 눈물이 나는 기도입니다. 성경은 하나님께서 이렇게 자신의 가장 깊은 상처와 고통과 괴로움과 수치심과 절망에 직면하여 드리는 기도, 어떠한 꾸밈이 없이 자신의 솔직한 감정 위에서 드리는 진솔한 기도, 자기 내면의 중심 위에서 드리는 상한 심령의 기도를 기뻐하신다고 말씀합니다 시 51:17.

우리는 자신의 상처와 고통을 되짚어가며 드리는 상한 심령의 기도를 통해서 하나님과의 관계 속에서 자기 존재와 삶을 바르게 이해할 수 있습니다. 지난 삶의 상처와 고통들, 거절당하고 외면당하고 무시당하고 실패하고 작아져야 했던 지난 삶의 흔적들은 우리 내면에 깊은 상처와 고통을 남겼습니다. 그 상처와 고통들은 자신 스스로에게 '네가 무가치하고, 비천한 존재인 것을 증명한다.'고 속삭였습니다. 어떻게든 자기 사랑의 상처와 결함을 메우려 하다가 저질렀던 실수들과 죄악들과 수치스런 일들은 이 모든 것이 '너의 존재 자체가 세상에서 가장 악하고 추하고 어리석은 죄인이라는 것을 증명한다.'고 자신을 가리켜 손가락질하며 비난했습니다. 지난 삶의 상처들과 고통들과 죄로 말미암은 이러한 자기 이해는 우리로 자신을 미워하게 했고 책망하게 했고 살아갈 가치가 없는 비천한 존재로 판단하게 했습니다. 자신의 삶을 그만큼 무의미하고 허망한 것으로 스스로 단정짓게 했습니다. 이러한 자기 관점의 자기 이해, 자기중심의 자기 이해, 율법적인 자기 이해는 우리를 자기의 존재와 삶에 대한 깊은 회의와 무의미와 절망에로 이끌었습니다.

주님과의 관계 속에서 자신을 바르게 이해하고, 자기 존재와 삶의 본 모습에 직면하는 것이 주님 앞에서 새롭고 성숙한 믿음과 삶을 살아가기 위한 출발점이라면, 이렇게 드리는 기도는 자기 직면 위에서 드리는 기도입니다. 성숙한 믿음과 주님 앞에서 겸손하고 정직한 삶, 참된 자유와 평안과 기쁨과 감사의 신앙과 삶을 살아갈 수 있게 하는 가장 중요하고 근본 되고 핵심이 되는 기도입니다.

자신의 중심으로 드리는 기도, 상한 심령으로 드리는 이 기도를 통하여 우리는 자신의 본능적인 욕망과 충동이 어떠한 것인지,

자신이 위선과 가식을 어떻게 표현하는지, 다른 사람들과의 관계 속에서 자신의 인간적인 동기(자기 사랑의 상처와 결함을 메우려는 시도)를 어떻게 드러내고 있는지를 깨닫게 될 수 있습니다. 이렇게 드리는 기도를 통하여 우리는 자신의 고통과 상처, 실패와 괴로움이 하나님 때문이 아니라 자신의 욕망과 자기중심적이고 이기적인 동기로 말미암은 그릇된 선택 때문이었다는 사실을 이해하고 인정하게 될 수 있습니다 시 77:10. 나아가 자신을 향한 주님의 마음과 사랑을 경험함으로 깨달아 알게 될 수 있습니다 막 6:34. 자신이 상처와 고통과 괴로움을 겪고 있을 때, 세상에서 거절당하고 외면당하여 슬프고 외로워할 때 주님께서 어떠한 마음으로 자신을 바라보고 계셨는지, 어떻게 자신을 붙들고 계셨는지, 어떻게 자신과 함께 계셨는지를 깨달아 알게 될 수 있습니다. 실패하고 작아졌을 때, 이기적이고 자기중심적인 생각으로 어리석고 못나고 추한 삶을 살아가고 있을 때 주님께서 어떠한 사랑으로 자신을 참아주시고 품어주셨는지를 깨달아 알게 될 수 있습니다. 우리가 욕망에 물들어 자신의 영혼을 죽이는 비참한 죄의 삶을 살아가고 있을 때 주님께서 어떤 사랑으로 자기 존재를 있는 그대로의 모습으로 용납해 주셨는지를 경험함으로 깨달아 알게 될 수 있습니다. 위선과 가식, 불의와 탐욕과 이기적이고 자기중심적이었던 가치와 기준, 자신의 죄악과 추함과 어리석음을 주님 앞에 다 내어놓고 자비하심과 용서를 비는 기도를 드리게 될 수 있습니다. 자기 사랑의 상처와 결함을 메우기 위해 자신의 욕망과 인간적인 동기와 자기중심적인 이기성이 어떻게 움직였는지를 이해하게 될 수 있습니다.

4 자기 존재의 가치와 삶의 의미는 오직 하나님과의 관계 속에서만 찾아질 수 있습니다

자신의 상처와 고통을 되짚어 가며 드리는 기도는 우리로 자신에 대한 주님의 사랑을 경험함으로 깨달아 알게 하고, 자신의 지난 삶이 온통 주님의 애정과 관심과 돌봄 속에 있었음을 경험함으로 깨달아 알게 합니다. 자신의 삶을 통해 주님의 사랑을 경험함은 지금까지 자기중심적이었던 자신의 자기 이해를 한순간에 뒤집어 주님의 사랑을 근거로 자기 존재와 삶을 새롭게 이해하게 합니다. 4장에서 말씀드렸던 것처럼 거듭남이란 지금까지의 자신 중심의 자기 이해에서 주님 중심의 자기 이해로 바뀌는 것입니다. 자기 존재와 삶에 대한 이해(인생관, 세계관)가 자기중심에서 주님 중심으로 새롭게 바뀌는 것입니다. 자기 존재와 지난 삶을 주님의 사랑과 선하심이라는 질서 속에서 새롭게 이해하게 되는 것입니다. 주님께서 자기 존재와 삶을 사랑으로 온전히 이해해 주셨음을 깨달아 알게 될 때 우리는 세상, 혹은 다른 사람들과의 관계를 통해 자기 사랑의 상처와 결함을 메우려는 시도를 더 이상 하지 않게 됩니다. 주님께서 사랑으로 자신을 있는 그대로의 모습으로 용납해 주셨으며 품어주셨음을 삶 속에서 경험함으로 깨달아 알게 되었기 때문입니다. 자신을 있는 그대로의 모습으로 용납(용서)하셨던 주님의 사랑을 통해 자기 사랑의 상처와 결함이 근본적으로 치유되어가고 있음을 확실히 깨닫게 되기 때문입니다. 자신을 비참하게 하고 고통스럽게 괴롭고 외롭고 슬프게 했던, 아무리해도 극복할 수 없었던 자신의 문제들이 근본에서부터 해결되어가고 있음을 깨닫게 됩니다. 그때 겪게 되는 자유와 평화와 기쁨은 말로 표현할 수 없습니다. 그 자유와 평화와 기쁨은 주님께서 자신의 수많은 상처와 결함에도 불구하고 있는 그대로의 모습으로 자신을 용납(용서)해 주셨음을 보여주는 증거입니다.

자기 존재와 삶에 대한 주님의 이러한 사랑을 깨달아 알게 되는 순간은 지금까지 자신의 욕망과 인간적인 동기와 본능적인 충동들을 지배했던 상처와 고통과 외로움과 슬픔과 무가치감과 무의미감을 벗어버리는 순간이기도 합니다. 주님의 용납(용서)하심은 우리로 자신 스스로에게 솔직하게 하고, 자신이 지난 삶 동안 겪어야 했던 상처와 고통과 괴로움을 부끄럽고 수치스런 것으로 여기지 않고 있는 그대로의 모습으로 직면하고 용납하게 합니다. 주님께서 자신을 있는 그대로의 모습으로 이해하시고 용납하셨음을 깨달아 알게 될 때 주님과 사람들 앞에서 자신을 의롭고 진실한 존재로 꾸미려는 무의미한 시도를 더 이상 하지 않게 됩니다. 주님께 자신의 가장 깊은 속을 있는 그대로 열어 보일 수 있게 됩니다. 자기 내면의 깊은 곳에서 나오는 대화를 주님과 점점 더 많이 자주 나누게 됩니다. 주님의 사랑과 은총 안에서 자기 존재와 지난 삶과 현실의 삶을 이해하게 되고 이를 은혜와 사랑과 감사와 찬양으로 바라볼 수 있게 됩니다.

지난 삶을 통해 자신이 겪어야 했던 상처와 고통들, 슬픔과 한(恨)같은 마음의 문제들과 그로 인한 자기 존재의 무가치성, 자기 삶의 무의미성의 문제를 해결할 수 있는 유일한 방법은 그것들을 주님께 다 내어놓고 말씀드리는 것입니다. 주님께 말씀드릴 때에는 구체적으로 말씀드려야 합니다. 자신이 겪어야 했던 일들의 내용과 그 과정에 대해서도 시시콜콜 말씀드리고 그 일들을 겪을 때 자신이 얼마나 힘들었고 외롭고 괴롭고 슬펐는지에 대해서도 말씀드려야 합니다. 그리고 자신이 그런 일들을 겪을 때 관계된 사람들, 자신으로 그런 일들을 겪게 했던 사람에 대한 자신의 감정도 당연히 미주알고주알 다 말씀드려야 합니다.

　　이렇게 주님께 자기 존재와 삶의 문제들, 심리적인 문제들까지 다 말씀드리는 과정을 통해 자신의 괴로움에만 집중되어 있던 생각이 서서히 하나님에게로 옮겨 가게 됩니다.[20] 자신의 고통에만 집중되어 있던 기도의 내용이 기도가 계속되면서 점차 자신의 지난 삶과 현실의 괴로움을 하나님과의 관계 속에서 묵상하는 것으로 그 초점이 옮겨지게 되는 것입니다.

　　댄 알렌더는 자신이 겪어야 했던 상처와 고통과 슬픔과 한(恨)에 대해 하나님께 묻고 따지는 것이 참으로 하나님을 경외하는 것이고 하나님께 이렇게 따져 묻는 것은 불의한 절망에서 돌아서서 어떻게 하든 하나님을 이해하려는 열망의 표현이라고 했습니다.[21]

5 　　　　주님은 창자가 녹고 심장이
　　　　　　　　오그라드는 고통의 사랑으로
　　　　　　　　우리 삶과 존재를 이해하셨습니다

　　마가복음 6장 34절은 예수님이 "큰 무리를 보셨고 그 무리의 목자 없는 양 같음으로 인하여 불쌍히 여기셨다."고 말씀합니다. "불쌍히 여기셨다"로 번역된 헬라어 *σπλαγχνίζομαι*(스프랑크니조마이)는 사람들에 대한 예수님의 태도를 표현할 때 사용된 동사로 신약성경 공관복음에서만 12번 나오는 단어입니다. 병자를 고치실 때 막 1:41, 목자 없는 양 같은 사람들을 보셨을 때 마 14:14; 15:32; 막 6:34, 열두 제자를 보내시기 직전에 지치고 시달린 무리를 보셨을 때 마 9:36 맹인 두 사람이 예수님께 부르짖는 것을 보셨을 때 마 20:34, 독자를 잃고 울고 있는 나인성 과부를 보셨을 때 눅 7:13 사용되었습니다. 누가복음 15장 20절의 탕자의 비유에서 *σπλαγχνίζομαι*(스프랑크니조마이)는 하나님의 긍휼히 여기심과 마 18:27 과 사랑하심 눅 15:20 이라는 가장 강한 감정을 표현하고 있습니다.[22]

　　σπλαγχνίζομαι(스프랑크니조마이)는 심장, 내장, 창자, 자궁과 같이 몸의 가장 깊은 곳에 있는 신체 기관을 뜻하는데 그 문자적 의미는 2장과 4장에서 살핀 것처럼 "경련을 일으키며 오그라든 심장"[23] 이라는 의미입니다. 병자, 아들을 잃은 과부, 목자 없는 양 같은 무리들을 바라보시는 예수님의 마음은 이러한 신체 기관들이 녹아내

리고 심장이 경련을 일으키며 오그라드는 느낌입니다. 이들을 바라보시는 주님의 마음은 새끼를 향한 자궁의 마음이며, 나를 죽여서라도 그를 살리려는 어미의 마음이며, 자녀의 고통스런 삶을 보며 가슴이 미어지도록 애가 닳는 마음입니다.[24] 마가복음 6장 34절에서 예수님은 무리를 보셨을 때 그들을 향한 사랑의 마음과 그들을 향한 긍휼의 마음으로 창자가 녹아내리는 고통, 그 심장이 경련을 일으키며 오그라지실 정도의 고통과 괴로움을 느끼셨습니다. 우리말로 표현하면 예수님께서는 무리들의 모습을 보시고 애끊는, 단장(斷腸)의 고통과 슬픔을 느끼셨습니다.

예수님께서 무리들에 대해 이렇게 느끼신 것은 그들의 현실이 목자 없는 양 같음을 보셨기 때문입니다. "보셨다"는 의미의 헬라어 "εἴδω"(에이도)는 알다, 경험하다, 인식하다, 이해하다는 뜻을 담고 있습니다. 무리들의 현실을 보고 지식으로 아신 것이 아니라 경험함으로 아셨다는 의미로 이해할 수 있습니다. 예수님은 어느 길이 하나님께서 인도하시는 바른 길인지, 어떻게 할 때 생명의 삶을 살아갈 수 있는지, 어떤 삶을 선택할 때 인간답게, 행복하게, 아름답고 의미 있는 삶을 살아가게 되는지를 알지 못한 채 욕망과 이기심과 본능적인 충동과 인간적인 동기로 살아가고 있는 무리들을 직접 보셨고 그들의 연약함과 삶의 애환을 경험함으로 아셨습니다. 죄와 욕망으로 인한 상처와 고통으로 신음하면서 세상의 어려움과 위협에 노출된 채로 살아가고 있는 무리의 현실을 보고 아셨습니다. 하나님의 인도하심과 뜻을 분별하지 못하는 어리석음과 하나님 말씀을 알면서도 순종할 수 없는 그들의 무능력과 세상의

유혹에 휩쓸려 죄 속에서 살아가는 그들의 약함과 추함을 직접 경험함으로 아셨습니다.[25]

하지만 예수님은 그들을 경계하지 않으셨고, 그들의 부정함과 어리석음과 못남을 책망, 비난하지 않으셨습니다. 그들에게 자신들이 욕망과 어리석음으로 선택한 삶이니 책임져야 한다고 말씀하지 않으셨고 심지어 그들의 변화를 촉구하지도 않으셨습니다. 그저 그들의 모든 어리석음과 무능력과 약함과 추함을, 그들의 괴로움을 마치 자신이 직접 경험하시는 것처럼 아프고 괴롭게 인식하고 이해하셨고 그들의 삶을 오장육부가 녹아내리는 것 같은 애끊는 마음으로, "경련을 일으키며 심장이 오그라질 정도"로 고통스럽고 괴롭게 느끼셨습니다.

주님의 사랑을 아는 것이란 자기 존재와 삶을 향한 주님의 이러한 마음을 느끼는 것이고 자신의 삶을 통해 실제로 경험함으로 깨달아 아는 것입니다. 공부하고 연구하여 지식으로 주님의 사랑을 아는 것이 아닙니다. 자신을 불쌍히 여기시고 자신의 실존을 있는 그대로 용납하시고, 추하고 냄새나는 삶을 품으시고, 끝까지 참고 기다리고 계시는 주님의 마음, 자신의 무능하고 고통스러운 현실과 실존을 보시며 "경련을 일으키며 심장이 오그라질 정도"로 고통스러워하시는 주님의 사랑을 자신의 삶 속에서 직접 경험함으로 깨달아 아는 것입니다.

사랑은 자신을 향한 이러한 주님의 사랑, 자신을 향한 주님의 이러한 마음을 삶을 통해 실제로 경험함으로 깨달아 알게 되는 것에서 시작됩니다. 주님의 사랑을 자신의 삶 속에서 경험함으로 깨달아 알게 될 때 우리는 사랑을 참으로 아는 사람이 될 수 있습니다. 사랑을 참으로 알게 될 때 자신과 하나님과 이웃을 사랑하는 삶을 살아가기 시작할 수 있습니다. 사랑함은 우리로부터 시작되는 것이 아닙니다. 사랑은 우리가 만들어낼 수 있는 것이 아닙니다. 사랑은 우리가 아니라 하나님께 속한 것이며 요일 4:7 하나님으로부터 났고 하나님으로부터 시작되는 것이기 때문입니다 요일 4:10. 우리가 하나님을 사랑한다면 그것은 먼저 하나님께서 우리를 사랑하셨기 때문입니다 요일 4:19. 우리가 하나님을 사랑하고 이웃을 사랑한다면 그것은 우리 자신에게 사랑할 수 있는 능력이 있어서 사랑을 만들어내었기 때문이 아니라 자신을 향한 주님의 사랑을 본받아 우리도 사랑하려 하는 것일 뿐입니다. 때문에 우리에게 혹시 사랑이 있다면 그것은 우리에게 사랑을 비추신 하나님에게서 나오는 것입니다. 우리는 다만 자신을 향한 하나님의 사랑에 대한 반응으로, 하나님의 사랑을 받아 다른 사람들에게 반사하여 비추는 것에 불과할 뿐입니다.[26]

여호와를 아는 삶
삶으로 아는 신앙

제 7 장,

자기 사랑은 주님을 본받아 자신도
스스로를 용납(용서)하는 것입니다

자기 사랑은 주님을 본받아 자신도 스스로를 용납(용서)하는 것입니다

1	자신의 상처와 고통에 마주 설 때
	스스로를 용납(용서)할 수 있습니다

공지영 씨의 소설로 만든 영화 『우리들의 행복한 시간』에서 유정(이나영 분)은 엄마를 용서하는 것이 죽는 것보다 더 힘든 일이라고 말합니다. 유정은 자신의 딸을 죽인 윤수(강동원 분)를 용서하는 박 할머니(김지영 분)를 보면서 용서를 배웠습니다. 박 할머니는 용서가 그렇게 쉽게 이루어지는 일이 아니라고 말하는 수녀에게 "예수님께서 일곱 번씩 일흔 번이라도 용서하라고 하셨지 않았느냐. … 여러분도 용서하라고, 그렇게 말하지 않았느냐."고 하면서 파출부인 자신의 딸을 죽였던 윤수를 만나게 해 달라고 요청합니다. 하지만 윤수를 본 박 할머니는 손이 떨려 윤수에게 주려고 준비해 간

떡 보자기를 풀지도 못합니다. 결국 자신의 감정을 절제하지 못하고 윤수에게 달려가 "왜 내 딸을 죽였느냐."고 슬픔과 고통에 복받쳐 울부짖습니다. 한참을 흐느끼던 박 할머니는 "내가 너를 죽여서 죽은 내 딸이 다시 살아 돌아온다면 너를 백번이고 천 번이고 죽여서 내가 대신 사형수가 되겠다만, 그게 아니니까, 내가 너를 용서하기 위해 노력"하겠다고, "너를 용서할 수 있을 때까지 찾아오겠다."고 말합니다.

용서(용납)하는 것은 참으로 어려운 일입니다. 박 할머니는 딸을 죽인 원수를 용서(용납)하려는 힘을 주님의 말씀에서 얻었습니다. 용서는 가해자가 사죄하고 회개하면 할 수 있게 되는 단순하고 가벼운 것이 아닙니다. 용서하게 되면 슬픔과 고통을 느끼지 않게 된다거나 그런 감정을 느끼지 말아야 하는 것도 아닙니다. 용서는 슬픔과 고통 속에 있는 피해자(박 할머니) 안에서 역사하시면서 그분을 용기로 가득 채우시는 주님의 놀라운 역사를 통해 일어났습니다.[1]

용서(용납)하는 것이 고통스럽고 괴로운 일인 것은 용서(용납)하려 할 때마다 (사랑하는 딸의 죽음이라는) 슬픔과 고통에 마주서야 하기 때문입니다. 용서(용납) 대신 망각을 선택할 수도 있습니다. 잊게 되면 딸의 죽음이라는 감당할 수 없는 슬픔과 고통과 괴로움에 직면하지 않게 될 수도 있습니다. 그러나 망각은 망각일 뿐 용서(용납)가 아닙니다. 용서(용납)는 자신의 슬픔과 고통과 괴로움에 직면함을 통해 치유되는 과정과 함께 일어나게 되는 일입니다. 딸의 죽음을 생각하지 않음으로써 딸의 죽음이라는 고통과 괴로움과 슬품, 딸을 죽인 원수에 대한 분노와 미움에서 벗어나게 되는 것이 아니라 주님의 사랑을 통해 딸의 죽음이라는 슬픔과 고통과 괴로움의 지배로부터 조금씩 자유로워지는 것입니다. 주님의 사랑을 통해 아주 조금씩 용서의 크기를 키워나가는 것입니다. 딸의 죽음이라는 현실에 마주서는 직면은 한순간이 아니라 평생토록 자신의 삶을 통하여 계속되어져야 하는 일이고 그만큼 괴롭고 슬프고 고통스런 일입니다. 생각날 때마다 분노하고 한탄하고 슬퍼하게 되지만 주님의 은혜와 위로와 사랑을 통해 옷에 묻은 잉크 자국이 점차 옅어져가는 것처럼 슬픔과 고통과 분노가 점차 작아지게 되는 것입니다. 주님의 위로와 사랑을 통해 감당할 수 없는 분노를 다스리고, 주님의 위로와 사랑을 통해 가슴을 치는 슬픔과 고통을 삭이게 되면서 원수를 용서할 수 있는 힘을 얻게 되고 용서를 통해 작은 평안도 누리게 되는 것입니다. 그래서 용서(용납)는 용서(용납)받는 사람을 위한 것이기도 하지만 보다 근본적으로는 그 사람 본인의 자유와 평화와 행복을 위한 것이기도 합니다.

다른 사람을 참으로 용서(용납)하기 위해서는 먼저 내가 자신을 용서(용납)하는 것이 필수적입니다. 임전옥은 Ryff(1989)의 주장을 인용하여 자기 수용(용납)이란 자신(자기 존재)과 자신이 살아온 지난 삶에 대한 긍정적인 평가라고 했습니다. 자기 수용(용납)의 점수가 높은 사람은 자신에 대한 긍정적인 태도를 가지고 있고, 자신의 좋은 점과 나쁜 점을 포함하여 자기 존재와 삶의 다양한 측면들을 (있는 그대로) 이해하고 수용하며 자신이 살아왔던 삶을 긍정적으로 평가합니다. 반대로 자기 수용(용납)의 점수가 낮은 사람은 자신(자기 존재)에 대해 불만족스러워 하고, 자신의 지난 삶에 대한 실망감을 가지고 있으며 자신의 능력을 걱정하고, 지금까지와는 다른 사람이 되기를 바라고 있습니다.[2]

무조건적 자기 수용(용납)에 대한 관심은 REBT(합리적 정서적 치료이론)의 창시자인 엘리스 Albert Ellis 에 의해 시작되었습니다. 무조건적 자기 수용이란 자신이 지적으로, 바르게, 유능하게 행동하는지의 여부와 관계없이, 그리고 사람들이 자신을 인정하고 존중하고 사랑하는지 여부와 관계없이 자신을 온전하고 무조건적으로 수용하는 것을 말하는데 그 사람의 안정적인 정서적 · 행동적 건강에 결정적인 역할을 합니다.[3]

자신의 본 모습에 대한 이해는 자기 수용(자기 용납, 자기 용서)를 위한 전제 조건입니다. 칼 로저스 Carl Rogers 는 자기를 수용하는 사람의 중요한 특성이 자기 이해라고 했고 많은 연구자들이 자기 이해를 자기 수용(용납)에 선행되거나 주요한 특성으로 주목하였습니다. 여기서 자기 수용(용납)은 있는 그대로의 자신을 인정하고 받아들이는 것을 의미하는데 이러한 자기 수용은 자기 성장의 초석이 됩니다. 자기 이해가 정확할수록 자신의 모습 그대로를 인정하고 받아들이는 것이 수월해지는 것은 당연한 일입니다. 반대로 자신에 대한 민감성과 정확한 자기 이해에 기초하지 않은 자기 수용(용납)은 자칫 부분적이거나 편협해질 수 있고 나아가 왜곡으로 이어질 수 있습니다.[4]

자기 수용(용납)이 건강하고 행복한 삶을 위하여 참으로 중요하지만 그럼에도 자신의 이성과 의지와 노력으로 자기 존재와 삶을 바르게 이해하고 무조건적으로 수용(용납)하는 것은 불가능합니다. 자신을 사랑해야 하지만, 자신의 이기적이고 배타적인 입장과 관점, 자기중심적인 욕망에 근거하여 자신을 이해하고 사랑하려 하게 될 때 불의하고 거짓되게 자신을 사랑하게 되는 것처럼 자기 용납(용서)도 그렇습니다. 자신을 무조건적으로 수용(용납·용서)하는 것이 행복한 삶을 위해 중요하다고 해서 자신의 의지와 노력으로, 자기중심적으로, 자신의 입장과 관점에서 자신 스스로를 용납(용서)하려 하게 될 때 그 사람은 스스로 위선과 가식의 탈을 쓰게 될 것이고 그 사람 내면의 거짓과 불의와 욕망은 말하기 어려울 정도로 악하고 역겹고 추한 것이 될 것입니다. 자기 존재와 삶을 어떻게 이해하고 이를 통해 자신 스스로를 용납(자기 용납, 자기 용서)할 것인가 하는 것은 우리의 행복한 삶, 건강한 신앙을 위해 무척이나 중요합니다. 자기 용납(용서)는 자신의 지식과 학문과 이성과 의지와 노력으로 하는 것이 아니라 오직 자신을 있는 그대로의 모습으로 용서(용납)하시는 주님의 사랑과 은총을 경험한 후에 주님의 사랑을 본받아 자신도 스스로에게 하는 것입니다.

오방식은 완전한 영적 성숙, 온전함은 있을 수 없지만, 하나님의 무조건적인 사랑 체험을 통해 하나님 사랑에 의지하여 자신의 연약함을 온전히 수용할 수 있게 되는 것이 영적인 성숙이라고 말합니다. 우리는 끊임없이 신앙의 성장과 영적인 성숙을 추구하지만 그 완성은 하나님의 사랑으로 자신의 연약함을 있는 그대로 수용하는 불완전함의 영성입니다. 오방식은 또한 토마스 머튼의 말을 인용하여 "되어져야 할 우리 자신의 미래의 모습은 있는 그대로의 우리 자신"이라고 하면서 우리가 되어져야 할 미래의 성숙한 모습은 하나님의 무조건적인 사랑으로 현재의 우리 자신을 있는 그대로 수용하는 것이라고 설명했습니다.[5]

자기 용납(용서)은 주님께서 자신을 있는 그대로의 모습으로 용납(용서)해 주셨던 그 사랑을 본받는 것입니다. 주님께서 어리석고 못나고 연약한 나 자신을 있는 그대로의 모습으로 용납(용서)하셨던 그 사랑을 본받아 자신도 무능하고 수치스럽고 비천하고 무가치한 스스로를 용납(용서)하는 것입니다. 주님께서 자신에게 하셨던 그 사랑을 본받아 자신도 스스로를 용납(용서)해 주게 될 때 우리는 자신 스스로에 대한 무가치감과 수치감과 절망감에서 벗어나게 될 수 있습니다. 비천하고 무가치하고 수치스럽고 절망적인 삶에도 불구하고 오직 주님으로 인해 자기 존재가 소중하고 아름답게 되었음을 깨달아 알게 될 수 있습니다. 자신의 삶이 훌륭하고 멋있지 않아도 살아가는 삶 자체로 의미가 있는 것임을 깨달아 알게 될 수 있습니다. 성취를 통해 자신의 가치를 입증해야 한다는 중압감을 벗어버릴 수 있게 되고 있는 모습 그대로의 자기 존재와 삶을 주님께서 힘과 위로와 은혜와 평안으로 응원하신다는 사실을 깨닫게 될 수 있습니다.

여호와를 아는 삶
삶으로 아는 신앙

2   실패하고 작아진 무능한 자신, 어리석고 못난 자신을 용납(용서)하여야 합니다

    자신을 용납(용서)함에는 자기 이해에 따른 자기 직면과 자기 수용이라는 전제가 따릅니다. 자신을 참으로 용납(용서)할 수 있기 위해서는 자기 이해, 즉 자신이 어떤 존재(어떤 욕망, 이기심, 위선과 가식, 인간적인 동기를 지니고 있는)이며, 어떤 삶(상처와 고통)을 살아왔는지에 대한 이해가 있어야 합니다. 주님의 사랑에 근거한 자기 이해, 주님의 사랑에서 시작한 자기 존재와 삶에 대한 올바른 이해가 없이는, 주님의 말씀에 근거한 자기 존재와 삶에 대한 직면이 없이는 결코 자신을 용납(용서)할 수 없습니다. 주님 중심이 아니라 이기적이고 자기중심적으로 자기 존재와 삶을 이해하는 사람은 자신에게는 용납(용서) 받을 만한 것이 없다고 생각합니다. 용납(용서) 받아야 할 것이 없다고 생각하는 사람에게는 자신 스스로를 용납(용서)할 것 또한 없을 수밖에 없습니다. 또 내가 나 자신인데 내가 나를 용납(용서)하고 말 것이 있는가? 하실 수 있습니다.

    존 브래드쇼 John Bradshaw 는 우리 안에 있는 또 다른 자신에 대해 이렇게 말합니다. 어린아이의 감정의 성장이 저지되거나 억제되었을 때, 특히 화가 나거나 상처받았을 때의 감정들을 그 아이가 그대로 가진 채 자라서 성인이 된다면, 화나 있고 상처받은 그 아이는 어른이 된 후에도 계속해서 그의 내면에 자리 잡게 되는데 이것이 자신 속에 있는 또 다른 자신, 즉 내면아이입니다. 상처받은 감정이 치유되지 못한 채로 자란 내면의 아이는 그 사람이 성인으로서 행동하는 데 계속해서 지장을 주게 되는데 브래드쇼는 과거에 무시당하고 상처받은 내면아이(neglected, wounded inner child of the past)가 사람이 겪는 모든 불행의 가장 큰 원인이라고 했습니다.[6]

코헛은 사람의 일생 중 유아기에 초점을 맞춰 아기가 최적의 발달 환경 속에서 최적의 돌봄을 받지 못하게 될 때 갖게 된 자기 사랑의 상처와 결함이 모든 정신 병리 현상의 원인이라고 주장했고, 브래드쇼는 어린아이 때에 초점을 맞춰서 치유되지 못한 어린아이 때의 상처와 고통이 모든 불행의 원인이라고 주장했습니다. 인간의 성장에 과정이 있고 그 과정마다 성취해야 할 중요한 과제가 있음을 생각할 때[7] 아기 때와 어린 시절 모두 적절한 사랑과 최선의 돌봄을 경험하며 자라는 것이 얼마나 중요한 지를, 그리고 인간의 건강하고 균형 잡힌 성장을 위해 지속적인 사랑의 돌봄이 얼마나 중요한 지를 강조하는 것으로 이해할 수 있습니다.

바울도 비슷한 말씀을 했습니다. 바울은 로마서 7장 21-25절에서 자신 안에 있는 또 다른 자기, 속사람에 대해 이렇게 말씀합니다.

내 속 곧 내 육신에 선한 것이 거하지 아니하는 줄을 아노니 원함은 내게 있으나 선을 행하는 것은 없노라. 내가 원하는 바 선은 행하지 아니하고 도리어 원하지 아니하는 바 악을 행하는도다. 만일 내가 원하지 아니하는 그것을 하면 이를 행하는 자는 내가 아니요 내 속에 거하는 죄니라. 그러므로 내가 한 법을 깨달았노니 곧 선을 행하기 원하는 나에게 악이 함께 있는 것이로다. 내 속사람으로는 하나님의 법을 즐거워하되 내 지체 속에서 한 다른 법이 내 마음의 법과 싸워 내 지체 속에 있는 죄의 법으로 나를 사로잡는 것을 보는도다. 오호라 나는 곤고한 사람이로다. 이 사망의 몸에서 누가 나를 건져내랴 롬 7:21-25

인간은 영, 육, 혼으로 이루어진 인간입니다. 성경은 인간을 통전적으로 이해하는데 통전적이라는 것은 인간을 영혼과 육체로, 혹은 영(πνεῦμα, 프뉴마), 혼(ψυχή, 프쉬케), 육(σῶμα, 소마)으로 이루어진 한 몸 혹은 한 인간 혹은 '나'를 이루는 전인적인 존재로 이해한다는 뜻입니다 살전 5:23.8 혼(魂)은 인간의 정서와 감정, 느낌 등을 표현하는 말입니다.9 혼은 인간의 자아, 인격에 상당하고 여러 가지 능력이 있는 인간의 내적 생명을 의미합니다. 요한복음 10장 24절에서 혼은 인간의 의식적인 능력을 가리키고 있고 누가복음 1장 46절에서 영혼으로 번역된 혼(ψυχή)은 입술과 언어의 외적인 면과 대조를 이루는 인간내부 전체를 의미하고 있습니다.10 고린도후서 12장 15절에서 혼은 살아있는 존재, 즉 인격체로서의 인간을 나타내는 말로 사용되고 있습니다.11 내면아이란 자신 속에 있는 어떤 또 다른 존재가 아니라 자신의 혼, 즉 자아의 일부로서 자기 사랑의 상처로 인한 결함을 메우려는 자기내면의 본능적이고 심리적인 어떤 경향성을 가리킨다고 이해할 수 있습니다. 온전히 주님을 바라고 의지하며 말씀에 순종하려는 삶, 탐욕을 버리고 진리를 말하고 정직과 용서와 오래 참음과 선행과 사랑의 삶을 살아가려 하지만 그것을 막는 내 안의 어떤 심리, 감정적인 경향성을 가리켜 내면아이라 말할 수 있습니다.

타라 브랙Tara Brach 이 불교적 관점에서 자기 용납(용서)에 대해 언급한 책을 읽고 조금 웃겨서 실소한 적이 있습니다. 브랙은 사람이 자기혐오와 수치심의 감옥에 갇혀 있는 것은 서양 문화를 인도하는 신화, 즉 에덴동산에서 아담과 하와의 범죄 이후 원죄 사상에 갇혀 있기 때문이라고 말합니다. 사람들이 기독교 문화의 영향을 받아 자신을 원죄라는 근본적으로 결함이 있는 본성을 가진 존재로 이해하기 때문에 자신에게는 행복할 자격이 없고, 다른 사람에게 사랑받을 자격, 인생을 편안하게 살아갈 자격이 없다고 생각하게 된다는 것입니다. 기독교는 에덴동산에 다시 들어가기를 원한다면 원죄를 지고 태어난 자기를 구원해야 한다고 주장하면서 이를 위해 몸을 통제하고 정서를 통제하고 주변 자연을 통제하고 다른 사람을 통제해서 자신의 결함을 극복할 것을 요구한다고 브랙은 말합니다.[12] 남의 종교에 대해 비판적으로 언급하려 할 때에는 조금 더 성경과 기독교에 대해 깊고 넓게 이해한 후에 하는 것이 좋겠다는 생각이 들었습니다. 성경의 관점에서 기독교를 이해하지 못하고 불교 수행의 관점에서 기독교를 이해하려고 하다 보니 성경의 메시지와는 전혀 엉뚱한 논지를 펴게 되는 것 같습니다.

브랙은 불교의 자기 용납(용서)에 대해 이렇게 말합니다. 인간은 태어나면서부터 불성(佛性)을 가지고 태어나기 때문에 근본적으로 선한 존재이고 영적 깨달음은 자신의 근본적인 선, 본연의 지혜와 자비를 깨닫는 과정이며, 자신이 본질적으로 선하다는 사실을 깨닫고 전체 생명과 자신의 본래적 연결성을 재발견할 때 자신을 있는 그대로 받아들일 수 있게 된다고 주장했습니다.[13]

자기 용납(용서)이 절실하게 필요한 때는 자신이 지금까지 상처와 고통, 탐욕, 위선과 가식, 미움과 분노의 삶을 살아왔음을 깨닫게 되는 때입니다. 현실의 고통과 괴로움, 자기 존재에 대한 무가치감과 자기 삶의 무의미감이 결국 자신의 욕망과 어리석음과 못남과 무능함 때문이었음을 절감하게 되는 때입니다. 자신을 있는 그대로의 모습으로 이해해주고 인정해주고 품어줄 사람을 갈급하며 찾지만 세상에서 그런 사랑으로 자신을 사랑해줄 수 있는 사람을 찾는 것은 불가능하다는 사실 때문에 탄식하게 되는 때입니다. 세상에서 수없이 거절당하고 외면당했던 삶, 거듭 실패하고 작아졌던 경험, 자신을 무가치하고 무능하고 어리석고 추한 존재로 간주하는 세상의 논리와 관점에 함몰되어 자신도 스스로에게 너는 참으로 무가치하고 무능하고 어리석고 못나고 추한 존재라고 말하게 되는 것을 계속 듣게 되는 때입니다. 이러한 자신에 대한 스스로의 실망감과 무가치감을 더 이상 견디기 어려워진 때입니다. 지금껏 아등바등 살아온 자신의 삶이 이 정도로 무의미했고, 자신이 이렇게 무가치한 존재였음을 절실히 깨닫게 되면서 허망함과 절망감에 사로잡히게 되는 때입니다.

그런데, 상처와 고통 속에 살아온 삶, 지금도 자기 내면의 상당

부분을 채우고 있는 어찌할 수 없는 욕망과 미움과 분노, 자기 존재에 대한 깊은 실망감과 무가치감에도 불구하고 자신을 근본적으로 선한 존재로 깨닫는 것이 과연 가능할 수 있는 일일까요? 현실과 자기 존재로부터 괴리된 상태로 자기최면에 빠지게 되면 가능할 수 있을까요? 속세를 등지게 되면 욕망과 분노와 미움과 번뇌와 집착을 끊어내고 고통의 삶에서 벗어날 수 있게 될까요? 알지 못한 채로 말하는 것 같아 대단히 조심스럽지만 저는 아무리 생각해도 불가능할 것 같습니다. 감당하기에는 너무 무겁고 해결하기에는 너무 어려운 율법 같은 짐을 인생이라는 어깨 위에 메워주는 것 같은 생각이 듭니다. 자유와 평안과 기쁨과 행복은 삶을 위해 필요한 것이고 사는 날 동안 누려야 하는 것입니다. 삶이 아니라 열반을 위해 인생의 모든 날들과 시간들을 다 사용해야 한다면 그 수행이 삶에 어떤 의미가 있는 것이겠습니까? 생을 마치는 순간에야 복권에 당첨될 수 있다면 그 복권 당첨이 그 사람 본인의 삶에 무슨 도움이 되겠습니까? 내생(來生)을 위해 현실과 인생을 다 버려야 하는 것이 정답일까요? 브랙은 기독교가 구원을 위해 자신을 끊임없이 통제함으로 결함을 극복할 것을 요구한다고 말했지만 자신의 의지와 지혜와 능력과 노력, 수행으로 선을 이루어가려는 것은 불교의 수행방법일 뿐 기독교의 것은 아닙니다. 기독교의 구원은 자기욕망을 다 버린 후에, 미혹에서 벗어나기 위해 자신의 모든 날들과 시간, 자신의 모든 것을 버리는 자기 수행 후에 그 결과로 얻는 것이 아닙니다. 기독교의 구원은 있는 모습 그대로 자신을 용납(용서)하셨던 주님의 무조건적인 사랑과 은혜로 먼저 얻는 것입니다. 여전

192

여호와를 아는 삶
삶으로 아는 신앙

히 욕망과 이기적이고 자기중심적인 삶과 세상에 대한 집착에 얽매여 있음에도 불구하고 오직 주님을 믿는 믿음을 보시고 주님께서 우리를 의롭다고 인정해 주심으로 먼저 얻는 것입니다. 먼저 구원이라는 복권에 당첨되고 그 결과로 평안하고 행복하고 자유하고 존귀한 삶을 누리는 것입니다. 공의와 정의와 진실, 사랑과 겸손과 용서를 추구하는 성화의 삶은 값없이 얻은 구원의 은총에 대한 사랑과 감사로 살아가려는 것입니다.

성경에서 말씀하는 자기 용납(용서)은 자신이 근본적으로 선하다는 사실을 깨닫는 자기 수행을 통해서가 아니라 주님께서 나를 있는 그대로의 모습으로 용납(용서)하셨던 그 사랑을 본받아 자신도 스스로를 용납(용서)하려 하는 것입니다. 자신이 어리석고 못나고 무능한 존재임을 스스로 인정하는 것은 참으로 쉽지 않고 무척이나 괴로운 일입니다. 그럼에도 주님께서 무능하고 어리석고 못난 자신을 있는 그대로의 모습으로 용납(용서)하셨던 그 사랑을 본받아 자신도 스스로를 있는 그대로의 모습대로 용납(용서)하는 것입니다. 주님께서는 우리의 무능함과 어리석음과 못남을 속속들이 다 아시면서도 있는 그대로의 모습대로 우리를 용납(용서)하셨습니다. 내가 자신을 무능한 존재로 여기는 것은 자신이 어리석고 못났으며 세상에서 쓸모없는 존재라고 생각하는 것을 말합니다. 세상은 거듭 실패함으로 작아진 우리 자신을 무능한 존재로 판단합니다. 무능한 존재이기에 거듭 실패하고 작아진 것이라고 말합니다. 그래서 우리도 자신을 어리석고 못나고 무능하기 짝이 없는 존재로 단정 지었습니다.

무능한 자신을 용납(용서)하기 위해서는 먼저 자신이 스스로의 능력과 노력으로는 결코 의와 선을 행할 수 없는 어리석은 존재, 못난 존재, 쓸모없는 존재인 것을 이해하고 인정하여야 합니다. 자신의 지혜로는 올바른 삶을 선택할 수도, 의로운 삶을 살아갈 수도 없음을 이해하고 인정하여야 합니다. 자신을 어리석고 못나고 쓸모없는 존재로 이해하고 인정하는 것은 세상에서 거듭된 실패와 좌절의 삶을 전제합니다. 때문에 자신이 무능한 존재라는 사실을 스스로 인정하기까지는 참으로 힘들고 고통스럽고 괴로운 과정을 거치게 됩니다. 거듭된 실패와 좌절 때문에 세상 속에서 한없이 작아져야 했던 현실은 자신 스스로에게 참으로 실망스럽고 분노가 치미는 일입니다. 실패하고 작아지는 삶을 살아야 했던 것이 결국 자신의 어리석음과 못남과 무능함 때문이었음을 인정하는 것은 자신의 자존감을 근본에서부터 흔드는 일입니다. 자신의 존재가치를 근본에서부터 부정하는 일입니다. 자신이 꿈꾸었던 삶, 자신이 사는 중요한 이유와 목적이라고 생각했고 자기 삶에 의미를 준다고 생각했던 일에 대한 소망과 미련을 버리고 결국 포기할 수밖에 없을 때에야 가능한 일입니다. 죽고 싶을 만큼 힘들고 고통스럽고 괴로운 일을 겪은 후에야 할 수 있는 일입니다.

무능한 자신을 용납(용서)한다는 것은 지금까지 이러한 삶을 살아왔고 지금도 살아가고 있는 자신을 위해 내가 한편이 되어주는 것입니다. 너새니얼 브랜든 Nathaniel Branden 은 치유와 성장의 첫 단계가 거부당한 자신(self)의 일부, 즉 세상에서 무시당하고 외면당하고 거부당했던 자신, 어리석고 못나고 무능하다고 생각되는 자신을 있는 그대로 이해하고 받아들이는 것이라고 말합니다. 자신이 생각 없이 살고 있다는 사실을 받아들이지 않으면 더 의식적으로 사는 방법을 배울 수 없고 자신이 무책임하게 살고 있다는 사실을 받아들이지 않으면 더 책임감 있게 사는 법을 배울 수 없습니다. 자신이 수동적으로 살고 있다는 사실을 받아들이지 않으면 더 적극적으로 사는 법을 배울 수 없습니다. 자신이 다른 사람을 대하는 방식에 문제가 있다는 사실을 받아들이지 않으면 문제를 바로잡을 수 없습니다. 현실이 두려워 사실을 부정하게 되면 결코 두려운 현실을 극복할 수 없습니다. 자신의 실패와 좌절과 작아짐이 자신으로 말미암은 일임을 인정하지 않을 때는 자신 스스로를 용납(용서)하게 될 수 없습니다. 자신의 존재와 삶을 있는 그대로 이해하여 받아들이지 않는 사람은 절대로 진정한 자신으로 존재할 수 없습니다.[14]

수없이 실패하고 잘나지 못했고 자랑할 만한 것도 없고 이해받고 인정받을 만한 그 무엇도 없는 자신, 어리석고 못나고 무능한 자신을 있는 그대로의 모습으로 이해하고 인정하는 것은 죽을 만큼 힘들고 고통스럽고 괴로운 일이지만 그럼에도 해야 하는 것은 자기 용납(용서)이 힘들고 고통스럽고 괴로운 현실을 살아가고 있는 자기 존재와 삶을 참으로 위하는 것이기 때문입니다.

이상억은 다른 사람에게 마사지를 받는 것보다 자신이 스스로를 위해 마사지를 하는 것이 얼마나 더 좋은지에 대해 말했습니다. 유학 중, 물리치료사였다가 자신과 함께 공부하고 있는 친구가 다른 사람에게 마사지를 받는 것보다 자신이 스스로의 몸을 만지면서 하는 마사지의 효과가 더 좋은데 그것은 자신이 스스로의 몸을 만질 때 다르게 반응하기 때문이라고 했습니다. 친구가 가르쳐준 대로 애정을 가지고 자신을 불쌍히 여기는 마음으로 자신의 몸을 정성껏 문지르고 자신의 머리를 쓰다듬으며 "힘들지? 미안해. 사랑해." 말하는데 그 순간 이상한 떨림이 온 몸을 감싸는 것을 느꼈고 자신도 모르게 눈물이 흘러 내렸습니다. 걱정할까 싶어 부모님께도, 아내에게도, 아이들에게도 말할 수 없었던 어려움을 떠올리며 자신을 돌아볼 수 있었다고 말하고 있습니다.[15]

우리에게 절실하게 필요한 것은 세상 어느 누구의 이해와 용납보다도 자신이 스스로를 위해 해주는 이해와 용납입니다. 수없이 무시당하고 거부당하고 외면당했던 우리의 내면아이는 두려워하며 내 눈치를 살피고 있습니다. 그동안 무능하다고 자신으로부터 수없이 비난 받았고 실수할 때마다 가차 없는 책망을 받았습니다. 자신의 삶을 살아내기 위해 모든 노력을 기울였음에도 격려와 칭찬은커녕 미움과 비난과 조소와 손가락질만을 받았습니다. 우리의 내면아이는 지쳤고 작아질 만큼 작아졌습니다. 마음 둘 데가 없어 방황하며 속에서 웅크려 앉아 고개를 숙인 채 울고 있습니다. 세상에서 거절당하고 외면당한 것은 네가 무가치한 존재이기 때문이라는 얘기는 스스로에게 너무 많이 들어 그 횟수를 헤아릴 수조차 없습니다. 세상에서 비난받고 무시 당하는 것은 견딜 수 있지만 자신 스스로에게 비난받고 무시 받는 것은 누구에게 받는 비난과 무시보다도 참으로 아프고 괴롭고 견디기 어려운 일입니다.

무능한 자신을 용납(용서)해 주는 것은 어리석고 못난 자신, 무능력한 자신을 스스로 이해해 주고 인정해 주는 것을 넘어서서 힘들고 지치고 외롭고 아픈 자신의 내면아이에게 얼마나 힘들었느냐고, 얼마나 아팠냐고, 정말 고생 많았다고, 미안하다고, 고맙다고, 사랑한다고 말해주는 것입니다. 내 속에서 울고 있는, 두려워하고 있는 나의 내면아이를 스스로의 품에 꼭 안아주는 것입니다. 주님께서 무능하고 어리석고 못난 나 자신을 있는 그대로의 모습으로 이해하시고 인정하시고 용납하시고 품어주셨던 것처럼 우리도 나 자신 스스로에게 해 주는 것입니다.

3   상처받고 거절, 외면, 무시당했던
     자신을 용납(용서)해야 합니다

어느 덧 상처와 고통을 겪으며 살아가는 삶은 우리의 일상이 되었습니다. 아기 때에 자기 사랑의 상처로 인한 결함을 갖게 된 것을 시작으로 조금 더 큰 아이였을 때 부모와 다른 사람들에게 거절당하고 무시당했던 경험은 우리 속에 상처 입은 내면아이가 자라게 했습니다. 청소년기를 거쳐 성인이 되어서도 우리의 사랑받고 싶은 마음, 인정받고 싶은 마음, 존중받고 싶은 마음, 감정을 공유하고 대화하고 싶은 마음은 너무나 자주 그리고 쉽게 거부, 외면, 무시당했습니다. 이러한 경험은 우리 마음속에 상처와 고통과 두려움이라는 씨앗을 깊숙이 심어놓았습니다. 상처와 고통의 경험들은 우리로 자신을 사랑하지 못하게 했고 자신의 소중함과 아름다움을 보지 못하게 했습니다. 살아가면서 겪어야 했던 실패와 어려움들, 세상으로부터 거부당하고 외면 받고, 무시당했던 경험은 스스로에게 자신을 무시하게 했고 비난하게 했고 비천하게 여기게 했습니다.

　자기 사랑의 상처로 인한 결함을 갖게 된 사람, 상처받은 내면 아이를 품고 있는 사람, 부모로부터 사랑받지 못하고 자란 사람은 자신을 참되게 사랑하기 어렵습니다. 사랑받고 싶은 본능적 욕구를 거절당한 채로 자란 사람은 자신이 소중하고 고귀하고 아름다운 존재라는 진리를 알지 못합니다. 자신에게 냉정했던 부모와 자신을 거절하고 외면하고 무시했던 사람들, 세상의 관점으로 자신을 이해합니다. 자신 스스로를 무가치하고 비천한 존재로 이해하게 되고 자신을 다른 사람들에게 상처받고 거부당하고 무시를 겪고 외면당하며 살아도 되는 사람으로 여깁니다. 자기 존재와 삶에 대한 건강한 욕구와 열정을 가지는 것이 어렵고 자신의 권리와 욕구를 쉽게 포기합니다. 다른 사람이 자신의 인격을 무시하고 권리를 침해하는 것 때문에 힘들어 하고 괴로워하지만 절대로 일어나서는 안 되는 일이 아니라 있을 수 있는 일로 여깁니다. 자존감이 약한 관계로 귀가 얇아 다른 사람의 주장을 자신의 관점으로 쉽게 받아들입니다. 그 사람이 하나님과 사람들 앞에서 보이는 겸손에는 자기 존재를 작고 천하고 무가치한 것으로 여기는 자기비하의 감정이 숨어 있습니다.

자기 비하의 감정으로 자신을 작고 천하고 못난 존재로 여기는 것은 참된 겸손이 아닙니다. 주님을 위해, 다른 사람을 살리기 위해, 대의를 위해 자신의 생명까지 아낌없이 버릴 수 있다 말하지만 그 열정과 희생과 헌신의 근본에는 자기 존재를 비천하고 무가치하게 여기고 자신의 생명을 작고 가볍고 의미 없는 것으로 여기는 마음이 있을 수 있습니다. 자신에게 있는 모든 것으로 구제하고 다른 사람을 위해 자신의 몸을 불사르게 내어준다 할지라도 그것이 그 사람 본인에게 아무런 유익이 될 수 없고 그러한 모든 행위가 아무 것도 아닌 것이 될 수 있는 것은 그 구제와 희생과 봉사와 헌신 속에 주님의 사랑으로 자신을 참으로 아끼고 위하고 소중히 여기는 사랑이 담겨 있지 않을 수 있기 때문입니다 고전 13:2-3.

　　상처받고 거절당하고 외면, 무시당하는 자신을 스스로 용납(용서)하기 위해서는 7장에서 말씀드렸던 것처럼 먼저 자기 존재에 대한 무가치감, 자신을 무능하고 비천하고 수치스럽게 여기는 마음, 살아야 할 이유와 의미를 찾을 수 없고 사는 재미도 느끼지 못하는 자신의 삶과 현실을 이해하고 인정하여야 합니다. 지금까지는 자신의 마음속에 일어나는 이러한 고통과 괴로움을 하나님께서 싫어하시는, 말씀에 불순종하는 악하고 죄 된 마음으로 여겨서 한사코 억압하고 부정하고 외면해 왔습니다. 이런 마음의 충동들은 자신에게 존재하지 않는다고 생각해 왔습니다. 기도하면 사라지는 것처럼 보입니다. 하지만 시간이 지나면 다시 자신의 마음 깊은 곳에 자리를 잡습니다. 세월이 흘러도 마음의 이러한 경향성들은 결코 작아지거나 가벼워지거나 없어지지 않습니다. 오히려 점점 더 커지게 됩니다. 자신의 마음이 왜 이토록 외롭고 슬프고 공허하고 아프고 왜 갈수록 사는 재미가 없어지는지 알 수가 없습니다. 막연히 계절의 탓이고 세월의 탓이며 자신의 감수성이 풍부하기 때문이라고 생각하기도 했습니다. 자신의 마음에 어떤 문제가 있기 때문인지, 자신의 신앙이 잘못되었기 때문인지, 무엇이 문제인지, 자신이 왜 그렇게 느끼는지 알 수 없습니다. 덕이 되는 일이 아니고, 하나님께서 기뻐하시는 마음도 아니라는 생각에 그저 억누르고 부정하고 외면하려 했습니다. 자기 마음과 신앙에 대한 우리의 그릇된 이해와 판단은 우리 마음에 병이 들게 하고 신앙과 삶을 분리시켜 생각하게 하고 갈수록 그 정도가 커지고 깊어지게 합니다.[16] 세월의 흐름에 따라 답답하고 우울하고 외롭고 공허하고 슬픈 마음이 더욱 커지게 되면 이러한 생각과 충동과 경향성들을 더 이상 감당하기 어려운 지경에 이르게 될 수 있습니다.

이 때 가장 중요한 것은 자기 마음속에 들어있는 이러한 생각과 심리적인 경향성과 충동들을 부인, 거부, 외면하는 것이 아니라 느껴지는 그대로, 있는 그대로 이해하고 수용하는 것입니다. 자신의 마음과 감정들을 있는 그대로 이해하게 될 때 우리는 괴로움에 신음하다 못해 자신의 이러한 마음과 감정들을 그대로 가지고 주님 앞에 나아가게 됩니다. 주님 앞에 나아가서 자신의 마음 그대로 아프다고, 힘들다고, 괴롭다고, 외롭다고, 슬프다고, 왜 살아야 하는지 모르겠다고, 이제 그만 살고 싶다고 말씀드릴 수 있습니다. 주님 말씀에 의지해서 사랑하고 사랑받으며 살고 싶었는데 왜 자신의 마음이 이런지 모르겠다고 말씀드릴 수 있습니다. 자기 마음과 감정의 문제들이 해결될 때까지 하루, 이틀, 한 달, 두 달, 1년, 2년 계속해서 말씀드려야 합니다.

　말씀드렸던 것처럼 기도가 계속되면서 처음에 자기 현실의 괴로움과 자기 존재의 비참함과 삶의 무의미함에 고정되어 있던 기도의 중심은 점차 자신이 살아온 지난 삶과 내용에 대한 것으로 옮겨지게 되고 그중에서도 지난 삶을 통해 겪어야 했던 상처와 고통, 슬픔, 외로움, 분노 등에 대해 집중적으로 묵상하게 됩니다. 거부, 외면, 무시당함으로 겪어야 했던 상처와 고통과 괴로움과 슬픔과 외로움들을 주님과의 관계 속에서 묵상하게 됩니다. 그 일들을 겪을 때 자신이 얼마나 힘들었고, 아프고, 괴로웠는지에 대해 말씀드리게 됩니다. 자신이 거부, 외면, 무시당하며 살아야 했던 이유에 대해, 상처와 고통과 괴로움과 슬픔과 외로움 속에서 살아야 했던 자신의 삶에 대해, 사랑한다고 하셨으면서, 언제나 지켜주시고 함께 계실 것이라고 하셨으면서 어떻게 자신으로 그런 일을 겪도록 허락하셨는지에 대해서도 여쭐 수 있습니다. 자신이 그렇게 아프고 힘들고 괴로운 일을 겪고 있을 때, 슬퍼서 울고 있을 때 주님께서는 어디에 계셨느냐고, 무엇을 하고 계셨느냐고, 자신이 상처받고 고통당하는 모습을 왜 보고만 계셨느냐고 말씀드릴 수 있습니다. 지금껏 아무에게도 말하지 못했던 자신의 수치스러웠던 삶의 이야기들까지 주님께 다 말씀드릴 수 있습니다.

　오방식은 하나님이 멀리 느껴지는 시간을 지나면서 마치 둑이 무너지는 것과 같은 경험을 하게 될 수 있다고 말합니다. 둑이 무너진다는 것은 자신의 억눌렸던 분노를 하나님께 토로하고 상처와 고통으로 인한 분노 때문에 심지어 하나님을 향해 저주하고 욕을 해 대는 것을 말합니다. 하나님께 분노를 터뜨리고 심지어 저주까지 퍼부었지만, 하나님이 너무 야속하고 섭섭해서 눈물이 난다고, 어떻게 이렇게 하실 수 있느냐고 말씀을 드리는 것이 하나님의 진노를 사는 일도, 불경죄를 저지르는 것도 아님을 알게 됩니다. 상한 심령으로 드리는 이 기도를 통해 오히려 하나님이 지난 삶 내내 자신과 함께 계셨고, 불쌍히 여기셨고 자신을 품에 안고 위로해 주고 계셨음을 깨닫게 됩니다. 그동안 자신의 고통과 괴로움에만 집중하느라 자신을 향한 하나님의 마음은 전혀 생각 밖이었습니다. 하나님이 자신과 함께 계시고 자신을 사랑하신다고 말해 왔지만 실제로는 하나님의 사랑은 자신과 멀리 계시고 자신의 현실적인 삶과는 별로 관계가 없다고 막연히 생각해 왔습니다. 자신의 상처와 고통과 괴로움과 슬픔을 짚어가며 드리는 이 기도를 통해 비로소 자신을 향한 하나님의 깊은 연민, 자신과 함께 계셔서 불쌍히 여기시고 자신의 상처와 고통의 삶을 깊이 이해하시고 공감하셨던 하나님의 마음을 경험함으로 깨달아 알게 될 수 있습니다.[17]

6장에서 말씀드렸던 것처럼 자신의 상처와 고통, 슬픔과 외로움, 자기 존재의 무가치감, 비천함, 삶의 무의미감을 되짚어가며 드리게 되는 기도는 참으로 가슴 아프고 괴롭고 슬퍼서 눈물이 나는 기도입니다. 이 기도는 또한 자기 내면의 가장 깊은 속에서 우러나오는 기도이며 영혼의 아픔 때문에 드리는 기도이고, 영혼의 번민으로 드리는 기도입니다. 이 기도는 의무로 드리게 되는 기도가 아니라 기도하지 않으면 도저히 현실을 견뎌낼 수 없기에, 어떻게든 자신의 삶을 살아내기 위해서, 자신의 생명을 걸고 드리는 기도이기에 그만큼 간절한 기도입니다.

이렇게 드리는 기도를 통하여 우리는 하나님께서 우리의 상처와 고통, 슬픔과 외로움, 무가치해지고 비천해져야 했던 우리의 자기 존재와 삶을 깊이 이해하시고 불쌍히 여기신다는 사실을 경험함으로 깨달아 알게 될 수 있습니다. 그리고 하나님은 우리가 상상하는 것 이상으로 우리를 진정으로 사랑하신다는 사실을 깨달아 알게 될 수 있습니다. 하나님이 자신을 따뜻한 시선으로 바라보고 계시고 사랑으로 우리의 자기 존재와 삶을 온전히 품어주고 계시다는 사실을 깨닫게 될 수 있습니다. 오방식은 윌리엄 베리의 말을 인용하여 이렇게 우리가 자기 삶의 상처와 고통, 슬픔과 외로움과 비참함, 자기 존재의 무가치감과 비천함을 하나님과 나누는 순간에 마치 창조주 자신이 우시는 것 같은 엄청난 오열의 느낌을 경험하게 된다고 말합니다.[18] 이 경험은 주님께서 참으로 우리의 고통과 괴로움, 슬픔, 한스런 삶에 깊이 공감하시고 위로하시고 품어주고 계셨음을 깨달아 알게 합니다. 이 경험을 통해 우리는 주님이 자신에게 얼마나 좋으시고 은혜로우시며 아름다우시고 감사한 분이신가를 경험함으로 깨달아 알게 됩니다. 주님은 자신의 중심으로 드리는 기도, 상한 심령으로 드리는 기도를 드리는 기뻐 받으십니다. 상한 심령으로 드리는 기도를 통해 우리가 상처와 고통과 거절당하고 무시 당하며 살던 삶, 외로움과 슬픔의 삶을 살아가고 있을 때 주님께서 나를 어떤 눈으로 바라보셨고 나를 위해 무엇을 어떻게 하셨는지를 깨달아 알게 될 수 있습니다.

자기 용납(용서)은 주님께서 우리를 불쌍히 여기시고 있는 모습 그대로 우리를 용납(용서)해 주셨던 그 사랑을 본받아 우리도 자신 스스로에게 하는 것입니다. 주님은 세상에서 실패하고 거부당하고 외면당하고 무시당함으로 비천해지고 무가치해진 우리, 욕망과 자기중심적이고 이기적인 동기(위선과 가식, 인정받고 존중받고 칭찬받으려는)로 살아가고 있는 우리를 있는 그대로의 모습으로 용납(용서)해 주셨습니다. 불의한 욕망과 거짓되고 위선된 동기를 품음으로 추하고 악한 죄의 삶을 살아갈 수밖에 없었던 우리 자신을 있는 모습 그대로 용납(용서)해 주셨습니다. 죄로 인해 비천해지고 수치스럽고 비참한 존재가 되어야 했던 우리를 있는 그대로의 모습으로 용납(용서)해 주셨습니다. 자기 용납(용서)은 자신을 향한 주님의 이러한 사랑을 본받아 나도 나 자신 스스로를 용납(용서)해 주는 것입니다. 주님께서 이러한 우리를 사랑으로 이해하시고 인정하시고 품어주셨던 것처럼 나도 자신 스스로를 있는 모습 그대로 이해해 주고 인정해 주고 품어주는 것입니다. 주님께서 우리 자신에게 하셨던 것처럼 나도 자신의 내면아이에게 "얼마나 힘들었니?" "얼마나 괴로웠니?" "얼마나 아팠니?" "얼마나 슬펐니?" "얼마나 외로웠니?" "미안해" "고마워" "사랑해" "앞으로 더 잘할게" 말해주는 것입니다.

제 8 장,

주님의 함께 하심은 우리를 참된
자기 사랑의 삶으로 이끕니다

주님의 함께 하심은 우리를 참된 자기 사랑의 삶으로 이끕니다

1　　　함께 하심은 내 삶을 함께
　　　　　살아주셨음을 의미합니다

　　주님과의 관계 속에서 자신이 지난 삶에서 겪어야 했던 상처와 고통, 거절, 외면, 무시당했던 삶을 묵상하게 되면서 그 때 왜 보고만 계셨느냐고, 내가 슬프고 외롭고 괴로울 때 주님은 무엇을 하셨느냐고 우리가 여쭐 때 주님은 우리 눈을 열어 그러한 삶을 살아가던 우리를 어떻게 사랑하셨는지를 보게 하시고 깨달아 알게 해주십니다. 자기 사랑의 상처와 결함으로 살아가던 자신, 거절당하고, 외면당하고 무시당했던 삶의 영향으로 분노와 미움이 가득한 마음으로 살아가던 우리 자신이었습니다. 때문에 완고해지고 독해지고 악해진 마음으로 살아가던 우리 자신이었습니다. 우리가 상처와 고통과 수치심과 작아짐 속에 살아가고 있을 때에도 주님은 결코 우리와 멀리 계시지 않았습니다. 이렇게 살아가고 있던 우리를 외면하시지도 않으셨습니다. 이렇게 살아가던 우리 존재를 부정하거나 거절하지도 않으셨습니다. 주님은 우리가 상처와 고통과 괴로움으로 부르짖을 때 우리를 찾아오시고 우리의 마음을 두드리십니다. 우리의 눈을 여셔서 이런 우리를 위해 주님이 친히 무엇을 어떻게 하셨는지를 깨달아 알게 해 주십니다.

우리는 자신의 고통과 괴로움만을 생각했고, 비참하고 수치스럽고 무가치한 삶을 살아가야 했던 이유가 주님께서 우리의 기도를 끝내 거부하셨기 때문이라고, 우리와 멀리 계셨기 때문이라고 생각했습니다. 그래서 우리는 주님을 원망했고, 야속하고 섭섭하게 생각했습니다. 주님이 나 자신을 거부하시고 외면하셨다는 생각 때문에 절망에 빠지기도 했습니다. 우리의 아프고 힘든 삶 때문에 주님께서 이토록 심장이 경련을 일으키고 오그라드는 고통을 겪으셨는지는 미처 상상조차 하지 못했습니다. 우리 자신과 삶을 바라보시는 주님의 마음이 이토록 고통스럽고 괴로웠는지, 주님께서 이토록 절절한 고통으로 우리를 사랑하셨는지 전혀 생각하지 못했습니다.

마태복음 1장 22-23절은 예수님의 탄생을 예언하면서 그의 이름을 임마누엘이라 할 것인데 하나님이 우리와 함께 계시다는 뜻이라고 했습니다. 주님이 오셔서 우리와 함께 계신다는 것은 우리가 살아가고 있는 삶의 자리에 그냥 함께 머물러 계신다는 뜻이 아닙니다. 구약성경에서 하나님은 이스라엘과 함께 계셨습니다. 하나님은 이스라엘과 함께 계셔서 그들을 지키셨고 보호하셨고 그들의 길을 인도 하셨습니다. 이스라엘이 가야할 길을 함께 가셨고 이스라엘과 함께 싸우셨고 이스라엘 진 중에 함께 거하심으로 그들과 함께 사셨습니다. 우리와 함께 계셔 우리가 어디로 가든지 지키시고 창 28:15, 우리가 어디로 가든지 함께 하실 것 수 1:9 이라 말씀하셨습니다. 하나님이 임마누엘이시라는 말씀은 이처럼 하나님께서 우리와 함께 거하시면서 우리 삶에 참여하시고 우리 삶을 우리와 함께 살아주신다는 의미입니다. 우리 삶을 우리와 함께 살아주신다는 것은 하나님께서 내 삶에 참여하셔서 내가 겪는 희로애락을 내가 겪는 것과 똑같이 경험하고 느끼신다는 뜻입니다. 내가 기뻐할 때 나의 기쁨으로 함께 기뻐하시고 내가 분노할 때 나의 분노를 함께 느끼시고 내가 슬퍼할 때 나의 슬픔으로 함께 슬퍼해 주시고 내가 즐거워할 때 나의 즐거움으로 함께 즐거워하신다는 뜻입니다. 내가 아파할 때 나의 아픔을 함께 느끼시고 내가 눈물을 흘릴 때 나의 고통을 함께 느끼시며 함께 울어주신다는 뜻입니다 롬 12:15.

토마스 롱의 책『고통과 씨름하다』를 읽다가 과정신학에서 '주님께서 우리가 겪는 위험과 고통을 같이 느끼신다.'고 주장한다는 것을 처음으로 알았습니다. 롱은 이러한 주장을 만취한 운전사가 아무 것도 모르는 승객에게 "위험천만한 일이긴 하지만 저도 같이 타고 있으니 안심하세요."라고 주정부리는 것과 같다고 했습니다. 롱은 또 칼 라너 Karl Rahner 가 "툭 까놓고 말해, 하나님이 나와 동일한 곤경을 겪고 계신다는 사실은 내가 엉망진창인 상태와 혼동과 절망을 벗어나는 데 아무런 도움이 되지 않는다." "만일 그것이 사실이라면, 내게 어떤 위로를 줄 수 있다는 말인가?"라고 했던 말을 인용하면서 이러한 것은 과정신학의 하나님 이해일 뿐 기독교적인 하나님 이해가 아니라고 주장했습니다. 롱은 하나님이 우리와 함께 고통을 겪으신다는 사실은 고통을 겪는 이의 도덕적 분노를 가라앉히지도, 위로가 되는 것도 아니라고 했습니다.[1]

저는 과정신학에 관심이 없고 과정신학을 지지하지도 않지만 그럼에도 주님께서 우리와 함께 계셔서 우리가 겪는 고통을 함께 겪으신다는 사실이 왜 우리에게 아무런 위로가 되지 않는 일인지, 우리가 겪는 상처와 고통, 슬픔과 외로움을 주님이 함께 겪어주신다는 사실이 왜 우리의 엉망진창인 상태와 혼동과 절망을 벗어나는 데 아무런 도움이 되지 않을 수 있는지 도무지 이해할 수 없습니다. 우리 삶에 참여하셔서 함께 우리 삶을 살아주시는 주님이 왜 만취한 운전사로 비유될 수 있는지 도무지 이해가 되지 않습니다.

주님이 우리와 함께 계셔서 나의 고통과 괴로움과 슬픔과 외로움을 함께 겪어주신다는 사실처럼 우리에게 위로와 힘과 능력이 되는 일이 또 있을까요? 이 사실을 경험함으로 깨달아 아는 것처럼 우리의 마음을 따뜻하게 하고 평안하게 하고 행복하게 하는 일이 또 있을까요? 주님께서 우리의 고통과 상처와 슬픔과 외로움과 무가치감을 함께 겪어주셨음을 경험함으로 깨닫는 것 외에 우리존재의 무가치감과 죄로 인해 비천해진 현실, 우리 삶의 허망함과 비참함과 무의미감을 극복할 수 있는 길이 또 어디에 있을까요? 전능하시고 거룩하시고 영원하신 하나님께서 육신을 입으시고 세상에 오신 것이, 주님이 우리와 함께 계시는 것이, 우리 삶에 함께 참여하시기 위함이 아니라면 주님은 그저 우리 삶의 자리 중 한 공간을 차지하고 계시기 위해서 세상에 오셨다는 뜻일까요?

라너와 롱은 고통스런 현실 상황을 실제로 바꾸는 것이 아니라면 '함께 계심'은 아무런 의미가 없는 것이라고 생각했을지 모르겠습니다. 주님의 함께 하심에 대한 라너와 롱의 이러한 관점은 지극히 현실적인 삶과 현실 문제의 개선에만 고정되어 있는 이해가 아닌가 합니다. 현실의 고통스런 문제와 상황만 해결되면 우리 마음의 문제들, 상처와 고통과 외로움과 괴로움과 슬픔은 물론 자기 존재에 대한 무가치감, 자기 삶의 무의미감의 문제들 또한 자연히 극복되어지는 것일까요? 과정신학이 잘못된 신학이고, 잘못된 신학에서 나온 주장이기 때문에 함께 하심에 대한 관점 또한 반대하려한 것이 아닌가 하는 생각도 해 봅니다. 혹시, 아예 처음부터 본능적인 충동이나 욕망을 전혀 느끼지 못하고 살았거나 아니면 지금껏 이기적이고 자기중심적인 동기와는 전혀 관계없는 삶을 살았고 때문에 항상 100% 의롭고 정당한 삶만을 추구하며 살아왔기 롬 7:21-25 때문에, 하나님의 사랑을 깨닫지 못하고 살았던 삶이 얼마나 힘들고 고통스럽고 절망적인 것이었는지를 한 번도 경험한 적이 없기에, 오직 하나님께서 함께 살아주신 삶을 통해 외롭고 힘들고 슬프고 고통스럽고 무의미한 삶을 이겨낸 경험을 겪어보지 않았기에 그렇게 단정한 것이 아닌가 하는 생각이 듭니다. 거절당하고 외면당하고 무시당했던 삶을 겪어보지 못했고 그로 인한 자기 존재에 대한 무가치감, 외로움과 슬픔과 고통, 분노, 수치스런 삶을 살아야 했던 경험이 조금도 없기에, 자신의 이러한 삶 속에서 자신과 함께 계시면서 자신의 상처와 고통, 슬픔과 외로움, 비참한 삶에 깊이 공감하셨던 주님, 자신 때문에 심장이 경련을 일으키고 오그라드는 고통으로 괴로워하셨던 주님의 사랑을 자신의 삶을 통해 경험한 적이 없었기 때문이 아닌가 합니다. 자기 사랑의 상처와 결함에 대한 경험과 인식이 조금도 없었기 때문이 아닐까 생각합니다.

4장에서 말씀드렸던 것처럼 자기 존재와 자기 삶에 대한 올바른 자기 이해 없이 다른 사람을 도우려 하는 것은 참으로 부질없는 일입니다. 실패하여 작아지고 낮아져 본 경험이 없는 사람은 실패하는 사람을 이해하기 어렵습니다. 거부당하고 외면당하고 무시당하며 살아야 했던 삶을 실제로 겪어본 적이 없는 사람은 그렇게 살아가는 사람들의 아픔을 이해하기 어렵습니다. 불의하고 거짓된 삶을 살았던 경험이 없고 죄로 인해 무가치해지고 비참해졌던 삶을 살아본 적이 없는 사람은 그렇게 살아가고 있는 사람을 이해할 수 없습니다. 도우려는 사람들의 삶을 비슷하게라도 경험한 적이 없기에 도우려는 사람들의 삶과 마음에 공감하는 것은 더 더욱 할 수 없습니다. 도우려는 사람들이 겪어야 했던 실패와 작아짐과 낮아짐에 대한 이해와 공감이 없이 그들을 도우려는 시도는 참으로 수박 겉핥기 같은 일입니다. 이해와 공감이 없는 삶은 도우려는 사람들의 아픔과 한계와 문제와 행동의 경향성을 피상적이고 객관적으로만, 학문적이고 이성적인 관점에서만 이해하고 접근하게 합니다. 사람은 자기 삶의 이해와 경험을 근거로 해서만 다른 사람들의 마음과 삶을 이해할 수 있기 때문입니다.

삶을 통해 자신의 못나고 추하고 무능한 모습을 있는 그대로 이해해 주시고 있는 그대로 용납(용서)해 주시고 참아주시고 품어 주시고 위로해 주시는 주님의 사랑을 실제로 경험한 적이 없는 사람은 주님의 사랑을 학문적, 이성적, 피상적, 객관적으로만 이해할 수 있습니다. 자신의 삶 속에서 실제로 주님의 사랑을 경험한 적이 없는 사람은 자신을 향한 주님의 마음에 공감하기 어렵습니다. 자신을 있는 그대로의 모습으로 용납(용서)하시는 주님의 사랑을 자신의 삶을 통해 실제로 경험해 보지 못한 사람, 자신을 향한 주님의 사랑에 공감했던 경험이 없는 사람이 도움이 필요한 사람들의 어리석음, 약함, 고통, 문제에 공감하는 것은 참으로 어려운 일입니다. 학문적이고 이성적인 관점을 넘어선 이해, 도움이 필요한 사람의 마음과 삶을 있는 그대로의 모습으로 이해하고 용납(용서)하고 관용하고 품어주기 어렵습니다.

때문에 주님의 사랑과 은혜를 나누는 삶을 살아가려는 사람에게, 성숙한 신앙인으로 살아가려는 사람에게 참으로 필요한 것은 주님의 사랑에 근거한 자기 이해와 직면, 그리고 주님의 사랑에 근거한 자기 용납(자기용서)의 경험입니다. 아프고 힘들고 괴롭고 슬프고 외로운 삶을 살아가는 자신에 대한 주님의 사랑과 은총의 마음을 느끼고 공감했던 경험입니다. 자신을 있는 그대로의 모습으로 이해하시고 용납하시고 참아주시고 품어주셨던 주님의 사랑과 은총을 자신의 삶을 통해 실제로 깨달아 아는 경험입니다.

우리는 자신이 세상에서 광야 같은 삶을 살아왔고 지금도 살아가고 있다고, 세상에는 자신의 마음을 둘 사람이 아무도 없다고 생각할 수 있습니다. 지금까지 혼자서 이 상처와 고통과 슬픔과 외로움과 괴로움의 삶, 한(恨)스런 삶을 살아왔다고 생각할 수 있습니다. 세상은 우리를 사랑받을 만한 자격과 가치가 없는, 거절당하고 외면당하고 무시당해 마땅한 비천하고 무가치한 존재로 단정했고 우리도 자신을 그렇게 생각했습니다. 하지만 주님은 인간으로 세상에 오셔서 우리와 함께 우리 삶을 살아주심을 통해 결코 그렇지 않다는 것을, 그러한 생각은 절대로 참이 아니라 거짓임을, 그러한 관점이 결코 하나님의 뜻이 아님을 확실히 보여주셨습니다.

2 함께 살아주신 사랑은 우리 존재와 삶을 아름답고 존귀하게 합니다

주님께서 우리 삶을 우리와 함께 살아주셨다는 사실은 첫째, 우리가 참으로 존귀하고 아름다운 존재라는 사실을 알려주고 있습니다. 죄와 벌이라는 관점에서 생각해 보면 죄 속에서 살아가는 우리는 이해받고 존중받고 사랑받을 만한 가치가 없는 비천한 존재입니다. 우리는 본능적인 욕망과 이기적이고 자기중심적인 동기에서 벗어날 수 없었고 때문에 거짓되고 불의하고 악한 삶을 살아가야 했고 결국 비참한 죄악의 수렁에 빠졌습니다. 우리 자신의 지혜와 능력과 의지로 주님의 말씀을 따라 사는 삶은 불가능했습니다.

주님은 이렇게 살아가는 우리를 불쌍히 여기셨고 있는 모습 그대로 이해해 주셨고 용납(용서)해 주셨고 품어주셨습니다. 주님께서 사랑으로 이해하시고 용납(용서)하시고 참아주시고 품어주셨던 우리 존재가 비천하고 무가치한 것일 수 있을까요? 전능하시고 거룩하시며 창조주이시고 영원하신 하나님께서 십자가에서 대신 죽어주셨던 우리 존재가 비천하고 무가치한 것일 수 있을까요? 우리는 자신과 세상의 죄 때문에 무가치하고 비천한 존재가 될 수밖에 없었지만 주님은 이러한 우리를 있는 그대로의 모습으로 이해해주시고 용납해주시고 품어주심으로, 친히 우리 삶을 우리와 함께 살아주심으로 우리 존재를 전혀 새롭게 하셨습니다. 함께 살아주신 삶을 통해, 십자가에서 대신 죽어주신 그 사랑을 통해 주님은 우리 존재를 참으로 소중하고 존귀하고 아름다운 사람으로 바꾸셨습니다.

둘째, 주님께서 우리 삶을 우리와 함께 살아주셨다는 사실은 주님의 사랑으로 인해 우리 존재만이 아니라 삶 또한 아름답고 복되고 풍성한 의미를 품는 것이 되었음을 의미합니다. 우리는 자신의 죄와 악한 세상으로부터 받아야 했던 상처와 고통으로 인해 슬프고 힘들고 고통스럽고 괴로운 삶을 살아야 했습니다. 상처와 고통의 삶, 거절당하고 외면받고 무시를 겪어야 했던 삶은 모두 자신의 죄와 무능함과 어리석음 때문이라고 생각했습니다. 그것을 당연한 일로 받아들임에 따라 우리 삶 또한 무의미하고 비천하고 허망한 것이 되었습니다. 하지만 자신의 상처와 고통과 괴로움을 되짚어가며 드렸던 기도, 자신의 삶을 두고 하나님과 씨름하며 기도를 드렸던 과정을 통해 우리는 전혀 새로운 사실을 깨닫게 되었습니다. 그것은 우리의 지난 삶은 나 혼자 아등바등 살아온 삶이 아니라 주님께서 내내 나와 함께 계셔서 붙들어주셨던 삶이었다는 사실이었습니다. 알고 보니 우리의 아프고 힘들고 외롭고 못나고 추하고 무능하고 어리석었던 삶은 주님께서 위하여 근심하시고 아파하시고 심장이 경련을 일으키며 오그라질 정도로 고통을 느끼시며 바라보셨던 삶이었습니다. 무의미하다고, 살아갈 가치가 없다고 생각했던 내 삶은 주님께서 불쌍히 여기시고 붙드시고 있는 모습 그대로 이해해 주시고 용납(용서)해 주시고 품어주셨던 삶이었습니다. 지난 삶 동안 주님의 이러한 사랑과 은총을 누렸고 지금도 주님의 그 크신 사랑 안에 있는 우리 삶이 못나고 어리석고 무가치하고 무의미한 것일 수 있을까요? 내 삶을 나와 함께 살아주시면서 친히 나의 고통을 함께 겪어주시고 나의 슬픔에 함께 슬퍼해 주시고 나의 울음을 나와 함께 울어주시고 나의 외로움을 품으시고 위로하시고 사랑해 주셨던 이 삶이 추하고 수치스럽고 비천하고 허망한 것일 수 있을까요? 주님께서 위하여 친히 십자가에서 대신 죽어주셨던 내 삶이, 그토록 놀라운 주님의 사랑과 은총 속에 있는 내 삶이, 주님께서 함께 계셔서 사랑으로 붙드시고 마음 졸이시며 선한 길로 이끄시려 갖은 애를 쓰셨던 내 삶이 비천하고 수치스럽고 무의미하다는 것은 결코 말이 될 수 없는 일입니다. 주님은 나를 위해 십자가에서 대신 죽어주심을 통해 내 삶을 나와 함께 살아주심을 통해 우리의 지난 모든 삶과 지금 현실의 삶 전체를 참으로 아름답고 복되고 존귀하고 풍성한 생명과 의미를 품은 것으로 변화시키셨습니다.

여호와를 아는 삶
삶으로 아는 신앙

제 9 장,

참된 사랑은 주님의 사랑을
본받는 것입니다

참된 사랑은 주님의 사랑을 본받는 것입니다

1   주님은 있는 그대로의 모습으로 나를
     이해, 용납(용서)하셨습니다

　　6장에서 말씀드린 것처럼 자기 사랑의 상처로 인한 결함을 갖게 된 사람, 부모와 사람들로부터 무시당하고 상처 입은 내면아이는 무의식적으로 자신의 결함을 메우려는 행동을 하게 됩니다. 그 무의식은 사람에 따라 어떤 무엇에 대한 강렬한 욕구(마음)로 나타납니다. 사람마다 자라온 환경과 천성이 다르기 때문에 무의식적으로 가지게 되는 욕구도 사람마다 모두 다릅니다. 이성과의 무조건적이고 순수하고 절대적인 사랑을 자기 삶의 최고 가치로 생각하는 사람도 있고 사람들로부터 이해, 인정, 칭찬받는 삶을 자기 인생의 가장 중요한 가치로 생각하게 된 사람도 있습니다. 권력, 재물, 명예를 통해 자신의 존귀함과 능력과 가치를 증명하려는 욕구를 가지고 있는 사람도 있습니다. 이러한 욕구들은 밖으로 표출되면서 주위 사람들에게 상처를 주고 힘들게 하고 어려움을 겪게 합니다. 이러한 행위는 덕스럽지 못하고 본질적으로 죄된 것이라 할 수 있지만 한 편으로는 자기 사랑의 상처로 인한 결함을 메우려는 노력이기도 합니다. 적절한 수준의 욕구는 사람을 성장시키고 자신의 삶을 최선을 다해 살아가게 하는 동기가 되지만 도(度)를 넘는 욕망을 품어 도를 넘는 수준으로 표출하게 될 때 그 욕망은 모든 죄악의 원인, 즉 사람들 사이에 갈등과 반목과 미움과 원망과 상처와 고통과 괴로움을 만들어내는 진원지가 됩니다 약 1:15. 자기 사랑의 상처로 인한 결함을 메우려는 시도를 지나치게 이기적이고 자기중심적으로 드러내게 될 때, 자신의 그 욕구를 결코 포기할 수 없는 것으로 이해하게 될 때 자기 사랑의 상처로 인한 결함을 메우려는 시도는 탐욕이 되고 위선과 가식의 탈을 쓰게 되며 불의하고 거짓된 자기 사랑으로 이어질 수 있습니다. 자신의 충족되지 못한 욕구, 즉 자기 사랑의 상처로 인해 가지게 된 욕구를 사람들에게 인정, 칭찬, 존중받는 삶, 사랑, 지위, 명예 등에 대한 집착을 통해 보상받으려 하게 될 수 있습니다.

코헛에 의하면 자기 사랑의 상처로 인한 결함을 치유하려면 먼저 본인의 자기 사랑의 상처를 가슴 깊이 이해할 수 있어야 합니다.[1] 자기 사랑의 상처를 이해한다는 것은 자신의 인간적인 결함을 나쁜 것으로, 비신앙적인 것으로 판단하기에 앞서서 그 결함이 자기 사랑의 상처로 인한 것이라는 것을 이해할 수 있어야 한다는 뜻입니다. 그리고 자기 사랑의 상처로 인한 결함의 치유를 위해 무엇보다 중요한 것은 새로운 자기-자기대상의 관계를 통해서 충분한 공감적 기능을 제공해 주는 일입니다.[2]

　자기 사랑의 상처로 인한 결함을 가지게 된 사람을 도우려 할 때 중요한 것은 먼저 도움이 되려는 사람의 자기 사랑의 상처를 이해, 치유하는 일입니다. 도움이 되려는 사람에게 절실하게 요청되는 것은 자기 사랑의 상처에 대한 이해와 치유 경험입니다. 먼저 자신의 자기 사랑으로 인한 상처와 결함을 이해, 치유하고 난 후에 다른 사람의 자기 사랑으로 인한 상처와 결함을 이해하고 치유를 도울 수 있습니다. 자신의 자기 사랑의 상처를 이해, 치유하지 않은 채로는 다른 사람의 자기 사랑으로 인해 갖게 된 상처를 이해하기 어렵습니다. 나아가 자기 사랑의 상처로 인한 그 사람의 치유를 돕는 것은 더 더욱 어려운 일입니다. 자신의 자기 사랑으로 인한 상처를 치유하기 위해서는 자신이 스스로에 대해 공감적 기능을 제공할 수 있어야 합니다. 자신이 스스로에 대해 공감 기능을 제공하기 위해서는 자신이 인정받고 존중받고 칭찬받으려는 자신의 욕구를, 욕망과 미움과 분노로 살아가고 있는 자신의 삶을, 사랑과 재물과 명예에 집착하는 자신을 있는 그대로의 모습으로 이해해 주고 용납(용서)해 주고 인정해 줄 수 있어야 합니다. 이러한 자신의 삶이 분명 잘못된 것이고 죄이지만 한편으로는 자기 사랑의 상처와 결함을 메우려는 시도였음을 이해하고 자신에 대한 주님의 사랑을 본받아 자신도 스스로에게 하는 것입니다. 주님께서 있는 그대로의 모습으로 자신을 이해해 주셨고 용납(용서)해 주셨고 품어주셨

고 인정해 주셨던 것처럼 자신도 스스로에게 하는 것입니다. 주님
께서 자기 사랑의 상처로 인해 욕망과 집착과 분노와 미움을 품고
살아가던 자신을 품어주셨던 그 사랑을 본받아 자신도 스스로에
대한 비난과 정죄와 책임추궁을 멈추고 이해해주고 참아주고 따뜻
하게 품어주는 것입니다. 이것이 자기-자기대상의 관계를 통해서
자신이 스스로에게 충분한 공감적 기능을 제공해 주는 것입니다.

이렇게 먼저 주님의 사랑에 근거하여 자신이 스스로에 대해 충
분한 공감적 기능을 제공해 주게 될 때 자기 사랑의 상처로 인한 본
인의 결함이 치유될 수 있고 나아가 자기 사랑의 상처와 결함을 품
고 살아가는 다른 사람의 치유를 도울 수 있습니다. 다른 사람에게
자기-자기대상의 관계를 통해 공감적 기능을 제공하는 것은 주님
께서 자신에게 하셨던 그 사랑을 본받아 자신도 다른 사람에게 하
는 것을 말합니다. 주님께서 자신에게 하셨던 것처럼 자신도 다른
사람의 욕구를 있는 그대로의 모습으로 이해해 주고 용납(용서)해
주는 것입니다. 인정받고 이해받고 존중받고 싶은 열망을 품고 있
는, 재물과 명예와 권력과 사랑에 집착하는, 이기적이고 자기중심
적인 삶을 살아가는, 분노와 미움으로 공격적인 성향으로 살아가
고 있는 이웃을 이해해 주고 용납(용서)해 주고 참아주고 품어주려
노력하는 것입니다.

하지만, 무능하고 어리석고 추하고 비천한 삶을 살아가고 있는
자신 스스로에 대해, 불의하고 거짓되고 위선과 가식으로, 이기적
이고 자기중심적인 욕망으로 살아가고 자신에 대해 공감하는 것은
너무나 어려운 일입니다. 가진 체 잘난 체 능력 있는 체 진실한 체

하는, 남의 사정에는 관심도 없고 이해 양보할 줄 모르고 자신만 알고 자신만 주장하는 이웃을 이해해주고 용납(용서)해주고 참아주고 품어주는 삶은 더더욱 어려운 일입니다. 자신의 의지와 능력과 노력과 방법으로는 불가능한 일입니다. 오직 자신을 향한 주님의 사랑을 자신의 삶을 통해 경험함으로 깨달아 알게 될 때에, 오직 주님의 사랑에 힘입을 때에만 자기-자기대상에 공감하는 삶을 살아가려 노력할 수 있습니다. 오직 자신의 삶을 통해 주님의 사랑을 경험함으로 깨달아 알게 된 사람, 주님께 자기 사랑의 상처로 인한 결함을 이해받고 용납(용서)받았던 사랑을 경험한 사람, 추하고 어리석고 못나고 수치스런 자신을 오래 참아주시고 품어주셨던 주님의 사랑을 경험한 사람이 주님의 그 사랑에 의지하여 자기 사랑의 상처로 인한 결함을 가진 사람의 치유를 도울 수 있습니다.

우리는 자기 사랑의 상처로 인한 근본적인 결함을 메워줄 수 있는 사람을 끊임없이 찾아다니지만 우리를 있는 모습 그대로 이해해 주고 용납해 주고 품어줄 수 있는 사람은 세상 그 어느 곳에도 없습니다. 치유될 수 없는 상처와 고통으로 인해 우리는 신음하고 끝없이 방황하며 자기 존재의 무가치감과 함께 자기 삶의 무의미감을 절감하고 있습니다.

누가복음 7장 37절 이하에는 한 죄를 지은 여인이 예수님의 발에 향유를 붓고 울면서 자기 머리털로 씻는 장면이 나옵니다. 그 여인은 아마 수많은 우여곡절을 겪으면서 자신의 삶을 살아왔을 것입니다. 자기 삶이 얼마나 힘들고 아프고 괴로웠으면 주님의 발을 자신의 눈물로 적시고 주님의 발에 입을 맞추고 자기 머리털로 씻고 향유를 부었겠습니까? 모든 사람으로부터 죄인이라고 조소와 비난을 받는 삶, 정죄 당하고 거절당하고 외면 받는 삶은 여인에게 있어서 사회 속에서 사형선고를 받은 것과 다름없는 삶이었습니다. 죄는 여인으로 극한의 고난과 괴로움과 슬픔과 수치감, 죄책감, 자기 존재에 대한 무가치감 속에 살아가게 했습니다. 누구에게도 위로받을 수 없고 그 누구를 의지할 수 없고 이웃에게 말도 건넬 수 없는 상황, 더 이상 살아내기 어려운 삶은 여인으로 오직 주님을 바라게 했습니다. 여인은 오직 주님의 위로와 용서와 품어주심, 자비와 은혜 베푸심을 통해 자신이 세상을 살아갈 힘을 얻을 수 있게 되기를 소망했습니다. 여인은 살기 위해서, 수치를 가리기 위해서, 비참한 삶에서 벗어나기 위해서 주님을 바라보았고 주님께 나아갔습니다. 여인은 자신의 아픈 삶을 통해 주님을 만났고 있는 모습 그대로 자신을 위로하시고 용납(용서)하시고 품어주시는 주님의 사랑을 경험했습니다. 주님은 여인을 있는 그대로의 모습으로 받으셨습니다. 여인의 삶을 해석하고 판단하지 않으셨고 책망은커녕 어떤 권면의 말씀조차 하지 않으셨습니다. 있는 그대로의 모습으로 여인을 이해해주셨고 용납해주셨고 품어주셨고 감싸 안아주셨습니다. 죄와 유혹에 연약하고 무능했던 모습 그대로, 상처와 고통과 외로움과 슬픔의 삶 그대로, 사는 재미와 삶의 의미와 살아야할 이유를 잃어버린 모습 그대로 받아 주셨습니다. 주님은 여인을 위해 친히 여인의 자기-자기대상의 관계가 되어 주신 것입니다.

주님의 사랑은 의롭고 정직하고 아름답고 신실한 이들만을 사랑하시는 사랑이 아닙니다. 있는 그대로의 모습의 우리, 추하고 어리석고 못나고 무능한 삶을 살아가는 우리를 있는 모습 그대로 이해, 용납(용서)하시고 품어주시는 사랑입니다. 우리의 상처와 고통과 결함은 오직 우리를 있는 모습 그대로 이해하시고 용납(용서)하시고 품어주시는 주님의 사랑을 통해 치유될 수 있습니다. 우리의 있는 모습 그대로 이해, 용납(용서)해 주시는 주님의 사랑은 우리로 참된 위로와 평안과 쉼을 누리게 합니다. 오직 있는 모습 그대로 우리 자신을 이해, 용납(용서), 품어주시는 주님의 사랑 안에서 우리는 참된 자신이 되어갈 수 있습니다.

2 상처와 고통은 주님의 사랑을 사모하게 하고 경험하게 합니다

상처는 아프고 힘들고 괴롭습니다. 우리는 상처와 고통이 없는 삶을 살아가게 되면 행복할 수 있으리라 생각합니다. 행복한 삶을 위해 상처와 고통을 피하려 합니다. 하지만 우리가 인간으로 살아가는 한 상처와 고통 없이 살아가는 삶은 불가능한 일입니다. 김녹두는 상처와 고통 없는 삶이 혹시 가능하다고 해도 그것은 감정적 무균 상태의 삶, 아무런 자극도 느낌도 변화도 새로움도 없는 삶이기에 바람직한 것도 아니라고 했습니다.[3]

시편 119편 71절은 "고난당한 것이 내게 유익이라 이로 말미암아 내가 주의 율례들을 배우게 되었나이다."라고 말씀합니다. 여기서 고난으로 번역된 히브리어 "아나"(עָנָה)는 '자신의 위축된', '괴롭히다', '강제로 복종시키다' '천하게 되다' 는 뜻입니다.[4] 다른 사람 혹은 어떤 세력에 의해 작아지고 위축되고 복종해야 하고 괴로움을 겪어야 하는 상황을 고난으로 이해한 것을 알 수 있습니다. 고난을 겪어야 하는 삶이 좋을 리 없습니다. 그럼에도 시인은 자신의 지난 삶을 돌아보며 고난을 겪어야 했던 삶이 결과적으로 자신에게 유익이었음을 고백합니다. 고난을 통하여 자신이 주님의 율례를 배우게 되었기 때문입니다. 고난당하기 전에는 그릇 행하였었는데 고난을 겪은 후부터는 주님의 말씀을 지키게 되었습니다 67절.

주님은 바울에게 사람이 약한 상태에 있을 때 주님의 능력이 온전하여 진다고 말씀하셨습니다. 때문에 바울 자신은 이제부터 자신에게 있는 여러 약한 것들을 크게 기뻐하며 자랑하려고 하는데 그것은 그리스도의 능력이 자신에게 머물게 하려 하기 때문입니다. 바울은 이렇게 고백합니다. "그러므로 내가 그리스도를 위하여 약한 것들과 능욕과 궁핍과 박해와 곤고를 기뻐하노니 이는 내가 약한 그 때에 강함이라." 고후 12:9-10

우리는 고난을 당할 때, 고난이 심해 이제는 견디기 어렵다고 느끼게 될 때 자신의 중심으로 주님을 간절히 사모하게 됩니다. 마른 눈은 큰 고통과 실패와 어려움과 괴로움 없이 세상을 살아가는 사람의 눈입니다. 마른 눈으로는 세상이 잘 보이지만 하나님은 잘 안 보입니다. 젖은 눈은 삶이 너무 힘들고 외롭고 슬프고 괴로워서 눈물이 나는 눈입니다. 젖은 눈으로는 세상이 흐릿하게 보이는데 하나님은 더 잘 보입니다.[5] 마른 눈으로 세상을 밝히 볼 수 있고, 세상의 구조와 흐름을 명쾌하게 이해하여 잘 적응할 수 있고 열심히 살아갈 수 있습니다. 젖은 눈으로는 세상을 흐릿하게만 볼 수 있습니다. 젖은 눈으로는 세상을 잘 볼 수 없기에, 젖은 눈은 세상 대신 하나님을 바라보게 되는 눈입니다.

고통과 상처, 누구에게도 이해받을 수 없는 외로움, 수치심, 삶의 어려움은 우리로 주님을 찾게 하고 의지하게 하고 바라게 하고 사모하게 합니다. 상처와 고통은 우리의 근본적인 문제를 해결하게 하는 실마리가 되게 하고, 참된 성숙의 길로 나아가게 하는 출발점이 되게 합니다. 상처와 고통은 주님의 능력이 우리에게 머물게 하고 주님만을 의지하고 바라게 하고 사모하게 함으로 우리로 주님 안에서 새로운 피조물 되게 합니다. 젖은 눈의 삶이 우리에게 유익이 될 수 있는 유일한 이유는 주님께서 젖은 눈으로 주님을 바라보는 이들의 모든 괴로움과 약함과 슬픔과 외로움과 한(恨)을 위로와 자비와 은혜와 사랑으로 바꾸어주시기 때문입니다. 주님이 우리 하나님이 아니셨더라면, 주님이 우리와 함께 계시지 않았더라면, 사랑과 은총으로 우리 삶을 주장하지 않으셨더라면 상처와 고통은 그대로 우리의 한(恨)이 되고 우리 삶이 되었을 것입니다. 하지만 주님은 우리의 상처와 고통까지 사용하셔서 우리 위한 주님의 은혜와 사랑의 도구가 되게 하셨습니다.

그럼에도 상처와 고통은 우리에게 너무나 힘든 일입니다. 주님께서 고난을 유익으로 주심에도 불구하고 고난이 너무 힘들면 우리는 이제 제발 그만하시라고, 유익으로 바꾸어 주시지 않아도 좋으니 이제 제발 그만하시라고 부르짖습니다. 우리가 알아야 할 것은 우리가 겪는 고난은 주님께서 우리를 유익하게 하시려고 일부러 겪게 하시는 것이 결코 아니라는 사실입니다. 2장과 7장에서 거듭 말씀드렸던 것처럼 대부분 우리의 약함과 실패와 작아짐과 추함과 수치스런 삶은 하나님 때문이 아니라 우리의 죄악과 거짓되고 불의하고 부조리한 세상의 죄악 때문입니다. 우리가 겪는 일반적인 고난을 욥의 특별한 고난처럼 해석해서 하나님께서 허락하셨기 때문에 우리가 고난을 겪는다고 생각한다면 그것은 하나님의 전능하심과 선하신 섭리에 대해 크게 오해하는 것입니다. 하나님께서 우리 인간을 하나님의 모양과 형상대로 창조하셨다는 것은 우리에게 자신의 삶을 선택할 수 있는 자유와 권리를 주셨음을 또한 의미합니다. 하나님은 죽음 이외의 어떤 것으로도 우리의 삶과 마음을 운명짓지 않으셨습니다. 우리를 로봇이나 동물들처럼 우리의 한계를 설정하여 일정한 범위 안에서만 살아갈 수 있고 정해진 범위를 넘으면 사고나 행동이 정지되거나 아무 것도 할 수 없도록 창조하지 않으셨습니다. 사람의 운명이 결정되어 있다든지, 사주팔자 혹은 점을 통해 미래에 일어날 일을 안다든지 하는 등의 주장은 사람을 로봇이나 동물들 같은 존재로 제한하는 것입니다. 하나님은 결코 우리 인생과 삶의 모습을 운명 짓지 않으셨습니다. 심지어 창조주이신 하나님을 의지하고 사랑하는 일조차 강제하지 않으셨습니다. 하나님은 우리를 하나님의 모양과 형상대로 창조하심으로서 인간으로서의 자유를 누리며 살아가게 하셨습니다. 우리의 시작은 먼지였지만 하나님은 우리 존재를 삶과 마음과 가치와 판단의 측면에서 하나님께조차 존중받고 배려 받는 존재로 바꾸셨고 세워주셨습니다.

하나님은 전지전능하신 분이지만 그럼에도 악이 존재하지 않는 세상을 만드실 수 없고 우리로 상처와 고통 없는 삶을 살아가도록 하실 수는 없습니다. 그것은 하나님께 그렇게 하실 수 있는 능력이 없기 때문이 아니라 그렇게 하는 것이 하나님께서 스스로 정하신 법칙에 어긋나는 것이기 때문입니다. 자유의지를 주셔서 존귀한 자로 살아가게 하신, 인간에 대해 스스로 정하신 논리 법칙을 위반하실 수 없기 때문입니다. 하나님이 전능하시다는 것은 능력에 제한이 없다는 뜻이 아니라 비논리적 제한이 없다는 뜻입니다. 만약 하나님께서 우리에게 선을 행할 능력만을 주셨더라면 우리는 참으로 자유로운 존재가 아닐 것입니다. 결과적으로 우리는 선도 자유롭게 행할 수 없는 존재가 되었을 것입니다.[6]

욕망으로 어두워진 우리의 눈, 위선과 가식과 거짓과 불의, 자기중심적이고 이기적인 동기, 인간적인 욕망이 결국 우리로 추하고 어리석고 못나고 수치스러운 삶을 선택하게 했고 살아가게 했습니다. 우리의 죄와 세상의 악이 함께 어우러지면서 우리는 상처와 고통과 괴로움의 삶을 살아가야 했습니다. 우리가 상처와 고통의 삶을 살아가는 원인의 대부분은 결국 우리 자신의 이기적이고 자기중심적인 욕망과 그로 인한 범죄의 결과이고 때문에 우리가 감당해야 할 몫이지만 그럼에도 주님은 이렇게 살아가는 우리를 그냥 보고만 계시지 않았습니다. 주님은 우리를 죄와 사망에서 구원하시려 인간으로 세상에 오셨고 우리 삶을 우리와 함께 살아 주셨고 우리 마음과 삶을 보시고 신체기관이 녹아내리고 심장이 경련을 일으키며 오그라드는 고통을 느끼셨고, 우리 위해 노심초사하셨고 애타 하셨습니다. 끝내는 십자가에서 우리 위해 대신 죽어주기 까지 하셨습니다. 그리고 주님은 우리의 상처와 고통과 괴로움까지 우리를 위한 유익이 되도록 변화시키셨습니다. 주님과의 관계 속에서 지난 삶을 돌아볼 때 우리는 자신이 오직 주님께서 살게 해 주심으로 살 수 있었음을 깨달을 수 있습니다. 자신이 지금의 자신으로 살아갈 수 있었던 것이 오직 주님의 은혜였음을 깨달을 수 있습니다. 우리는 오직 주님의 사랑을 통해 상처와 고통과 슬픔과 외로움과 우리 존재의 비천함과 무가치함, 우리 삶의 무의미함을 이겨낼 수 있었습니다.

3	우리도 이해해 주고, 용납(용서)해 주고, 품어주려 해야 합니다.

사랑은 자신에게 있는 모든 것으로 구제하고 다른 사람을 위해 자신의 몸을 불사르게 내어주는 것이기도 하지만 보다 근본적으로는 자신과 다른 사람의 모습과 삶을 있는 모습 그대로 이해해 주고 용납(용서)해 주고 참아주고 품어주는 것입니다. 이웃을 사랑하는 것은 주님께서 나를 있는 그대로의 모습으로 이해해 주셨고 용납

(용서)해 주셨고 품어주셨고 참아주셨던 것처럼 나도 다른 사람을 있는 그대로의 모습으로 이해해주고 용납(용서)해주고 품어주고 참아주는 것입니다. 앞에서 살펴보았던 것처럼 우리의 본능적인 욕구와 이기적이고 자기중심적인 동기, 거짓과 불의와 위선과 가식의 삶, 자신의 의로움과 유능함, 진실함을 드러내려는 모든 시도는 사람들에게 인정받고 존중받고 칭찬받음을 통해 자기 사랑의 상처로 인한 결함을 메우려는 본능적인 시도이기도 합니다. 상처와 고통으로 살아가고 있는 사람의 치유와 회복을 위해 가장 중요한 것은 지식으로 하나님의 사랑을 알아 확신하게 하는 것이 아닙니다. 오직 사랑 위에서 성숙한 신앙이 세워질 수 있음을 생각할 때 자신과 다른 사람의 치유와 회복을 위해 가장 중요한 것은 자기-자기 대상관계에서의 공감적 반응, 즉 사랑입니다. 사랑이란 지식이나 희생이나 봉사가 아니라 자신과 다른 사람을 있는 그대로의 모습으로 이해해 주고 용납해 주고 품어주고 참아주는 것이며 자신과 이웃의 상처와 고통에 공감적으로 반영해 주는 것입니다. 교만해 보이고 욕심 많아 보이고 자기중심적이고 이기적으로 보이는 자신과 다른 사람의 삶을 자신의 관점으로 판단하지 않는 것입니다. 자신과 다른 사람의 그런 모습과 삶이 자기 사랑의 상처로 인한 결함인 것임을 이해해 주는 것입니다. 자신과 다른 사람의 그러한 삶을 죄로 판단하고 비판하고 정죄하기에 앞서서 그 사람의 그러한 모습이 어떻게 해서든 자기 사랑의 상처로 인한 결함을 치유하려는 노력인 것을 이해해 주는 것입니다. 자신과 다른 사람의 욕구, 교만하고 욕심이 많고 자기중심적이고 이기적인 삶을 있는 그대로의

모습으로 이해해 주고 용납해 주고 품어 주는 것입니다. 사랑이란 자신과 다른 사람에게 이렇게 행하는 것입니다.

오직 자신을 향한 주님의 이러한 사랑을 자신의 삶 속에서 경험함으로 깨달아 알게 된 사람만이 자신의 관점이 아니라 주님의 관점으로 자신과 다른 사람의 삶을 바라볼 수 있습니다. 자신의 삶을 통해 주님의 이러한 사랑을 경험하였다 해도 주님의 사랑을 받은 대로 다른 사람에게 사랑을 행하는 것은 참으로 쉬운 일이 아닙니다. 온전한 사랑은 우리가 주님 앞에 서게 될 때 하나님께서 이루실 것입니다. 자신의 삶을 통해 경험함으로 깨달아 알게 된 주님의 사랑을 시작으로 주님 앞에 설 때까지 지속적으로 우리 믿음과 삶을 사랑으로 새롭게 하고 성장시켜 나가는 것이 우리가 해야 할 일입니다.

주님의 사랑을 자신의 삶 속에서 경험함으로 깨달아 알게 될 때 우리는 자기 존재와 삶을 새롭게 이해할 수 있고 자신 스스로의 무능함과 어리석음과 추함과 수치스러웠던 삶을 조금 용납(용서)하게 될 수 있습니다. 삶을 통해 주님의 크신 사랑을 경험했음에도 우리는 여전히 어리석고 약하고 못난 모습으로 살아가고 있습니다. 주님의 사랑은 지금까지 세상에 두었던 우리 삶의 가치와 이유와 목적과 의미를 주님에게서 찾게 합니다. 우리로 성숙한 믿음과 삶을 살아가려 다짐하게 합니다. 주님의 사랑을 삶 속에서 경험하는 것은 주님을 참으로 아는 신앙의 시작입니다. 주님의 사랑을 경험한 사람은 이를 시작으로 자신과 하나님과 이웃을 참되게 사랑하는 삶을 살아가려 애쓰게 됩니다. 내 관점에서 다른 사람의 믿음과 삶을 판단하고 비판하던 상태에서 벗어나게 됩니다. 자신이 성숙하고 온전한 믿음생활을 하고 있다고 막연하게 확신하던 자리에서 벗어나게 됩니다. 다른 사람을 이해하고 포용할 수 있는 넉넉한 마음의 신앙생활을 시작할 수 있게 됩니다. 의무감 때문에 애쓰게 되는 것이 아니라 그냥 자연스럽게 하려 하게 됩니다. 성령께서 그 마음과 삶을 감동하시기 때문입니다. 주님의 사랑을 자신의 삶을 통해 경험하는 것은 성숙한 신앙을 향해 첫발자국을 내딛은 것입니다. 살아가면서 경험함으로 깨달아 알게 되는 주님의 사랑이 많아질수록 하나님을 참으로 아는 지식은 깊어지고 넓어지고 풍성해질 것입니다. 인생의 연륜이 깊어질수록 믿음과 삶이 순수해지고 솔직해지고 넉넉해지고 자유롭고 기쁨과 평화가 커지며 주님을 온전히 바라고 의지하고 사모하게 될 것입니다.

우리는 하나님의 아들을 믿는 것과 아는 일에 하나가 되어 온전한 사람을 이루어 그리스도의 장성한 분량이 충만한 데까지 이르도록 성장하여야 합니다 엡 4:13.

1장에서 말씀드린 것처럼 네 이웃을 자신처럼 사랑하라는 말씀에 율법의 모든 계명이 다 들어 있기에, 사랑은 율법의 완성이기에 성숙한 신앙은 사랑에 근거하여 판단되어야 합니다.

사랑은 이웃이 사랑스럽지 않음에도 오래 참아주고 끝까지 부드럽고 따뜻하게 대해주고 미워하거나 시기하지 않고 이웃의 욕망과 불의와 위선과 가식을 참아주는 것입니다. 끝까지 믿어주고 언젠가는 변화될 것을 바라면서 그 사람의 모든 행위를 견디어 내는 것입니다 고전 13:4-7. 사랑하는 삶은 이웃에게 이렇게 행하는 것입니다. 반대로 이렇게 하려 힘쓰지 않고 있다면 그것은 이웃을 사랑하려 애쓰지 않고 있는 것입니다. 스캇 펙의 말처럼 사랑은 행위로 표현되는 만큼만 사랑입니다. 우리가 이웃을 사랑한다고 생각해도 사랑이 이렇게 실제 행위로 표현되고 있지 않다면 우리는 사랑하려는 선의에도 불구하고 실제로는 사랑을 하지 않고 있는 것입니다.[7]

주님은 우리를 이렇게 사랑하셨을 뿐 아니라 결코 사랑받을 만하지 못한 우리를 위해 끝내는 십자가 위에서 자신의 생명을 스스로 버리시기까지 하셨습니다. 주님은 자신을 향한 주님의 이러한 사랑을 자신의 삶 속에서 경험함으로 깨달아 알라고 하셨고 그 사랑을 본받아 자신 스스로를 참되게 사랑하라 말씀하셨습니다. 주님의 사랑에 의지하여 자신을 참되게 사랑하게 된 그 사랑으로 하나님을 사랑하고 이웃을 자신처럼 사랑하라고 말씀하셨습니다. 사랑도, 신앙도 완성되는 것이 아니라 성장하는 것입니다. 처음은 미약할 수밖에 없지만 삶을 통해 주님의 사랑을 경험함으로 깨달아 알게 되는 것이 많아지게 됨에 따라 우리 믿음과 사랑은 점차 진실해지고 풍성해지고 아름다워지고 날마다 조금씩 성장하게 될 것입니다. 해가 갈수록 우리의 겉 사람은 약해지겠지만 주님의 사랑은 우리의 속사람을 날로 새롭게 하실 것입니다 고후 4:12. 이렇게 주님과 동행하는 우리의 연륜이 깊어지면서 주님은 우리 삶을 주님의 생명으로 더욱 충만하게 하실 것입니다.

제 10 장,

절망은 우리 삶이 주님의 은혜와
사랑이었음을 깨닫게 합니다

절망은 우리 삶이 주님의 은혜와 사랑이었음을 깨닫게 합니다

1   절망은 언제나 우리 삶의 언저리에 머물고 있습니다

절망이란 말처럼 우리 그리스도인에게 어울리지 않는 말은 없으리라 생각합니다. 주님이 우리의 소망이 되시기 때문에, 우리는 천국의 소망을 붙잡고 살아가는 사람이기 때문에 세상의 그 어떤 고통과 괴로움과 어려움도 우리에게는 절망이 될 수 없습니다. 절망은 우리와 가장 어울리지 않는 단어이지만 그럼에도 언제든지 우리 마음의 가장 깊은 곳에 자리할 수도 있는 감정이기도 합니다.

영화 「여인의 향기」에서 프랭크 슬레이드(알 파치노 분)는 퇴역 장교인데 불의의 사고로 군인으로서의 명예와 자부심에 큰 상처를 입었고 시력까지 잃어야 했습니다. 그는 삶의 생기를 잃고 주변 사

람들에게 냉소를 쏟아내며 스스로를 고립시킨 채 술에 의지하여 살아가고 있습니다. 그는 추수감사절 연휴 동안 자신을 돌봐줄 가난한 아르바이트생 찰리 심슨을 동반해서 뉴욕으로 여행을 떠납니다. 그 여행은 사실 프랭크가 자살을 위해 계획한 여행이었습니다. 그는 찰리에게 약을 사오라는 심부름을 시키고 그 사이에 권총으로 자살을 시도합니다. 이상한 예감에 되돌아 온 찰리는 자살하려는 프랭크를 발견하고 자살을 막으려 몸싸움을 벌입니다. 프랭크는 결사적으로 자신을 말리는 찰리 앞에서 자신의 관자놀이에 총구를 겨누고 이렇게 절규합니다.

"무슨 삶, 내게 삶이 있던가? 나는 여기, 어둠 속에 있어, 알아들겠어? 나는 어둠 속에 있다고!"

어둠 속에 있다는 그의 절규는 깊고 깊은 절망의 표현입니다. 그 순간까지 그는 단 한 번도 이 절망감을 입 밖으로 내뱉지 않았습니다. 찰리 이전의 그 누구도 프랭크의 깊은 절망과 슬픔을 알아차리지 못했습니다.[1]

우리는 절망이라는 단어와 어울리는 사람이 아니고 절망이라는 단어를 멀리하려 애쓰지만 그럼에도 삶은 우리로 아주 가끔씩 헤어 나오기 어려운 깊은 절망감을 느끼게 합니다. 절망은 언젠가는 좋아질 것이고 행복할 수 있을 것이라는 소망을 거부하는 것입니다. 절망은 자신에게는 이제 아무런 희망이 없고 모든 것이 끝이라고, 자신에게는 더 이상 무엇을 어떻게 할 수 있는 여지가 없다고

여호와를 아는 삶
삶으로 아는 신앙

생각하게 되는 상태입니다. 이러한 현실은 우리로 자기 존재의 무가치함과 자기 삶의 무의미감과 허망함에 집중하게 합니다. 절망하는 우리의 마음의 핵심에는 욕구로부터의 도피가 있습니다. 무엇을 원해도 소용이 없고 끝까지 희망을 놓지 않고 수고해도 결국 돌아오는 것은 실망뿐입니다. 때문에 무엇을 바라거나 갈망하는 것 자체가 부질없고 어리석어 보이는 것입니다. 희망을 품는 만큼 고통당할 가능성도 높아집니다. 결국 최선의 방책은 욕구를 완전히 차단하고 로봇처럼 되는 것이고 살면서 아무 것도 기대하지 않는 것입니다.[2] 가족과 사랑하는 사람들과의 관계는 우리 삶의 위로와 희망과 평안의 원천이지만 절망은 그들에게서 조차 어떠한 위로와 희망과 평안을 기대할 수 없음을 확인하는 포기 선언입니다. 절망이란 단 1%의 희망도 가질 수 없는 상태입니다. 비록 1%라고 해도 희망을 붙들고 있는 사람은 절대로 절망하지 않습니다. 어떻게 해서든지 그 1%를 붙잡고 살아가려고 아등바등 노력하게 됩니다. 절망이란 그 1%의 희망마저도 버릴 수밖에 없는 상황입니다. 절망은 세상에는 자신으로 미련을 두고 살아가게 할 수 있는 사람이 아무도 없고 따라서 자신은 철저하게 혼자이고 외롭고 무가치하며 세상에는 자신으로 살아가게 할 수 있는 어떠한 것도 없다는 생각의 결말입니다. 모든 절망의 중심에는 의욕 상실, 자포자기, 그로 인한 희망의 상실이 자리 잡고 있습니다.[3]

고통과 실패와 좌절과 배신감을 경험하지 않고 살아가는 사람, 상실과 무가치감과 무의미감과 우울감을 겪지 않고 살아갈 수 있는 사람은 아무도 없습니다. 이러한 삶을 겪으면서도 어떤 사람들은 "그래도 주님을 찬양합니다."라는 상투적인 말로 자신의 감정을 숨기려 합니다. 아니면 정신없이 분주한 삶으로 그러한 감정을 잊어버리려고 합니다. 하지만 진실에 직면하지 않을 수 없는 순간이 찾아옵니다. 그때 밀려드는 슬픔과 우울감과 절망감은 그 무엇으로도 달랠 길이 없습니다. 이런 감정에 빠지는 것이 좋은 것이 아니라고 생각하는 사람도 있습니다. 하지만 시편은 이러한 생각이 잘못된 것임을 깨우쳐 줍니다. 시편에는 시인들의 영혼의 울부짖음이 고스란히 담겨 있습니다. 시편을 읽다보면 곳곳에서 절망감이 묻어나오는 것을 확인할 수 있습니다. 시편 88편은 시편에 나오는 애가들 중에서 가장 슬프고 우울합니다. 시인의 처량한 울부짖음이 첫 구절부터 마지막 구절까지 애절하게 메아리치고 있습니다. 시인은 사면초가의 궁지에 몰려 있습니다. 그는 철저히 혼자였으며 5절, 너무도 힘겨운 고난에 숨도 제대로 쉬지 못하고 물속에서 허우적대는 것처럼 살고 있습니다 7절. 시인과 가까웠던 모든 사람들이 시인을 거부, 외면했고 8절, 무엇보다 고통스러운 것은 하나님마저 자신을 완전히 버리셨다는 생각 때문입니다 14절.⁴

댄 알렌더는 절망을 불의한 절망과 의로운 절망으로 구분합니다. 불의한 절망은 욕구에서 도피하게 만듭니다. 아무 것도 꿈꾸지 않고 바라지 않고 미래도 생각하지 않게 합니다. 스스로 자신을 고립시키고 안전해 보이는 도피처로 도망가서 생을 마감하고 싶은 환상에만 매달리게 만듭니다. 절망에 빠진 사람이 극단적인 선택을 하는 이유는 이러한 고통에서 달아나려 하기 때문입니다. 더 이상 불확실과 상실과 구원에 대한 맹목적 욕구의 고통으로 인한 괴로움을 겪지 않으려하기 때문입니다. 반면, 의로운 절망은 독선적인 자아를 무너뜨립니다. 의로운 절망으로 신음하는 사람은 극단적인 선택으로 자신의 생을 마감하려 하지 않고 하나님께 나아가 부르짖습니다. 자신이 고통을 겪는 원인은 모르지만 자신의 고통에는 무언가 이유가 있을 것이라고 믿습니다. 불의한 절망에 빠진 사람이 고통의 이유를 알고자 하지만 하나님의 섭리를 받아들이기를 거부하는 것에 비해서 의로운 절망으로 신음하는 사람은 고통 속에서 하나님께 부르짖으며 하나님께 더 나아가려 합니다. 절망은 우리 겉모습을 덮고 있는 위선과 가식의 탈을 벗겨내고 내면의 추악함을 적나라하게 드러냅니다. 자신의 무력함을 드러내고 우상 숭배의 헛됨을 드러냅니다. 절망 속에 들어있는 슬픔과 고통을 통해 우리는 주님의 마음을 배울 수 있습니다. 의로운 절망은 우리를 어둠의 나락으로 떨어뜨리는 것이 아니라 하나님 앞으로 인도합니다. 시편기자들은 고통과 절망 속에서 어떻게 하나님께 나아가야 하는지를 명확하게 보여주고 있습니다.[5]

1942년 9월 빅터 프랭클은 아내와 부모님과 함께 독일 비밀경찰인 게쉬타포에 의해 유대인 강제수용소로 끌려갔습니다. 2년 6개월에 걸쳐 유대인 강제수용소에서 생활한 후 1945년 4월에 해방되었을 때 프랭클의 몸무게는 겨우 37.5kg에 불과했습니다. 건강 진단 결과 프랭클의 몸에는 부정맥 증상이 있었고 심장근육의 손상 가능성이 발견되었습니다. 음식을 먹지 못해 몸이 부어 있었고 세 개의 손가락에는 동상이 걸려 있었습니다.

강제수용소에 수용되었던 유대인들의 수와 나중에 해방된 유대인들의 비율을 따져 보았을 때 수용소에서 살아남을 수 있는 확률은 28분의 1이 채 되지 않았습니다. 프랭클이 죽음의 수용소에서 살아남았던 것은 기적과 같은 일이었습니다. 프랭클은 유대인 강제수용소에서의 자신의 경험을 기록한 책, 『빅터 프랭클, 죽음의 수용소에서 삶의 의미를 찾다』에서 자신이 살아남을 수 있었던 것은 어떠한 경우에도 살아야 할 이유, 그리고 삶의 의미를 잃어버리지 않았기 때문이라고 했습니다. 수용소에서 끝까지 살아남았던 사람은 몸이 건강하고 육체적으로 강했던 사람이 아니었습니다. 자신을 끝까지 살아남게 한 힘은 자신의 내적인 힘, 즉 고통을 자신의 성숙과 성장에 활용할 수 있게 하는 능력이었습니다. 수용소에서 살아남은 사람은 자신이 겪는 고통과 시련 속에서 삶의 의미를 찾아낼 수 있었던 사람이었습니다.

프랭클은 이런 수치와 모욕과 고통과 괴로움을 겪으면서까지 아등바등 살아야 하는가 생각하지 않았습니다. 자신이 겪고 있는 극한의 고통에는 반드시 어떤 의미가 있을 거라고 믿었습니다. 강제수용소라는 자신에게 주어진 환경 속에서 프랭클은 자신이 겪는 고통의 의미를 생각하려 했고 희망을 가지고 현실의 암울함과 어려움을 극복하기 위해 최선을 다했습니다. 프랭클은 날마다 죽음을 위협받는 극한의 강제 수용소에서 지금 자신이 겪고 있는 고통의 의미를 생각하고 그 의미 속에서 희망을 찾으려 했습니다. 프랭클은 그 희망으로 면도를 하고 옷차림을 단정히 하고 콩 한 조각을 더 먹는 것을 선택했습니다. 극한의 상황 속에서 삶의 의미를 생각하고 희망을 선택하는 프랭클의 그 자유만큼은 히틀러도, 나치도

여호와를 아는 삶
삶으로 아는 신앙

결코 빼앗을 수 없었습니다.

2 　　　절망은 이겨내는 것이 아니라
　　　　　　받아들이는 것입니다

절망을 극복해낼 수 있는 중요한 원리 중 한 가지는 절망의 원인이 되고 있는 고통과 괴로움에 직면하는 것입니다. 문제는 그것이 절망보다 더 고통스럽다는 사실에 있습니다.[6] 절망은 맞서 싸움으로써 극복할 수 있는 것이 아닙니다. 절망의 원인이 되는 고통과 괴로움을 외면하고 부인하고 거부하고 잊어버리게 될 때 절망에서 벗어날 수 있게 되는 것이 아닙니다. 절망의 극복은 절망의 원인이 되는 고통과 괴로움에 직면하고 그 고통과 괴로움의 원인을 인정하고 받아들이는 데서부터 시작되는 것입니다. 고통과 괴로움의 원인을 인정하고 수용한다는 것은 절망적인 현실을 인정한다는 의미만이 아니라 고통스럽고 괴로운 현실에도 불구하고 자신이 철저히 무능하고 무가치한 절망적인 존재라는 사실을 인정하고 수용한다는 의미입니다. 그것은 참으로 죽을 만큼 힘들고 괴롭고 분노가 치미는 일입니다.

두 번째는 자신의 고통과 괴로움의 원인은 물론 자신이 이해하고 인정하고 수용한 절망적인 그 문제를 가지고 주님께 나아가는 것입니다. 시인들은 시 77편, 88편 자기 고통과 괴로움의 문제를 가지고 하나님께 나아갔습니다. 그리고 하나님께 따져 물으면서 울부짖었습니다. 2장에서 말씀드렸던 것처럼 시인들이 이렇게 하나님께 따져 물었던 것은 그들이 하나님께 불경했기 때문이 아니었습니다. 어떻게 해서든 불의한 절망에서 돌아서서 하나님 뜻과 섭리를 이해하려는 열망 때문이었습니다.

우물가에서 사마리아 여인을 만난 예수님은 그녀에게 남편을 불러오라고 말씀하셨습니다. 여인은 자신에게는 남편이 없다고 했습니다. 예수님은 "네가 남편이 없다 하는 말이 옳도다. 너에게 남편 다섯이 있었고 지금 있는 자도 네 남편이 아니니 네 말이 참되도다." 요 4:17-18 말씀하셨습니다. 남편이 다섯이나 있었고 지금 함께 살고 있는 사람도 남편이 아닌 상황은 여인에게 깊은 상처와 고통이요 괴로움이요 수치였을 것입니다. 사마리아인들은 유대인들에게 천대받고 거부당하고 외면 받고 무시당하며 살았는데 사마리아 여인의 삶은 사마리아인들 사이에서도 비난과 조소와 손가락질의 대상이었을 것입니다. 그렇다고 여인에게 현실을 바꾸려는 의지나 힘이 있는 것도 아니었습니다. 그녀는 자신의 상처와 고통과 괴로움에 순응하여 살아가는 것 외에는 할 수 있는 것이 아무 것도 없었던 여인이었습니다.

예수님의 말씀은 여인으로 자신의 상처와 고통과 괴로움과 수치스런 삶에 직면하게 했습니다. 예수님은 이를 통하여 여인으로 현실의 불의하고 부도덕한 암담한 삶에서 벗어나 하나님 말씀에 의지하여 깨끗하고 신실하고 아름다운 삶을 살아갈 수 있는 계기를 만들어 주셨습니다. 사마리아 여인은 예수님을 통해 상처와 고통으로 얼룩진 자신의 삶을 극복할 수 있는 기회를 얻었습니다. 이후 주님의 말씀에 의지하여 자기 삶을 어떻게 살아가느냐에 따라 여인의 삶은 크게 달라질 것입니다.

성경은 갑작스런 절망적 상황에도 불구하고 욥이 하나님을 향하여 어리석게 원망하는 죄를 범하지 않았다고 말씀합니다. 악창이 발바닥에서 머리끝까지 나서 기와조각으로 긁어야 하는 극한 상황 속에도 욥은 "우리가 하나님께 복을 받았은즉 화도 받지 아니하겠느냐?"고 말했고 성경은 "이 모든 일에 욥이 입술로 범죄 하지 아니하였다." 욥 2:10 고 기록하고 있습니다. 하지만 이런 욥도 고통의 시간이 길어짐에 따라 마침내 하나님에 대해 불평하며 원망하는 말을 하기 시작했습니다. "그런즉 내가 내 입을 금하지 아니하고 내 영혼의 아픔 때문에 말하며 내 마음의 괴로움 때문에 불평하리이다." 7:11 "이러므로 내 마음이 뼈를 깎는 고통을 겪으니 차라리 숨이 막히는 것과 죽는 것을 택하리이다. 내가 생명을 싫어하고 영원히 살기를 원하지 아니하오니 나를 놓으소서. 내 날은 헛 것이니이다." 7:15-16 "사람을 감찰하시는 이여, 내가 범죄하였던들 주께 무슨 해가 되오리이까? 어찌하여 나를 당신의 과녁으로 삼으셔서 내게 무거운 짐이 되게 하셨나이까." 7:20 욥은 자신이 고통을 겪는 이유에 대해 하나님과 말씀을 나누는 것을 선택했습니다. 욥의 고통과 깊고 깊은 절망은 오직 하나님과의 깊은 대화를 통해 해결될 수 있었습니다.

많은 사람들이 절망을 극복하기 위해서 자신의 지혜와 능력과 이성과 의지로 절망과 싸우는 것을 선택합니다. 절망을 이겨낼 수 있는 유일한 방법이 희망을 갖는 것이라 생각합니다. 희망을 가진 사람은 삶을 살아갈 수 있다고 생각합니다. 하지만 위에서 말씀드린 것처럼 절망은 1%의 희망이 없는 상태입니다. 희망이 조금도 없는 상태가 절망입니다. 때문에 이제는 모든 것이 끝장이라고 생각하는 것입니다. 희망이 전혀 없는 것이 절망인데 희망을 붙잡음으로 절망을 극복하려 하는 것은 부질없는 일입니다. 어떻게 해서든 1%의 희망이라도 붙잡아서, 없는 희망을 만들어 내어서 절망을 극복해내려 하는 것은 마치 자신의 삶에 마법적인 변화가 일어나기를 기대하는 것과 같습니다.

절망은 희망으로 극복해 내는 것이 아닙니다. 희망을 품고 고통스럽고 절망스런 현실과 싸움으로써 극복해내는 것은 불가능한 일입니다. 절망과 싸워서 이겨낼 수 있는 사람은 없습니다. 말 그대로 절망인데 어떻게 절망과 싸워서 이길 수 있겠습니까? 절망을 극복할 수 있는 유일한 길은 절망을 받아들이는 것입니다. 주님 안에서 자신의 절망을 받아들이는 것입니다.

여호와를 아는 삶
삶으로 아는 신앙

3 　　　　　주님 안에서의 절망은 우리 믿음과
　　　　　　　삶을 새롭게, 풍성하게, 성숙하게
　　　　　　　합니다

　　절망은 주님 앞에서 절망의 구성요소인 자신의 고통과 괴로움과 수치와 실패와 무능과 무가치감과 무의미감을 받아들이게 될 때, 그리고 주님 앞에서 자신의 절망적인 현실을 수용, 이해, 인정하게 될 때에 극복될 수 있습니다. 불의한 절망은 자신의 능력과 지혜, 사람들, 세상에 희망을 둡니다. 모든 수단과 방법을 다 동원했지만, 자신이 할 수 있는 모든 것을 다했지만 이제는 포기할 수밖에 없는 상황이 되었습니다. 때문에 이제 더 이상 어떤 무엇에도 희망을 두지 않게 되었고 꿈을 꾸지도 않게 되었고 바라는 것도 하지 않게 되었습니다. 현실 상황을 바꾸는 것이 불가능함을 확신하게 되었기에 더 이상 어떠한 것도 하지 않게 되었습니다. 그리고 이러한 현실의 고통을 피하려 자신이 더 이상 존재하지 않게 되는 환상에 매달리게 되는 것입니다.

　　의로운 절망으로 신음하는 사람 역시 자신의 지혜와 힘과 능력과 수단으로, 어떤 사람을 통해서, 혹은 세상의 어떤 것으로도 자신의 삶을 바꾸는 것이 불가능함을 알고 있습니다. 인간의 지혜와 힘과 능력과 수단으로는 자신의 절망적인 상황을 극복해내는 것이 불가능함을 철저히 인식하고 있습니다. 그래서 의로운 절망으로 신음하는 사람은 자신으로 절망하게 하는 문제들을 주님 앞으로 가지고 나갑니다. 현실의 삶이 너무나 아프고 힘들고 괴롭고, 자기 존재가 무가치하고 무능하고 추하고 수치스럽게 느껴지는 것을 더 이상 견딜 수 없기에 자신의 모든 절망적인 문제들을 가지고 주님 앞에 나아갑니다. 그리고 자신으로 절망하게 하는 현실의 고통과 괴로움에 대해 주님과 말씀을 나눕니다. 계속되는 기도를 통해 자신의 고통과 괴로움은 주님께서 자신을 외면하셨기 때문이 아니라, 주님께서 약속을 어기셨기 때문이 아니라 자신의 죄와 실수와 그릇된 판단 때문임을 깨닫게 됩니다. 나아가 자신의 고통과 문제와 괴로움의 해결은 오직 주님의 자비와 은총에 의지할 때 가능하다는 사실도 깨달아 알게 됩니다. 현실의 절망적인 상황은 결국 자신의 무능과 어리석음과 욕망과 죄악 때문이었습니다. 현실에서의 실패와 작아짐과 어려움과 괴로움은 자기존재의 가치와 자신이 살아야 하는 이유와 의미를 앗아 갔습니다. 묵상과 기도를 통해 현실과 자기 존재에 대한 고통과 괴로움의 문제는 이해하고 수용함을 통해 받아들일 수 있게 되었지만 주님 안에서 자기 삶의 가치와 목표와 이유와 의미에 관한 문제는 아직 해결되지 않았습니다. 자신으로 절망하게 했던 문제는 여전히 남아 있습니다. 오직 주님을 바라고 의지하며 주님께 자신의 삶의 가치와 이유와 중심을 두는 삶을 살아가려 할수록 주님께서 내 삶의 가치와 중심이 되는 일을 외면하시고 거부하시는 이유를 이해할 수 없습니다. 주님의 외면과 거부로 인해 자신의 삶이 무가치하고 무의미해지는 현실을 받아들이는 것은 더 더욱 고통스럽고 괴로운 일입니다. 이렇게 하실 것이었으면 차라리 자신이 상처와 고통과 괴로움 속에 살다가 그냥 죽도록 두시지 왜 자신에게 은혜와 사랑을 베푸셔서 자신으로 주님 앞에서 살아가는 꿈을 꾸도록 하셨느냐고, 내 삶의 의미와 가치와 중심이 되는 그 일을 허락하시지 않는 이유가 무엇이냐고, 왜 주님 때문에 절망하게 하시느냐고 부르짖을 수밖에 없습니다. 이제는 살기 위해서라도 자신으로 절망하게 하는 모든 문제들에 대해 주님과 깊은 말씀을 나눌 수밖에 없습니다.

재물의 욕망을 이기지 못하고 스승을 대제사장들에게 팔아넘겼던 가룟 유다는 주님께서 대제사장들과 백성들에게 정죄되는 것을 보았습니다. 마태복음 27장 3절은 가룟 유다가 그 광경을 보고 뉘우쳤다고 말합니다. 뉘우쳤다는 말은 "메타멜로마이"(μεταμέλομαι) 란 말의 번역입니다. 양심의 가책을 받아 '후회'하는 상태를 의미합니다. 양심의 가책과 후회를 통해 행위의 변화에까지 이르는 참된 회개인 '메타노이아'와는 구별이 되는 말입니다.[7]

스승을 팔아넘긴 자신의 행위는 인면수심의 행위이며 인간으로서 결코 해서는 안 되는 일이었습니다. 이제 모든 사람이 자신을 배신자로 손가락질하며 비난하고 미워하며 조롱할 것입니다. 자신이 저질렀던 일은 생각할수록 괴롭고 고통스럽고 수치스러운 일이었습니다. 자신은 유대 사회에서 살아갈 수 없는, 어떤 것으로도 결코 회복하거나 극복해낼 수 없는 절망스런 일을 벌이고 말았습니다.

만약, 그 때 가룟 유다가 자신의 절망스런 현실의 고통과 문제를 가지고 하나님 앞에 엎드렸더라면 사랑과 자비의 하나님은 틀림없이 가룟 유다를 있는 그대로의 모습으로 이해, 용납(용서)하셨을 것이고 품어 주셨을 것입니다. 이상억은 가룟 유다에 대해 이렇게 썼습니다.

내게는 안타까움이 있다. 가룟 유다에 대한 안타까움이다. 어떤 조롱을 받더라도 그는 이겨냈어야 했다. 물론 엄청난 당혹스러움과 혼돈스러움이 그에게 있었을 것이다. 메시야이신 예수님을 팔았다는 자책을 견딜 수 없었을 것이다. 그래서 예수님께서 잡히시던 밤에 예수님을 팔고 받은 은 삼십을 성전에 던져 놓고 스스로 목을 맸다. 하지만 그는 이를 악물고라도 살아 냈어야 했다. 반드시 살아남으리라 다짐하고 또 다짐했어야 했다. 혼란이 주는 불안으로 아무리 아파도, 아무리 고통스러워도, 악문 이가 으스러지는 한이 있어도 살아남았어야 했다. 더도 덜도 말고 사흘만이라도 참아 냈어야 했다. 그랬다면 부활하신 예수님께서 디베랴 바닷가에서 고기 잡던 베드로를 찾아 가셨던 것처럼 예수님께서 찾아가셨으리라. 그리고 '유다야, 네가 나를 사랑하느냐?' 물어보셨을 것이다. 그리고 사랑을 회복시켜 주셨을 것이다. 혹 사도행전 곳곳에 가룟 유다의 이름이 기록되었을지도 모른다. 예수님의 사도로 당당하게 순교하기까지 세상을 위한 복음의 역군이 되었을지 누가 알겠는가 말이다.[8]

주님은 온 세상의 죄를 지시고 십자가에 달리셨습니다. 주님은

여호와를 아는 삶
삶으로 아는 신앙

십자가에 달리신 채로 "나의 하나님! 나의 하나님! 어찌하여 나를 버리셨습니까?" 소리치셨습니다 마 27:46. 주님은 십자가에서 죽어가고 있는 자신을 아버지이신 하나님께서 버리셨다는 사실을 깨달았습니다. 온 세상 사람들이 자신을 버리고 손가락질하며 조롱한다고 해도 하나님 아버지만 계시면 그까짓 정도는 얼마든지 참을 수 있었습니다. 그 순간 세상 모든 사람들이 예수님 자신에게 절망이라고 해도 오직 하나님 아버지만큼은 자신을 사랑으로 위로하시고 품어주실 줄 알았습니다. 조금만 참고 견디라고, 이 고난을 통해 온 세상을 죄에서 구원하게 될 것이라고 말씀해 주실 것이라 믿었습니다. 하나님 아버지마저 온 세상의 죄악으로 인해 십자가에 달려 극한의 고통을 겪고 있던 자신을 그 시점에서 버리실 줄은 차마 몰랐습니다.

태초부터 삼위일체이셨던 성자 예수님이 세상 모든 죄를 지고 십자가에서 죽어가고 있는 상황에서 성부 하나님께조차 버림받아야 했던 것은 감당할 수 없는 고통이었습니다. 아버지 하나님께로부터 버림받는 현실은 말 그대로 절망이었습니다. 그것은 십자가에 못 박혀 온 몸의 힘이 다 빠지고, 피를 많이 흘려서 어지러워 정신을 가누기 어렵고 살이 찢어지는 고통 속에서도 "나의 하나님! 나의 하나님! 어찌하여 나를 버리셨나이까?" 마지막 힘을 모아 크게 소리 지르실 수밖에 없는 절망이었습니다.

세상이 우리를 어떻게 한다 해도 하나님이 함께 계시는 한 우리에게 절망은 있을 수 없습니다. 하나님이 나의 하나님이시며 주님이신 한 절망은 우리와 관계없는 단어입니다. 진짜 절망은 세상과 사람으로 인한 절망이 아니라 하나님마저 자신을 외면하시고 버리셨다고 생각될 때 느끼게 되는 절망입니다. 시인들이 절망을 느꼈던 것은 세상에 이어 하나님마저 자신을 외면하셨다고 느꼈을 때였습니다. 시인들은 자신의 모든 괴로움, 하나님마저 자신을 버리시고 말았다는 절망을 하나님 앞에 내어 놓았습니다. 그들은 자신의 괴로움과 절망에 대해 하나님께 따져 묻고 원망하고 비난하고 묻는 기도를 통해 불의한 절망에서 벗어날 수 있었습니다. 사랑과 자비의 하나님께서는 불경스러워 보이는 시인들의 모든 불평과 원망과 비난을 다 이해하셨고 온전히 품으셨습니다. 시인들은 이렇게 절망스런 현실 앞에서 자신으로 절망하게 하는 고통과 괴로움과 어려움에 대해 하나님을 원망하고 비난하고 따져 물음으로 절망을 극복해 나갈 수 있었습니다.

누가복음 23장 46절은 하나님 아버지 마저 자신을 버리셨던 절망을 예수님께서 어떻게 대하셨는지에 대해 이렇게 증거 합니다. "예수께서 큰 소리로 불러 이르시되 '아버지! 내 영혼을 아버지 손에 부탁하나이다' 하고, 이 말씀을 하신 후 숨지시니라."

자신의 영혼을 하나님 아버지 손에 부탁하신 것은 하나님께서 십자가에 못 박힌 자신을 버리셨던 절망을 예수님께서 온전히 받아들이셨다는 사실을 말해줍니다. 예수님은 세상은 물론 하나님마저 자신을 버리셨던 절망에 맞서지 않고 그대로 인정하고 받아들이셨습니다. 그리고 이를 통해 절망을 극복하는 본을 보여주셨습니다. 더 이상 견뎌낼 수 없는 고통과 괴로움, 그리고 자기 존재에 대한 무가치감과 자기 삶의 무의미감이 극한에 이르게 될 때, 세상이 절망이고 하나님마저 자신의 괴로움을 외면하신다고 느낄 때 우리가 해야 하는 것은 주님 앞에서 자신의 그 절망을 받아들이는 것입니다. 주님 앞에서 자신이 철저히 무능하고 무가치하며 어리석고 추하고 수치스러운 존재임을 이해하고 인정하는 것입니다. 주님께서 자신의 무가치함과 무의미하게 삶을 살아가는 자신을 있는 그대로의 모습으로 이해하시고 용납하시고 참아주시고 품어주셨던 그 사랑을 본받아 우리도 자신의 무가치함과 무의미함을 용납(용서)하는 것입니다. 주님 앞에서 절망적인 자신의 무능함과 어리석음과 추함과 못난 삶과 수치스런 현실을 인정하고 받아들이는 것입니다. 주님께서 그리하셨던 것처럼 우리도 사랑이신 하나님 아버지께 자신의 모든 고통과 괴로움은 물론 자신의 생명과 이후의 삶까지, 자신으로 절망하게 하는 모든 고통들까지 다 맡겨드리는 것입니다.

키에르케고어에 따르면 절망은 진정한 자신을 찾아가고 있는 현재의 삶이 잘못된 것임을 일깨워주는 매우 중요한 역할을 합니다. 진정한 자신이 되려한다면 인간은 먼저 절망 속에서 병이 들어야 합니다. 절망은 현재를 포기하고 더 높은 단계로 옮겨가게 하는 데 결정적인 역할을 합니다. 이러한 의미에서 절망은 새로운 시작을 가져오게 하는 매우 중요한 요인입니다.[9]

주님 앞에서 겪는 절망은 우리로 지금껏 자신이 얼마나 본능적인 욕망과 자기중심적이고 이기적인 동기 속에서 자신의 삶을 살아왔는지를 깨달아 알게 합니다. 하나님의 영광과 다른 사람들의 유익을 위한 일이라고 확신해 왔던 자신의 가치와 삶에 얼마나 지독하고도 철저한 자기 의(義)와 욕망과 위선과 가식이 씌워져 있었던가를 절감하게 합니다. 하나님을 위한 일이라 강변하면서 추구해왔던 자신의 모든 행위가 실상은 자신의 명예와 권력과 재물을 위한 것이었음을 실감하게 합니다. 지금까지 하나님의 말씀과 신앙과 교회의 덕이라는 명분으로 자신의 추하고 더러운 욕망과 이기적이고 자기중심적인 동기들을 정당화하고 합리화해 왔었음을, 이렇게 살아온 존재가 바로 자신이었음을 깨달아 알게 합니다. 지금 자신의 절망은 하나님 때문이 아니라 바로 자신의 거짓과 불의와 위선과 가식과 죄악 때문이었음을 절실하게 깨달아 알게 합니다.

우리는 오직 주님 앞에서 겪는 절망을 통해서 자기 의와 자기만족을 위한 삶의 가치와 자기욕망의 충족을 위한 위선과 가식과 거짓과 불의, 자기중심적이고 이기적인 자신의 인간적인 동기들까지, 자기 삶의 모든 것들을 다 내려놓을 수 있습니다. 주님께서 그리하셨던 것처럼 현실의 괴로움만이 아니라 미래의 삶과 자신의 존재까지, 모든 것을 하나님 아버지의 손에 다 맡겨드리게 될 수 있습니다. 절망을 통해 이제 더 이상 자신의 삶이 어떠해야 한다는 강박관념에 사로잡히지 않게 될 수 있습니다. 의미 있고 가치 있는 삶에 대한 자신만의 오만과 집착에서 벗어나게 될 수 있습니다. 자신이 꿈꾸었던 삶을 살아가게 됨으로써가 아니라 지금 자신이 살아가고 있는 삶 자체가 주님의 은혜요 사랑임을 깨달아 알게 될 수 있습니다. 자신에게 철저히 절망할 때에 주님께서 살게 하심으로 자신이 지금까지 살아올 수 있었음을, 자신이 지금까지 살아온 삶이 오직 주님의 사랑과 은총과 선하심 때문이었음을 확실히 깨달아 알게 될 수 있습니다. 현실의 절망이 주님께서 자신을 버리셨기 때문이 아니고 자신이 무익한 존재였기에 주님께서 거부하신 것이 아님을 확실히 깨달아 알게 될 수 있습니다. 여전히 아프고 힘들고 괴롭고 어려운 현실의 삶에도 불구하고 주님께서 사랑과 선하심으로 자기 존재와 삶을 주장하고 계심을 확신하기에 오직 주님으로 인해 기뻐하고 감사하게 될 수 있습니다 합 3:17-18. 지금까지 은혜로 인도해 주셨던 주님이 앞으로의 삶도 은혜로 주장해 주실 것을 확실히 믿기에 불확실한 미래에도 불구하고 더 이상 불안해하거나 근심하지 않게 되는 것입니다.

제 11 장,

주님의 사랑을 통해 항상 기뻐하고
범사에 감사할 수 있습니다

주님의 사랑을 통해 항상 기뻐하고 범사에 감사할 수 있습니다

1 우리의 감정은 하나님의 소중한 선물이며 은총입니다

성경은 우리에게 항상 기뻐하고 범사에 감사하라고 말씀합니다 빌 4:4; 살전 5:16-18. 우리는 지금까지 이 말씀을 우리는 주님의 십자가를 통해 구원의 은총 속에 있는 사람이고 천국에 소망을 두고 살아가는 사람이기 때문에 살아가면서 겪는 어떠한 상처와 고통과 괴로움에도 불구하고 기뻐하고 감사하는 삶을 살아가야 한다는 뜻으로 이해해 왔습니다. 맞는 말씀입니다. 우리는 주님의 사랑을 아는 사람이고 또 천국의 소망을 품고 살아가는 사람이기 때문에 세상에 지나치게 매이지 말아야 하고 세상에 지나친 가치와 중심과 목적과 의미를 두고 살아가지 말아야 합니다. 오직 주님께 그리고 천국에 소망을 두고 살아가게 될 때 우리는 세상의 온갖 괴로움과 어려움에도 불구하고 항상 기뻐할 수 있고 범사에 감사하는 삶을 살아갈 수 있습니다.

하지만, 실제로 살아가다보면 이 말씀처럼 비현실적인 말씀이 없습니다. 천국에 소망을 두고 주님께 자기 삶의 가치와 중심과 목적을 두고 살아가고 있는 우리 존재는 육신을 입고 있습니다. 육신을 입고 세상을 살아가고 있기에 우리는 세상 일에서 자유로운 존재일 수 없습니다. 우리는 가족과 친지, 친구, 다른 사람들과의 관계 속에서 이 삶을 살아가고 있습니다. 인간으로서 다른 사람들과의 관계 속에서 이 세상을 살아가기에 육신의 어려움과 고통과 괴로움과 슬픔 등을 겪지 않고 살아갈 수 있는 사람은 없습니다. 항상 기뻐하고 범사에 감사하라는 이 말씀을 자신과 가족과 이웃의 고통과 괴로움에도 불구하고 항상 기뻐하고 감사하며 살아가라는 의미로 이해한다면 그것은 인간이라는 삶의 자리를 전혀 도외시하는 비현실적인 말씀으로 순종이 불가능한 말씀일 것입니다.

항상 기뻐하고 범사에 감사하라는 말씀은 항상 기뻐할 수 없고 모든 일에 감사할 수 없는 우리 삶을 전제합니다. 사는 것이 별로 즐겁지 않더라도 항상 기뻐하라는 말씀이고 세상이 어렵고 힘들더라도 모든 일에 감사하라는 말씀이기 때문입니다. 주님은 우리가 어떤 일을 겪으며 살고 있는지, 무슨 일 때문에 고민하고 불안하고 두려워하는지 잘 알고 있습니다. 우리 무의식의 깊은 곳까지 다 살펴서 우리의 상처와 고통, 문제의 근원까지 다 알고 있습니다. 그럼에도 주님은 우리에게 항상 기뻐하고 범사에 감사하라 말씀하셨습니다. 만약 우리가 주님의 이 말씀을 자구(字句)대로 순종하기 위해서 무슨 일에도 항상 웃고, 무슨 일을 겪어도 항상 감사하면서 살아간다면 어딘가 조금 비정상적인 사람일 것입니다. 힘들고 괴롭고 슬프고 실패하고 사람들 앞에서 창피와 무시를 당해도 항상 기뻐하고 감사한다면 그 사람은 정신적으로 조금 문제가 있는 사람일 것입니다. 주님은 우리가 결코 감당할 수 없는 말씀을 강요하시는 분이 아니십니다. 그럼에도 우리가 이 말씀을 비현실적이고 순종하기에 불가능한 말씀으로 이해하고 있다면 무언가 말씀을 오해하였기 때문입니다.

항상 기뻐하고 범사에 감사하라는 주님의 이 말씀은 힘들고 괴롭고 아파도 무조건 기뻐하라는 뜻이 아닙니다. 왜 항상 기뻐하라고 하셨는지, 범사에 감사하라고 하셨는지를 생각하기 전에 우리가 먼저 생각해야 할 것이 있습니다. 그것은 화나고 괴롭고 불안하고 아프고 힘들게 느끼는 우리의 마음, 감정이 절대로 그 자체로 나쁜 것이 아니라는 것입니다.

우리의 감정은 하나님께서 주신 귀중한 선물이며 은총입니다. 우리의 감정을 하나님 성품의 연장선상에서 이해할 수 있습니다. 성경은 하나님이 감성이 풍성하신 분임을 보여줍니다. 하나님은 기뻐하시고 사랑이 많으시며 슬퍼하시고 마음 상해하시고 분노하시고 질투하는 분이십니다.[1] 예수님도 고민하고 슬퍼하셨고 마 26:37 분노하셨고 막 11:15 괴로움을 느끼셨고 요 13:21 우셨습니다 눅 19:41. 요셉, 한나, 다윗, 예레미야, 느헤미야, 욥, 시편기자, 바울 등, 신앙의 위인들 중에서 깊은 감정의 고통을 겪지 않았던 사람은 한 사람도 없었습니다. 하지만 성경은 이렇게 살아가던 이들을 정죄하지 않았고 오히려 신앙의 좋은 본보기로 기록하고 있습니다. 우리가 기뻐하고 슬퍼하고 고민하고 힘들어하고 분노하고 질투하는 것은 하나님의 성품을 닮은 사람으로 창조된 사람이기 때문입니다. 의로우신 하나님께서 괴로워하시고 분노하시고 질투하셨다고 해서 나쁜 하나님이 되는 것이 아닙니다. 하나님은 우리 인간을 하나님을 닮은 존재로 창조하셨고 하나님을 닮은 감정을 우리 인간에게만 선물로 주셨습니다. 하나님의 감정을 닮은 우리의 감정이 나쁜 것일 리 없습니다. 의로우신 하나님께서 우리 인간에게만 주신 선물인 감정이 그 자체로 나쁜 것일 수 없습니다. 우리가 마음속에서 어떤 감정을 느끼는 것은 자연스러운 것이고 지극히 인간다운 것입니다.

2   "쉬지 말고 기도하라"는 말씀은
자신의 마음을 살펴 기도하라는
말씀입니다

"쉬지 말고 기도하라." 살전 5:17 는 말씀 역시 생각할 때마다 하나님께 죄송한 마음을 품게 하는 구절입니다. 쉬지 않고 기도하는 것은 우리 삶의 여건 상 거의 불가능하다고 생각될 정도로 현실적으로 어려운 일입니다. 쉬지 않고 기도할 수 있는 삶에 대해 생각할 때 성경에는 서로 다르게 말씀하는 것 같은 여러 성경구절이 있습니다. 사무엘상 12장 23절에서 사무엘은 이스라엘을 "위하여 기도하기를 쉬는 죄를 여호와 앞에 결단코 범하지" 않겠다고 말합니다. 이 말을 자구(字句) 그대로 들으면 기도하는 것을 멈추면 마치 하나님께 범죄 하는 것이라는 말처럼 생각됩니다.

　　이스라엘 백성들은 하루에 세 번 기도하는 시간에 맞춰서 기도를 했습니다. 다윗은 저녁과 아침과 정오, 하루에 세 차례 기도하겠다고 말합니다 시 55:17. 다니엘은 다리오 왕의 조서에도 불구하고 전에 하던 방식대로 하루에 세 번 기도를 드렸습니다 단 6:10. 베드로와 요한은 제 구 시 기도 시간에 성전에 올라갔습니다 행 3:1. 이스라엘 백성들이 하루에 세 번 기도했던 시각은 3시, 6시, 9시인데 3시는 우리 시간으로 오전 9시, 6시는 정오, 9시는 오후 3시입니다. 사무엘이 "기도하기를 쉬는 죄를 범하지" 않겠다고 한 것은 하루 종일 오직 기도만 하겠다는 뜻이 아니라 하루에 세 번씩 이스라엘을 위하여 기도하는 것을 결코 쉬지 않겠다는 의미입니다.

　　예수님은 "이방인과 같이 중언부언하지 말라. 그들은 말을 많이 하여야 들으실 줄 아느니라. 그러므로 그들을 본받지 말라 구하기 전에 너희에게 있어야 할 것을 하나님 너희 아버지께서 아시느니라." 마 6:7-8 "무엇이든지 기도하고 구하는 것은 받은 줄로 믿으라. 그리하면 너희에게 그대로 되리라." 막 11:24 말씀하셨습니다. 예수님의 이러한 말씀들은 "쉬지 말고 기도하라."는 말씀과 조금 다른 의미의 말씀처럼 보입니다. 하나님께서 우리에게 있어야 할 것을 이미 다 알고 계시고, 기도하고 구하는 것은 받은 줄로 믿는다면 쉬지 않고 기도해야할 필요와 이유가 없을 것입니다.

그런가하면 예수님은 과부와 불의한 재판장의 비유에서 항상 기도하고 낙심치 말아야 할 것에 대해 말씀하셨습니다 눅 18:1. 예수님의 이 말씀은 앞선 누가복음 17장 20절 이하의 말씀과 이어서 해석되어야 합니다. 누가복음 17장 20절 이하는 주님께서 재림하시기 전에 성도들이 겪을 고난에 대해 말씀하고 있습니다. 때문에 누가복음 18장 1절에서 항상 기도하여야 한다는 말씀은 어떤 시련 가운데도 결코 낙심하지 말고 항상 기도하여야 한다는 뜻입니다. 그리고 여기에서 항상 기도하라는 말씀은 하루 24시간 내내 쉬지 말고 기도하라는 것이 아니라 주님의 뜻이 선하게 이루어질 때까지 낙심하지 말고 계속해서 기도하라는 뜻입니다.

데살로니가전서 5장 17절에서 "쉬지 말고"란 말은 '밑바닥까지 멈추지 않는', '어떤 경우에도 중단함 없이 계속해서'라는 뜻입니다. '견디기 어렵고 이해할 수 없는 극한 상황에 이를 때에도 마음을 열고 끊임없이 기도하라', '기도를 생활화하라'는 뜻입니다. 그래서 "쉬지 말고 기도하라."는 말씀은 주님의 선하신 뜻이 이루어질 때까지 말 그대로 끊임없이 기도하라는 의미의 말씀으로 이해할 수 있습니다.

그럼 주님의 선하신 뜻은 무엇이며 어떻게 쉬지 않고 기도할 수 있을까요? 우리가 아는 것처럼 기도는 하나님과 대화하는 것입니다. 우리는 자신의 삶에서 중대한 문제나 어려움, 괴로움을 겪을 때 하나님께 간절하게 기도를 드립니다. 혹은 우리 삶의 중대한 과제, 기필코 성공시켜야 할 어떤 일, 자기 일생의 목표, 자기 삶에 가치와 의미가 되는 일을 위해서도 간절히 기도를 드립니다. 하지만 절박하고 간절했던 그 때가 지나게 되면, 내 삶이 이해가 되거나, 우리 삶의 문제가 해결되면 더 이상 간절한 기도를 드리지 않게 됩니다. 해야 할 일들도 많고 한 사람의 인간으로서, 그리스도인으로서 자신의 삶을 살아가는 것 또한 시급하고 중요하기 때문입니다.

세상의 어떤 일, 삶의 중요한 문제나 과제들, 평생에 꿈꾸어오던 일들 같은 세상의 일들을 위해서 기도할 때는 어느 일정한 기간 동안에만 쉬지 않고 계속해서 기도할 수 있습니다. 우리 형편과 처지, 삶의 여건을 다 살펴 아시는 주님께서 다른 일체의 일을 하지 말고 오직 기도만 하라는 의미로 항상 기도하라 말씀하지 않았을 것입니다. 우리 삶의 문제와 세상의 일들을 위해서는 주님의 말씀처럼 간절히 기도하고 하나님께 일의 모든 성사를 온전히 맡겨드리고 우리는 자신이 해야 하는 일들을 성실하게 감당하는 것이 좋은 모습입니다.

"쉬지 말고 기도하라."는 말씀을 항상 기도하는 마음으로 모든 일을 하라는 말씀으로 이해할 수도 있습니다. 하지만 쉬지 말고 기도하라는 말씀에는 이보다 더욱 분명하고도 확실한 의도가 있습니다. 그것은 하나님 앞에서 자신의 마음을 살펴 기도하는 것입니다. 우리가 쉬지 않고 기도해야 하는 대상은 세상 일보다도 더욱 우리 자신의 마음입니다. 자신의 마음을 살펴서 기도하는 것이야말로 우리가 쉬지 않고 기도해야 하는 이유요, 주제요, 대상입니다.

우리는 일반적으로 자신의 마음, 내면을 살피는 것에는 무척이나 서투릅니다. 마음속에서 어떤 것을 생각하고 느끼더라도 그것을 밖으로 드러내지만 않으면 아무런 문제가 되지 않는다고 생각합니다. 마음속에서 느끼는 어떤 욕망이나 충동이나 동기나 감정도 실제 말이나 행동으로 표출하지만 않으면 자신은 그러한 욕망, 충동, 동기, 감정과 아무런 상관이 없다고 생각합니다. 마음으로는 수없이 욕하고 미워하고 분노하고 심지어 몇 번이나 죽이고도 남았지만 실제로는 아무 말이나 행동을 하지 않았으니까 자신은 진실하고, 의롭고, 경건한 사람이라 생각합니다.

우리는 사람들 앞에서 경건하고 진실되고 이해심과 배려심이 많은 사람입니다. 하지만 마음을 살피면 우리 속모습은 겉으로 보이는 모습과는 많이 다른 모습을 하고 있습니다. 우리의 마음속에는 상처와 고통과 욕망과 분노와 미움과 질투가 담겨 있습니다. 항상 밝고 적극적이고 자신감이 넘치는 겉사람과 다르게 속사람은 근심과 불안과 두려움과 무의미감을 품고 있습니다. 이런 우리의 속사람의 모습과 우리의 신앙은 서로 아무런 관계가 없는 걸까요? 마음이 어떤 생각과 감정을 품고 있든지 간에 그것을 겉으로 드러내지만 않으면, 실제로 행하지 않았으니까 우리는 주님 앞에서 신실한 삶을 살아가고 있는 것일까요? 이런 마음이나 심리적인 경향성들로 인해 교회의 덕을 가리지도 않았고 다른 사람에게 어떤 어려움도 주지 않았기에 우리는 주님 앞에서 정직하고 의로운 삶을 살아가는 사람일까요?

성경은 "노하기를 더디 하는 자는 용사보다 낫고 자기의 마음을 다스리는 자는 성을 빼앗는 자보다 나으니라." 잠 16:32 "모든 지킬 만한 것 중에 더욱 네 마음을 지키라 생명의 근원이 이에서 남이니라." 잠 4:23 말씀하고 있습니다. 성경에서 마음은 그 사람 자체를 말하기도 하고 그 사람 인격을 가리키기도 했습니다. 욕망, 성격, 의지, 반항과 교만의 자리를 나타내기도 했습니다 출 17:1; 창 8:21; 겔 28:2; 렘 17:1.

모든 일을 결정하는 중심에는 우리의 마음이 있습니다. 마음은 우리 존재의 일부가 아니라 우리의 중심이 있는 곳입니다. 우리의 모든 생각, 욕망, 말, 행동들은 다 우리 마음속에서 나옵니다. 마음은 우리의 인격이고, 우리의 존재 그 자체이고, 우리의 모든 것입니다. 때문에 마음을 살피는 것은 우리의 존재 전부를 살피는 것입니다. 이러한 이유에서 우리는 무엇보다도 자신의 마음을 살피면서 하나님께 기도해야 합니다. 삶을 위해, 세상 일을 위해서도 기도해야 하지만 무엇보다 자신의 마음을 살피는 기도가 우리 기도의 주된 주제와 내용이 되어야 합니다. 세상과 삶의 여건에 따라, 다른 사람들과의 관계 속에서 수시로 변하는 자신의 마음을 살펴 주님과 말씀을 나누려하게 될 때 자신이 주님 앞에서 어떠한 존재인가를 깨달아 알게 될 수 있고 쉬지 않고 기도하게 될 수 있습니다.

마음을 살펴서 기도하는 것은 자신이 마음으로 느끼는 모든 감정과 본능적 욕구와 심리적인 경향성에 대해 주님과 말씀을 나누는 것입니다. 자기 존재와 삶 자체에 대해, 자신의 사고방식과 삶의 방식에 대해, 자신이 다른 사람들과 세상을 어떻게 생각하는지에 대해 주님과 말씀을 나누는 것입니다. 특히 자신의 갈등과 고민과 상처와 고통, 살면서 수시로 느끼게 되는 수치와 욕망과 분노와 이기성에 대해 주님과 말씀을 나누는 것입니다.

경건한 신앙으로 자신의 감정과 본능적 욕구와 심리적인 경향성들을 일시적으로 포장하려 할 수 있습니다. 하지만 사람의 감정과 본능적 욕구와 심리적인 경향성들은 신앙으로 포장할 수 있는 것이 아닙니다. 포장한다면 그것은 참되게 경건한 신앙이 아닙니다. 자신의 감정과 본능적 욕구와 심리적인 경향성들은 포장해야 하는 것이 아니라 주님 앞에서 있는 그대로 드러내야 하는 것이기 때문입니다.

마음속으로는 도저히 하나님의 뜻과 섭리를 이해할 수 없지만 그렇지 않은 척 하는 것은 하나님 앞에서 정직한 것도 진실 되게 행하는 것도 아닙니다. 하나님은 겉모습이 아니라 우리의 중심을 살피시는 분이십니다. 우리 마음속 깊은 곳까지 다 살피시는 분이 하나님이신데 그런 마음이 없는 척하는 것은 먼저는 자신에게 솔직하지 못한 것이고 하나님께는 정직하지 못한 모습입니다.

우리를 향한 주님의 뜻은 주님 안에서 참된 자유와 평안과 행복을 누리는 것이고 주님을 향한 우리의 사랑과 지식이 그리스도의 장성한 분량에까지 이르도록 성장하는 것입니다. 주님의 이러한 뜻들은 모두 우리 마음을 통해 삶 속에서 이루어져야 하는 모습들입니다. 우리를 향한 주님의 선하신 뜻은 우리가 자신의 마음과 감정을 살펴 쉬지 않고 주님과 깊은 대화를 나눌 때 이루어질 수 있습니다. 자신의 마음과 감정을 살펴 주님과 계속해서 말씀을 나누게 될 때에 우리는 비로소 쉬지 않고 기도하게 될 수 있습니다.

부정적인 감정이 해결될 때 항상
기뻐하고 범사에 감사할 수 있습니다

　　진짜 안 좋은 것은 부정적인 감정들을 없애려고 하는 것, 자기 마음속에 생기는 부정적인 감정들을 거부, 억압, 외면하려 하는 것입니다. 어떤 분들은 '주님께서 항상 기뻐하고 범사에 감사하라고 하셨는데 내가 힘들어 하고 아파하고 괴로워하고 분노하게 되면 그것은 주님 말씀에 순종하는 것이 아니야, 때문에 이런 마음들이 내 마음속에 있으면 안 돼' 라고 생각합니다. 그래서 속으로는 화가 나고 불쾌하고 괴롭고 슬퍼도, 어떤 사람이 밉고 싫어도 겉으로는 항상 기뻐하고 늘 감사하는 마음을 가져야 한다고 생각하는 경우가 있는데 이것은 주님의 말씀을 크게 오해하는 것입니다. 11장에서 말씀드렸던 것처럼 부정적인 감정까지 포함해서 모든 감정은 의로우신 하나님께서 오직 우리 인간들에게만 주신 선물입니다. 이런 감정들 자체로는 결코 나쁜 것이 아닙니다. 자기 마음속에서 느껴지는 부정적인 감정들을 없애려고 하는 것은 절대로 좋은 것이 아닙니다. 마음속에 생겨나는 감정들을 그대로 느끼는 것이 정상적이고 자연스럽고 좋은 것입니다.

　　우리가 마음속에서 느껴지는 감정을 부정, 외면, 회피하려는 것은 항상 기뻐하라는 주님 말씀 때문이기에 앞서 고통스럽기 때문입니다. 고통을 느끼는 것은 괴로운 일입니다. 수치를 느끼는 것은 수치스럽습니다. 상실감은 슬픔을 더합니다. 우리는 이러한 고통스런 감정들을 무시, 회피, 부인함으로써 자신의 고통을 피하려 합니다. 고통스런 감정들을 무시, 회피, 부인함으로써 더 피하고 싶어 하는 것이 있는데 그것은 고통보다도 진실입니다. 사라지는 자신감을 분노로 지탱하면서 진실과 마주치는 것을 회피하려 하거나 혼란과 두려움으로 자신의 비행을 정당화하려 하거나 수치심으로 슬픔에서 벗어나려고 하거나 질투로 상실감을 외면하려고 합니다. 참으로 고통스러운 감정을 숨기기 위해 덜 고통스러운 감정을 이용하는 것입니다.[2] 자신의 부정적인 감정을 무시, 회피, 부인함으로 통해 행여 드러날 수 있는 자신의 진실한 모습, 분노하고 미워하며 욕망으로 살아가는 자신의 삶, 이기적이고 자기중심적인 자신의 참 모습에 마주하는 것을 피하려 하는 것입니다.

감정이란 피하는 것이 아니라 느껴야 하는 것입니다. 감정은 영혼의 언어이며 울부짖는 마음의 목소리입니다. 자신의 부정적인 감정에 귀 기울일 때 자신의 깊은 갈망과 진심이 무엇인지 파악할 수 있습니다. 부정적인 감정들은 우리를 하나님의 성품을 아는 독특하고 값진 경험에로 이끕니다. 자신의 부정적인 감정에 귀 기울일 때 우리는 하나님이 자신에게 절실하게 필요한 분이심을 깨닫게 될 수 있습니다. 우리는 고통스런 감정을 느끼고 겪으면서 오직 하나님을 소망하게 됩니다. 우리는 강하고 힘이 있을 때가 아니라 약하고 괴로움을 겪을 때에 하나님을 찾습니다. 하나님은 가난한 심령으로 자신을 찾는 이들을 기쁘게 만나주십니다. 애통해 할 때 우리를 위로해 주시고 두려워할 때 우리를 붙들어 주십니다. 때문

여호와를 아는 삶
삶으로 아는 신앙

에 우리의 적은 내면의 고통이 아니라 오히려 고통이 없는 상태라고 말할 수 있습니다.[3]

　'항상 기뻐하고 범사에 감사하라.'는 말씀을 자구(字句)대로만 이해하게 될 때 자기 마음속에서 생겨나는 부정적인 감정들을 자꾸 억누르고 부인하려 하게 될 수 있습니다. 감정은 우리 삶의 희로애락을 우리의 내면세계와 연결해 줍니다. 감정은 우리의 내면세계와 외부 세계를 연결해 주는 고리입니다. 자신이 어떤 감정을 느끼고 있는지 제대로 이해하는 사람은 외면하고 싶었던 자신의 진실한 모습에 직면하는 기회를 얻을 수 있습니다.[4] 자신의 감정을 외면, 거부, 무시하는 사람은 점점 경직되고 완고한 삶을 살아가게 됩니다. 그런 모습들이 언뜻 보기에는 감정적으로 안정된 것처럼 보일 수도 있습니다. 흥분하는 일도 없고 우울해 하지도 않는 사람들이 매우 영적인 삶을 살아가는 것처럼 보일 수 있습니다. 그러나 자신들의 미성숙한 모습은 감추려야 감출 수가 없습니다. 자신의 감정을 부정하는 사람들의 전형적인 모습은 결코 다른 사람들의 삶을 깊이 느끼거나 나누지 못한다는 것입니다. 자기 속에 있는 깊은 부분들을 꼭꼭 봉해 놓았기 때문에, 다른 사람들 속에 있는 깊은 부분은 더더욱 분별하지도, 제대로 다루지도 못하게 되는 것입니다. 영적인 성숙은 결코 감정의 기복 정도를 가지고 측정하는 것이 아닙니다.[5] 자신의 부정적인 감정을 부인하는 사람은 감정에 메마른 사람이 되어서 기쁜 일에도 즐겁지 않고, 슬픈 일을 겪어도 슬픔을 느끼지 못할 수 있습니다. 자신에게 어떤 일이 일어나도 무덤덤하게 될 수 있고, 가까운 사람들이 겪는 어떤 일에도 전혀 감정의 변화가 없는, 동물처럼 차갑고 무정한 마음을 갖게 될 수 있습니다. 그것은 감정을 오직 우리 사람들에게 은총으로, 선물로 주신 하나님의 뜻에 합한 것이 아닙니다.

항상 기뻐하고 범사에 감사하라는 말씀을 생각하기 전에 우리가 생각해야 할 두 번째는 우리 마음속에서 일어나는 불안, 두려움, 분노, 미움, 질투, 욕망, 이기심, 무의미감 같은 부정적인 감정의 문제들을 해결해야만 항상 기뻐하고 범사에 감사할 수 있다는 사실입니다. 이런 감정들과 항상 기뻐하고 범사에 감사하는 마음은 서로 정반대되는 것니다. 때문에 이런 감정들을 마음에 가득 품고 있으면서 항상 기뻐하고 범사에 감사하는 것은 불가능한 일입니다. 겉으로는 항상 기뻐하는 삶을 살아가는 것처럼 보이지만 속으로는 분노와 미움으로 부글부글 끓고 있을 수 있습니다. 겉으로는 즐겁고 활력이 넘치는 삶을 살아가고 있는 것처럼 보이게 할 수 있지만 속으로는 외롭고 슬프고 우울할 수 있습니다. 겉으로는 범사에 감사하며 열심히 살아가고 있는 것처럼 보이지만 실제로는 삶의 의욕이 적을 수 있고 사는 재미가 하나도 없을 수 있습니다. 이런 마음으로는 절대로 항상 기뻐할 수 없고 범사에 감사할 수 없습니다.

4 부정적인 감정은 오직 기도를 통해 해결될 수 있습니다

우리 마음속에 있는 부정적인 감정의 문제들을 해결하기 위해서는 부정적인 감정에 귀 기울이는 것에서 한걸음 더 나아가야 합니다. 그것은 자신이 느끼고 있는, 자신을 괴롭히고 있는 부정적인 감정들을 가지고 주님 앞에 나아가는 것입니다. 주님 앞에 나아가서 자신의 부정적인 감정들에 대해 자세히 다 말씀드려야 합니다. 자신이 겪었던 상처와 고통들, 어렵고 힘들고 외롭고 슬프고 힘들었던 일들, 그 일들과 관계된 사람들에 대해서도 다 말씀드려야 합니다. 그 일들을 겪으면서 자신의 마음이 어떠했는지, 어떻게 화가 났고, 그 사람이 얼마나 밉고 싫었는지, 지금 자신의 마음이 왜 불안하고 두려운지, 왜 힘들고 고통스러운지, 무슨 일 때문에, 누구 때문에, 무엇 때문에 슬프고 외로운 지를 구체적으로 말씀드려야 합니다. 우리가 세세하게 말씀드리지 않아도 주님은 이미 다 알고 계십니다. 주님은 우리가 자신을 아는 것보다 우리를 더 잘 알고 계시고 우리 무의식의 깊은 곳까지 다 살펴 알고 계십니다시 139편. 때문에 우리가 주님께 말씀드리는 것은 주님께서 모르시는 것을 알게 해드리기 위함이 아니라 우리 마음과 삶이 주님의 위로와 평안과 은혜를 입기 위함입니다. 주님께 다 말씀드리기 전에는 절대로 부정적인 감정의 문제들을 해결할 수 없습니다.

6장에서 말씀드렸던 것처럼 주님께 자신의 부정적인 감정의 문제들을 다 말씀드리게 될 때 자신을 향한 주님의 마음과 생각을 느끼고 깨닫게 됩니다. 자신의 상처와 고통과 외로움과 슬픔과 분노와 미움, 무가치감, 무의미감을 씻어주기 위해 주님이 얼마나 애쓰고 계셨는지를 깨달아 알게 됩니다. 자신을 향한 주님의 사랑이 얼마나 크고 절절하고 애타는 것이었는지를 깨달아 알게 됩니다. 지금도 자신을 위해 노심초사하시는 주님의 마음을 경험하게 됩니다. 이것이 자신을 향한 주님의 마음, 사랑에 공감하는 것입니다. 주님의 사랑에 공감하는 순간은 주님 안에서 참으로 거듭나는 순간이기도 합니다.

　　우리는 오직 자기 존재와 자신의 지난 삶과 현실의 삶에 대한 주님의 사랑의 마음에 공감하게 될 때 그동안 그토록 자신을 힘들게, 괴롭게, 우울하게, 비참하게, 아프게 했던 삶과 마음의 문제들을 다 극복하게 될 수 있습니다. 자기 마음과 삶의 근본적인 문제들이 해결되었지만 현실은 여전하고 변화된 것은 전혀 없습니다. 사는 것은 여전히 어렵고 힘들고 괴롭습니다.

　　그럼에도, 자기 존재와 삶에 대한 주님의 사랑의 마음에 공감하는 사람은 이전에 비해 전혀 새로운 피조물일 수밖에 없습니다. 그동안 그토록 자신을 아프고 힘들고 외롭고 괴롭게 했던 모든 근본적인 문제들이 주님을 통해 해결되었음을 깨닫기 때문입니다. 그 과정에서 자신에 대한 주님의 놀라운 사랑과 은총을 경험함으로 깨달아 알게 되었으며 주님의 그 사랑이 자신을 근본적으로 변화시켰음을 알게 되기 때문입니다. 어렵고 힘든 현실에도 불구하고 주님께서 여전한 선하심과 사랑으로 자신의 삶을 붙들고 계심을 경험함으로 깨달아 알게 되기 때문입니다. 새로운 하루를 살아가는 생명에 주님의 사랑과 은총이 담겨 있음을, 사랑이신 하나님께서 오늘도 자신의 삶을 은혜와 선하신 섭리로 주장하실 것을 보기 때문입니다. 자기 존재와 삶을 사랑과 선하심으로 에워싸고 있는 주님을 보기 때문입니다. 이 삶이, 오늘 하루가 주님의 복임을 깨닫기 때문입니다. 그래서 이제 하박국 선지자처럼 "비록 무화과나무가 무성하지 못하며 포도나무에 열매가 없으며 감람나무에 소출이 없으며 밭에 먹을 것이 없으며 우리에 양이 없으며 외양간에 소가 없을지라도 나는 여호와로 말미암아 즐거워하며 나의 구원의 하나님으로 말미암아 기뻐하리로다." 합 3:17-18 라고 감동과 감격에 차서 고백할 수 있게 되는 것입니다. 다른 사람들과 세상 일에 지나치게 구애되지 않고 오직 주님으로 인해 항상 기뻐하고 범사에 감사할 수 있게 되는 것입니다.

5   성숙한 신앙인은 항상 기뻐하고
범사에 감사합니다

저는 우리 신앙의 가장 높은 곳에 항상 기뻐하고 범사에 감사하는 삶이 있는 것이 아닐까 생각해 보았습니다. 항상 기뻐하고 범사에 감사하는 삶은 자신의 상처와 고통, 자기 존재와 삶의 모든 문제들, 절망까지 넘어선 곳에 있습니다. 여전한 현실의 고통과 어려움에도 불구하고 주님의 선하심과 사랑하심을 온전히 믿고 의지하게 될 때 항상 기뻐하고 범사에 감사하는 삶을 살아갈 수 있습니다. 자신의 삶을 통해 주님의 사랑을 경험함으로 깨달아 알게 된 사람, 주님께서 살게 하셨기에 자신이 살아갈 수 있었음을 깨달아 알게 된 사람은 항상 기뻐하고 범사에 감사할 수 있습니다. 삶을 통해 주님이 자신에게 얼마나 사랑스러우시고 좋으시고 아름다운 분이신지를 깨달아 알게 되었기에 앞으로의 삶도 주님께서 사랑과 선하심으로 이끄실 것을 확실히 믿게 되었기에 여전한 어려움과 문제와 한계와 고통에도 불구하고 주님으로 인해 항상 기뻐하고 범사에 감사하게 되는 것입니다. 세상과 사람이 아니라 오직 주님께 자기 존재와 삶의 가치, 중심, 목적, 의미를 두고 살아가는 사람은 주님으로 인해 항상 기뻐할 수 있고 범사에 감사하는 삶을 살아갈 수 있습니다.

미주

시작하며

1 김기성, "심리적 경험으로서 사랑,"『인간·환경·미래』(2014), 90.
2 이규민, "제임스 로더의 생애와 사상,"『기독교교육 논총』(2008), 285.

제1장, 나는 성숙한 신앙인일까요?

1 사미자,『종교심리학』(서울: 장로회신학대학교출판부, 2007), 177.
2 마스타니 후미오, 이원섭 역,『불교개론』(서울: 현암사, 2003), 118.
3 위의 책, 122.
4 성주진, "구약성경이 말하는 '온전함'이란 무엇인가,"『그 말씀』통권 303호 (2014. 9), 15.
5 위의 글, 16.
6 C. S. Lewis, *The Four Loves*, 이종태 역,『네 가지 사랑』(서울: 홍성사, 2011), 218.

제2장. 성숙한 신앙과 삶을 위해

1   임윤희, "공감 개념의 확장적 이해," 『신앙과 학문』, 제16권 제1호 (2011), 165.
2   이규민, "기독교교육과 상담 : 로고테라피와 기독교교육의 연계가능성 고찰," 『기독교영성교육』 (장로회신학대학교 목회전문대학원 강의교재, 2012), 174.
3   사미자, 『인간발달과 기독교교육』 (서울: 한국장로교출판사, 2012), 168.
4   김성민, "종교체험과 개성화 과정," 『기독교사상』 417권 (1993), 89.
5   김용일, "실존철학에 나타난 기독교의 인간이해," [철학논총] 제64집 (2011), 제2권 131.
6   이규민, "제임스 로더의 생애와 사상," 288.
7   이규민, "기독교교육과 상담 : 로고테라피와 기독교교육의 연계가능성 고찰," 170.
8   홍이화, 『하인즈 코헛의 자기심리학 이야기 I』 (서울: 한국심리치료연구소, 2011), 82.
9   위의 책, 53.
10 위의 책, 90.
11 위의 책, 64.

제3장. 여호와를 아는 삶

1   Henry Cloud·John Townsend, *How People Grow*, 조광개 역, 『그리스도인은 어떻게 성장하는가』 (서울: 생명의 말씀사, 2012), 74-75.
2   Abraham Joshua Heschel, *The Prophets*, 아브라함 헤셀, 『예언자들』 (서울: 종로서적, 1996), 79.
3   옥스퍼드 원어성경대전, 제20권 『사무엘상 제 1-10장』 (서울: 제자원, 2006), 170.
4   Thomas G. Long, *What Shall We Say?*, 장혜영 역, 『고통과 씨름하다』 (서울: 새물결플러스, 2015), 184쪽
5   김기성, "심리적 경험으로서 사랑", 90.
6   임윤희, "공감 개념의 확장적 이해", 173.
7   "γαζοφυλάκιον", 바이블렉스, DVD-ROM, version 9.0 (서울: 브니엘연구소, 2013).
8   옥스퍼드 원어성경대전, 제108권 『누가복음』 (서울: 제자원, 2006), 326.
9   "ἐπίγνωσις", 바이블렉스, DVD-ROM, version 9.0 (서울: 브니엘연구소, 2013).
10 사미자, 『종교심리학』, 162.
11 위의 책, 143.
12 위의 책, 78.
13 위의 책, 144.
14 사미자, 『인간발달과 기독교교육』, 10.

여호와를 아는 삶
삶으로 아는 신앙

15 위의 책, 144.

16 김선남, 『개인성장 관계발달 가족기능화』 (서울: 중앙적성출판사, 1997), 4.

17 사미자, 『종교심리학』, 143.

18 위의 책, 147.

19 Larry Crabb, *Understanding People*, 윤종석 역, 『인간 이해와 상담』 (서울: 두란노, 2011), 189.

20 위의 책, 187.

21 사미자, 『종교심리학』, 153-161, passim.

22 사미자, 위의 책, 164.

제4장, 하나님의 사랑과 자기 이해

1 이상억, 『꽃보다 아름다운 사람이야기』 (서울: 생명의 말씀사, 2012), 41.

2 양범모, "목회상담자의 자기 이해에 있어서의 인간됨(Personalhood)과 신학(Theology)," 『한국기독교상담학회지』 (2006. 11), 126.

3 양명수, "리쾨르 회고: 인간의 자기 이해는 어떻게 일어나는가?," 『철학과 현실』 제66권 (2005), 97.

4 이규민, "제임스 로더의 생애와 사상," 291.

5 이관직, 『성경과 분노심리』 (서울: 도서출판 대서, 2007), 17.

6 장로회신학대학교 교수.

7 임창복 외 3인, 위의 책, 69.

8 Martin Buber, *Ich Und Du*, 김천배 역, 『나와 너』 (서울: 대한기독교서회, 2007), 26.

9 웨스트민스터신학대학원 기독교상담학과 교수.

10 임윤희, "공감 개념의 확장적 이해," 164.

11 위의 글, 165.

12 위의 글, 164.

13 위의 글, 172.

14 위의 글, 172.

15 위의 글, 168.

16 위의 글, 173.

17 위의 글, 173.

18 주안대학원대학교 교수

19 홍이화, 『하인즈 코헛의 자기심리학 이야기1』 (서울: 한국심리치료연구소, 2011), 255.

20 C. S. Lewis, *Mere Christianity*, 장경철·이종태 역, 『순전한 기독교』 (서울: 홍성사, 2002), 336.

21 위의 책, 338.

제5장, 하나님의 사랑과 자기 사랑

1   Mark W. Baker, *The Greatist Psychologist Who Ever Lived*, 이창식 역, 『심리학자 예수』 (서울: 세종서적, 2002), 124.

2   임창복 외 3인, 『화풀이 신앙여정』 (서울: 한국기독교교역연구원, 2009), 155.

3   레마종합자료시리즈, 제6권 『요한복음』 (서울: 임마누엘출판사, 1988), 424.

4   그랜드 종합주석, 제18권 『디모데후서』, (서울: 제자원, 2004), 661.

5   권명수, "영성적 인간 형성을 위한 자기 심리학적 모색," 『신학연구』 (2002), 174.

6   홍이화, "수치심에 대한 자기심리학적 이해와 목회적 돌봄," 『목회와 상담』 (2010), 61.

7   Larry Crabb, 『인간 이해와 상담』, 11.

8   Erich Fromm, *The Art of Loving*, 정성호 역, 『사랑의 기술』 (서울: 범우사, 1999), 61.

9   옥스퍼드 원어성경대전, 제103권 『마태복음』, 194.

10   심수명, 『인격 치료』 (서울: 학지사, 2009), 270.

11   장로회신학대학교 상담학 교수

12   이상억, "치유에 대한 분석적-비평적 이해의 관점에서 바라본 목회상담의 정체성 연구," 『장신논단』 (2007.12), 329.

13   Alan Cohen, *Dare To Be Yourself*, 서민수 역, 『내 것이 아니면 모두 버려라』 (서울: 명진출판, 2000), 44.

제6장, 참된 자기 사랑을 위하여

1   이상억, "현대목회와 상담," 『수락포럼』 (2012), 7.

2   이상억, "치유에 대한 분석적-비평적 이해의 관점에서 바라본 목회상담의 정체성 연구," 331.

3   임창복 외 3인, 『화풀이 신앙여정』, 201.

4   댄 알렌더·트램퍼 롱맨 3세, 『감정, 영혼의 외침』, 172.

5   장로회신학대학교 영성신학 교수

6   임창복 외 3인(오방식), 『화풀이 신앙여정』, 89.

7   위의 책, 91.

8   M. Scott Peck, 『아직도 가야할 길』, 20.

9   위의 책, 157.

10   홍이화, 『하인즈 코헛의 자기심리학 이야기 I 』, 74.

11   위의 책, 71.

12   위의 책, 46.

13   홍이화, "수치심에 대한 자기심리학적 이해와 목회적 돌봄," 『목회와 상담』 (2010), 50.

여호와를 아는 삶
삶으로 아는 신앙

14 위의 글, 50.

15 홍이화, 위의 책, 74.

16 권명수, 위의 글, 194.

17 위의 책, 179.

18 위의 책, 72.

19 위의 책, 181.

20 Dan Allender · Tremper Longman Ⅲ, *The Cry of the soul*, 안정임 역, 『감정, 영혼의 외침』 (서울: IVP, 2011), 181.

21 위의 책, 180.

22 "σπλαγχνίζομαι", 바이블렉스, DVD-ROM, version 9.0, (서울: 브니엘성경연구소, 2013).

23 조태연, "예수 현상학의 인문적 감상," 『기독교사상』 618 (2010. 6), 85.

24 "σπλαγχνίζομαι", 바이블렉스.

25 "εἴδω", 바이블렉스.

26 C. S. Lewis, *The Four Loves*, 이종태 역, 『네 가지 사랑』 (서울: 홍성사, 2011), 222.

제7장, 자기 사랑은 주님을 본받아 자신도 스스로를 용납(용서)하는 것입니다

1 Stephen B. Bevans · Roger P. *Schroeder, Constant in Text*, 김영동 역, 『예언자적 대화의 선교』 (서울: 케노시스, 2011), 722.

2 임전옥·장성숙, 위의 글, 163.

3 위의 글, 164.

4 위의 글, 169.

5 임창복 외 3인, 『화풀이 신앙여정』, 91.

6 John Bradshaw, *Inner Child*, 오제은 역, 『상처받은 내면아이 치유』 (서울: 학지사, 2008), 31.

7 발달론자들은 인간이 전생애에 걸쳐 발달한다고 주장했습니다. 발달이란 인간은 생명이 시작되는 순간부터 생명이 끝날 때까지 한 순간도 정체된 상태로 존재할 수 없다는 것으로 발달은 변화이며 성장을 의미합니다. 유전과 환경은 인간발달에 있어서 결정적 변인 입니다. 에릭슨은 인간의 발달과정을 8단계로 구분하면서 각 발달단계마다 성취해야 할 과제가 있다고 했습니다.

8 성종현, 『신약성서의 중심주제들』 (서울: 장로회신학대학교출판부, 2000), 113.

9 이상억, 『꽃보다 아름다운 사람이야기』, 40.

10 "ψυχή", 바이블렉스.

11 배재욱, "바울의 인간이해," 『신학과 목회』 29 (2008. 5), 248.

12 Tara Brach, *Radical Acceptance*, 김선주·김정호 역, 『받아들임』 (서울: 불광출판사, 2014), 33.

13 위의 책, 34.

14 Nathaniel Branden, *Six Pillars of Self-Esteem*, 김세진 역, 『자존감의 여섯 기둥』 (서울: 교양인, 2015), 160.

15 이상억, 위의 책, 41.

16 김원쟁, "목회자의 자기 이해," 『기독교사상』 36 (1992), 213.

17 임창복 외 3인, 『화풀이 신앙여정』, 256.

18 위의 책, 257.

제8장, 주님의 함께 하심은 우리를 참된 자기 사랑의 삶으로 이끕니다

1 Thomas G. Long, 『고통과 씨름하다』, 128-129.

제9장, 참된 사랑은 주님의 사랑을 본받는 것입니다

1 위의 글, 58.

2 홍이화, "수치심에 대한 자기심리학적 이해와 목회적 돌봄," 57.

3 위의 책, 74.

4 "עָוֹן", 바이블렉스.

5 이상억, 『꽃보다 아름다운 사람이야기』, 49.

6 Thomas G. Long, 『고통과 씨름하다』, 106-107.

7 Morgan Scott Peck, *The Road Less Traveled*, 신승철 이종만 역, 『아직도 가야할 길』 (서울: 열음사, 2009), 120-121.

제10장, 절망은 우리 삶이 주님의 은혜와 사랑이었음을 깨닫게 합니다

1 김녹두, 『감정의 성장』, 165-166.

2 Dan Allender · Tremper Longman Ⅲ, 『감정, 영혼의 외침』, 172.

3 위의 책, 164.

4 위의 책, 166-169.

5 위의 책, 195.

여호와를 아는 삶
삶으로 아는 신앙

6   Dan Allender · Tremper Longman Ⅲ, 『감정, 영혼의 외침』, 173.

7   "μεταμέλομαι", 바이블렉스.

8   임창복 외 3인, 『화풀이 신앙여정』, 160.

9   사미자, 『종교심리학』, 176.

제11장, 주님의 사랑을 통해 항상 기뻐하고 범사에 감사할 수 있습니다

1   이창규, "의미, 경계 그리고 승화," 『그 말씀』 278 (2012. 8), 48.

2   Dan Allender · Tremper Longman Ⅲ, 『감정, 영혼의 외침』, 26.

3   위의 책, 29-30.

4   위의 책, 22.

5   Larry Crabb, 『인간 이해와 상담』, 285.

참고문헌

김녹두. 『감정의 성장』. 서울: 위고, 2015.

김선남. 『개인성장 관계발달 가족기능화』. 서울: 중앙적성출판사, 1997.

마스타니 후미오. 이원섭 역. 『불교개론』. 서울: 현암사, 2003.

사미자. 『인간발달과 기독교교육』. 서울: 한국장로교출판사, 2012.

_____. 『종교심리학』. 서울: 장로회신학대학교출판부, 2007.

성종현. 『신약성서의 중심주제들』. 서울: 장로회신학대학교출판부, 2000.

심수명. 『인격 치료』. 서울: 학지사. 2009.

이관직. 『성경과 분노심리』. 서울: 도서출판 대서, 2007.

이상억. 『꽃보다 아름다운 사람이야기』. 서울: 생명의 말씀사, 2012.

임창복 외 3인. 『화풀이 신앙여정』. 서울: 한국기독교교역연구원, 2009.

홍이화. 『하인즈 코헛의 자기심리학 이야기 I 』. 서울: 한국심리치료연구소, 2011.

옥스퍼드 원어성경대전. 제108권 『누가복음』. 서울: 제자원, 2006.

레마종합자료씨리즈. 제6권 『요한복음』. 서울: 임마누엘출판사, 1988.

그랜드 종합주석. 제18권 『디모데후서』. 서울: 제자원, 2004.

바이블렉스. DVD-ROM. version 9.0. 서울: 브니엘성경연구소, 2013.

Abraham Joshua Heschel. *The Prophets*. 이현주 역. 『예언자들』. 서울: 종로서적, 1996.

Alan Cohen. *Dare To Be Yourself*. 서민수 역. 『내 것이 아니면 모두 버려라』. 서울: 명진출판, 2000.

C. S. Lewis. *The Four Loves*. 이종태 역. 『네 가지 사랑』. 서울: 홍성사, 2011.

C. S. Lewis. *Mere Christianity*. 장경철·이종태 역.『순전한 기독교』. 서울: 홍성사, 2002.

Dan Allender · Tremper Longman Ⅲ. *The Cry of the soul*. 안정임 역.『감정, 영혼의 외침』. 서울: IVP, 2011.

Erich Fromm. *The Art of Loving*. 정성호 역.『사랑의 기술』. 서울: 범우사, 1999.

John Bradshaw. *Inner Child*. 오제은 역.『상처받은 내면아이 치유』. 서울: 학지사, 2008.

Martin Buber. *Ich Und Du*. 김천배 역.『나와 너』. 서울: 대한기독교서회, 2007.

Mark W. Baker. *The Greatist Psychologist Who Ever Lived*. 이창식 역.『심리학자 예수』. 서울: 세종서적, 2002.

Morgan Scott Peck. *The Road Less Traveled*. 신승철·이종만 역.『아직도 가야할 길』. 서울: 열음사, 2009.

Nathaniel Branden. *Six Pillars of Self-Esteem*. 김세진 역.『자존감의 여섯 기둥』. 서울: 교양인, 2015.

Stephen B. Bevans·Roger P. Schroeder. *Constant in Text*. 김영동 역.『예언자적 대화의 선교』. 서울: 케노시스, 2011.

Tara Brach, *Radical Acceptance*. 김선주·김정호 역.『받아들임』. 서울: 불광출판사, 2014.

Thomas G. Long. *What Shall We Say?*. 장혜영 역.『고통과 씨름하다』. 서울 : 새물결플러스, 2015.

권명수. "영성적 인간 형성을 위한 자기 심리학적 모색."『신학연구』(2002).

김기성. "심미적 경험으로서의 사랑."『인간·환경·미래』(2014년 봄 제12호).

김용일. "실존철학에 나타난 기독교의 인간이해." [철학논총] 제64집 (2011), 제2권 131.

김성민. "종교체험과 개성화 과정."『기독교사상』417권 (1993), 89.

김원쟁. "목회자의 자기 이해."『기독교사상』36 (1992).

배재욱. "바울의 인간이해."『신학과 목회』29 (2008. 5).

성주진. "구약성경이 말하는 '온전함'이란 무엇인가."『그 말씀』통권 303호(2014. 9), 15.

양명수. "리쾨르 회고: 인간의 자기 이해는 어떻게 일어나는가?"『철학과 현실』제66권 (2005),

양범모. "목회상담자의 자기 이해에 있어서의 인간됨(Personalhood)과 신학(Theology)."『한국기독교상담학회지』(2006.11).

이상억. "현대목회와 상담."『수락포럼』(2012).

_____. "치유에 대한 분석적-비평적 이해의 관점에서 바라본 목회상담의 정체성 연구."『장신논단』(2007.12).

이창규. "의미, 경계 그리고 승화."『그 말씀』278 (2012.8).

이규민. "제임스 로더의 생애와 사상."『기독교교육 논총』(2008). 285.

여호와를 아는 삶
삶으로 아는 신앙

_____. "기독교교육과 상담 : 로고테라피와 기독교교육의 연계가능성 고찰." 『기독교
　　　영성교육』 (장로회신학대학교 목회전문대학원 강의교재, 2012). 174.

임윤희. "공감 개념의 확장적 이해." 『신앙과 학문』 제16권 제1호 (2011).

조태연. "예수 현상학의 인문적 감상." 『기독교사상』 618 (2010.6), 85.

홍이화. "수치심에 대한 자기심리학적 이해와 목회적 돌봄." 『목회와 상담』 (2010).